Werner Katzengruber

einfach erfolgreich

Die ROADMAP-Strategie:
das Erfolgsprogramm in 7 Schritten

Vorwort

FÜHREN SIE DAS LEBEN, DAS SIE MÖCHTEN?

Eine Klientin von mir, Grafikerin aus München, liebt ihren Beruf. Doch vor einem Jahr kam sie ins Nachdenken. »Ich habe mich gefragt, was bewege ich tatsächlich?«, so die 35-Jährige. Sie hatte das Gefühl, dass ihr zukünftiges Leben vor ihr liege wie eine Autobahn ohne Ausfahrt. Ihr Traum: »Nicht nur für andere Menschen arbeiten, sondern enger mit ihnen zusammen.« Bereits in der Schule hatte es ihr Spaß gemacht, anderen Wissen – beispiels-

> **Man gibt immer den Verhältnissen die Schuld für das, was man ist. Ich glaube nicht an Verhältnisse. Diejenigen, die in der Welt vorankommen, gehen und suchen sich die Verhältnisse, die sie wollen, und wenn sie sie nicht finden, schaffen sie sie selbst.**
>
> (GEORGE BERNARD SHAW)

weise in Form von Referaten – zu vermitteln. Jetzt entschloss sie sich, neben ihrem Beruf eine Ausbildung zur Yoga-Lehrerin in Angriff zu nehmen und so ihren Traum wahr zu machen. Obwohl sie sehr viel ler-

nen musste und kaum noch Freizeit hatte, war sie glücklich. Sie hatte ihren Weg gefunden. Sie wollte ihr Leben nicht völlig umkrempeln, aber erweitern und vertiefen. Oft fragte sie sich, warum sie sich die viele Arbeit antat. Aber sie sagt selbst: »Sobald ich wieder in einem Seminar war, verflogen die Zweifel.«

Viele Menschen erkennen ihre Stärken. Doch nur wenige haben die Kraft, ihr Leben danach auszurichten.

»Der ich bin, grüßt traurig den, der ich sein könnte.« Dieses Wort Friedrich Hebbels, vor über 100 Jahren geschrieben, ist auch heute exakt die gültige Formel für unsere geheime Sehnsucht nach Veränderung – zum Besseren hin.

Viele Menschen würden zwar gerne etwas ändern in ihrem Leben, doch der gute Job, familiäre Pflichten oder einfach nur Bequemlichkeit hindern sie daran, ihrem Leben eine neue Richtung zu geben. Dazu kommen negative Gedanken wie »Du kannst das nicht« oder »Du bist zu alt« oder »Dafür bist du nicht gut genug«.

Warum wollen Sie darauf verzichten, das zu erreichen, was Sie eigentlich können und gerne machen würden? Mit diesem Buch will ich Ihnen helfen, Ihre Potenziale voll auszuschöpfen und Ihren persönlichen

Lebenserfolg zu verwirklichen. Es steht unter dem Motto »Schenk dir selbst ein neues Leben« und stellt Ihnen ein Erfolgsmodell vor, das Ihren Weg zum Lebenserfolg in sieben Schritten begleitet. Es basiert auf Interviews mit über 2000 Menschen mit dem unterschiedlichsten Hintergrund, beruflich und privat. Sie alle waren bereit, ihre kleinen und großen Geheimnisse preiszugeben, mit denen sie ihren Erfolg im Leben verwirklicht haben. Dabei haben alle eines gemeinsam: Sie leben nach ihren eigenen Maßstäben. Sie wünschen sich kein zweites Leben, in dem sie dann alles anders machen können. Ganz bewusst stellen sie sich dem Leben und machen aus ihren Möglichkeiten das Beste.

Auf der Basis der vielen Gespräche mit erfolgreichen Menschen bekommen Sie hier einen Ratgeber an die Hand, der Ihnen wie eine Landkarte den Weg zu Ihren persönlichen Erfolgszielen aufzeigt und Ihnen dabei hilft, den Kurs für Ihren künftigen Lebenserfolg zu finden und zu halten. Der Erfolg hängt dabei immer von realistischen Zielen und der Energie ab, die Sie aufbringen, um Ihre Ziele zu erreichen.

Wahrscheinlich sind Sie daran gewöhnt, sich von einem Buch unterhalten zu lassen. Mit dem vorliegenden Werk können Sie dagegen arbeiten – denn Erfolg stellt sich nicht durch Lesen ein, sondern durch aktives Handeln.

Mir ist bewusst, dass sich keiner gerne sagen lässt, wie er seine Zukunft gestalten soll. Es geht hier auch keineswegs darum, Ihnen Anweisungen zu geben. Sie finden in diesem Buch Vorschläge, mehr nicht. Dabei geht es auch niemals um richtig oder falsch. Eines ist jedoch sehr wichtig: Geben Sie nicht zu früh auf! Schließlich haben Sie ja auch nicht in einer Stunde Lesen und Schreiben gelernt. Die Verantwortung für Ihren Weg liegt nun bei Ihnen. Erforderlich ist selbstverantwortliches Handeln, denn ich habe keinen Einfluss auf Ihr Leben. Andererseits freue ich mich natürlich, wenn es Ihnen durch dieses Buch gelingt, mehr Lebensqualität zu erreichen.

Um mich bei allen Menschen zu bedanken, die zum Gelingen dieses Buches beigetragen haben, reichen diese Seiten nicht aus. Alle, die ich vergessen habe, mögen mir verzeihen. Mein besonderer Dank gilt Paul Watzlawick für die Inspiration, Robert Ornstein für die vielen Gedanken, die ich ohne seinen Einfluss nie gedacht hätte, Robert Cialdini für die Erweckung des Spieltriebs, meinen Studenten vielen Dank für ihre Begeisterungsfähigkeit, meinen wissenschaftlichen Mitarbeitern für die Toleranz, meinen Eltern für Aufzucht und Pflege und Mario Classen, dem dieses Buch gewidmet ist, für seine Geduld.

TEIL 1: GRUNDLAGEN FÜR IHREN ERFOLG

Der erste Teil dieses Buches stellt Ihnen wichtige Grundlagen des Erfolgs vor und bietet Ihnen die Möglichkeit, sich mit dem Thema Erfolg näher zu beschäftigen. Wichtige Fragen sind hierbei, was Erfolg für Sie bedeutet und worin für Sie persönlich der Sinn des Lebens besteht. So sind Sie bereits mit wichtigen Erfolgsgrundlagen vertraut, wenn Sie sich im zweiten Teil des Buches intensiv mit Ihrem persönlichen Erfolgsweg beschäftigen. Bitte gehen Sie diesen Grundlagenteil Schritt für Schritt durch, je nach Ihrem individuellen Rhythmus.

Der Weg zu neuen Zielen

Sie haben sich entschlossen, nicht nur von neuen Zielen zu träumen, sondern sie wahr werden zu lassen. Dann gehen Sie als Erstes der Frage nach, welche Bedeutung Erfolg überhaupt für Sie hat.

Was bedeutet Erfolg für Sie?

Warum, glauben Sie, schaffen es Menschen, erfolgreich zu sein? Haben diese Leute einfach das Glück oder das Talent, das anderen fehlt? Was für eine Ungerechtigkeit, wenn es tatsächlich so wäre! Seien Sie ehrlich zu sich selbst: Glauben Sie wirklich, vom Schicksal benachteiligt zu sein? Glauben Sie überhaupt an das Schicksal? Oder anders gefragt: Sind Sie der Meinung, Sie wären erfolgreicher als jetzt, wenn Sie in eine reiche Familie hineingeboren worden wären? Ist Erfolg gleichzusetzen mit Geld und Macht? Fakt ist, Sie hätten vermutlich tatsächlich mehr Geld, aber deswegen wären Sie noch lange nicht erfolgreich.

Während meiner Arbeit als Coach habe ich viele Menschen kennengelernt, die man als äußerst erfolgreich bezeichnen würde. Sie haben einen tollen Job, viel Geld, fahren schöne Autos und essen in den besten Restaurants. Trotz alledem sind diese Leute aber nicht glücklich. Warum? Weil sie ihren persönlichen Lebenserfolg nicht erreicht haben und der wirkliche Sinn ihres Lebens ihnen daher verborgen geblieben ist. Doch worin besteht der wirkliche Sinn für einen Menschen?

Im Leben erfolgreich zu sein lässt sich nicht auf Geld, Status und Karriere reduzieren. Diese Dinge nehmen in unserer Gesellschaft zwar eine wichtige Rolle ein, doch das Spektrum des Erfolgs ist wesentlich umfassender. Das zeigte auch eine im Internet durchgeführte Umfrage zum Thema: »Was bedeutet Erfolg für Sie?« Hier als

> **Die einmalige Gelegenheit, die du suchst, ist in dir selbst. Sie ist nicht in deiner Umgebung, sie ist kein Glücks- oder Zufall oder eine Chance oder Hilfe anderer. Sie liegt in dir allein.**
>
> (ORISON SWETT MARDEN)

Beispiel einige Antworten, welche die Befragten, Frauen und Männer unterschiedlichen Alters, auf diese Frage gaben:

- »Erfolg bedeutet für mich, in jeder Hinsicht mein gesamtes Potenzial zu entfalten. Das Leben anderer Menschen zu bereichern und Qualitäten wie Mitgefühl, Liebe oder Vertrauen zu entwickeln. Meinen Platz in der Welt so gut wie möglich auszufüllen und mir gleichzeitig bewusst zu sein, dass unser Aufenthalt hier nur vorübergehend ist.«
- »Für mich gibt es den Erfolg in zweifacher Form: den privaten und den beruflichen Erfolg. Letzterer bedeutet für mich, eine herausfordernde Arbeit zu haben, die mir Spaß macht und bei der ich so gut verdiene, dass ich meine Frau und meine Kinder ernähren und das Haus abbezahlen kann. Privater Erfolg

heißt für mich, eine harmonische Beziehung zu führen, zusammen mit meiner Familie ein glückliches Leben zu haben und meinen Kindern die Werte für das Leben zu vermitteln, die auch mir und meinen Eltern wichtig waren. Dazu zählen beispielsweise Höflichkeit, Respekt und Toleranz.«

- »Wenn ich einmal auf dem Totenbett liege und auf mein Leben zurückschaue, will ich mich mehr freuen und zufrieden sein mit dem, was ich getan und erlebt habe, als dass ich bedaure, Wichtiges versäumt und zu viel Zeit mit Unwichtigem vertändelt zu haben.«

- »Erfolg zu haben bedeutet grundlegend nichts anderes, als die gesteckten Ziele zu erreichen. Erfolg haben ist doch einfach, sich zu kennen, zu wissen, was das Richtige für einen ist. Sich dementsprechend Ziele zu setzen und danach auf diese hinzuarbeiten ist etwas fundamental anderes.«

- »Wenn mir mein eigenes Leben gefällt, ja wenn es mich sogar begeistert, bin ich erfolgreich. Erfolg ist, mein Leben nach meinen eigenen Wünschen zu gestalten sowie die Lebensqualität von mir, meiner Familie und meinem Umfeld mit Freude, Humor und Kreativität laufend zu verbessern.«

Die Antworten zeigen, dass jeder danach strebt, das aus seiner Sicht Beste aus seinem Leben zu machen. Nicht der berufliche Erfolg steht im Mittelpunkt, sondern ein erfolgreiches Leben. Das heißt, Lebenserfolg ist unser Ziel, nicht das sprichwörtliche Glück. Glück ist ein Kontrasterlebnis – das wusste schon Sigmund Freud. Doch Glück kann es nur geben, weil es Leid, Trauer, Schmerz und Niederlagen gibt. Trotzdem wollen alle Menschen glücklich sein; das Streben nach Glück wurde 1794 sogar in der US-amerikanischen Unabhängigkeitserklärung als Menschenrecht definiert.

Aber jeden Tag 24 Stunden glücklich zu sein ist nicht möglich und würde uns zudem auch überfordern. Jedoch ist es möglich, sein Leben so zu gestalten, dass es erfolgreich verläuft, das heißt, dass es ein sinnvolles, erfüllendes Leben ist, das möglichst viele Glücksmomente enthält. Wahre Lebenskunst besteht darin, den Glauben an sich nicht zu verlieren und an seinem Lebenserfolg zu arbeiten.

Bevor Sie weiter mit diesem Buch arbeiten, bitte ich Sie, einen Moment innezuhalten und sich einmal zu überlegen, was Lebenserfolg für Sie ganz persönlich bedeutet und wie Sie sich Ihren künftigen Lebenserfolg vorstellen.

Lebenserfolg ist lernbar

Viele Menschen sind heutzutage gerade im Beruf sehr erfolgreich, sind hier absolute Profis, während sie sich im privaten Leben wie Amateure verhalten. Sie sind erfolgreich und doch unglücklich. Erfolg und Glück stellen zwei unterschiedliche Zustände dar, die sich aber gegenseitig bedingen. Das bedeutet: Jemand, der glücklich ist, ist auch erfolgreich, denn er hat sein Ziel und auch den Weg dahin gefunden. Jemand, der erfolgreich ist, muss aber nicht zwangsläufig glücklich sein. Denn der Preis, der für Erfolg und Karriere bezahlt wird, ist häufig sehr hoch. Leistungskrankheiten wie Burnout, Persönlichkeitsstörung (Borderline), aber auch Bulimie und Magersucht sind typische Erscheinungsbilder einer Gesellschaft, die sich über Leistung definiert und keinen Zugang zum Wesentlichen hat: dem eigenen Lebenserfolg.

Als Kinder lernen wir Lesen und Schreiben, Geschichte und Mathematik. Nur eines hat man uns nicht gelehrt: Lebenserfolg. Hier müssen wir aus eigenen Erfahrungen lernen, durch Worte ist dies nicht möglich. Solche Erfahrungen können wir nur durch vorgelagerte Aktivitäten sammeln. Ich habe es mir mit diesem Buch zur Aufgabe gemacht, Ihnen Vorschläge zu Ihren Aktivitäten zu unterbreiten, damit Sie die richtigen Erfahrungen sammeln können.

Ich glaube nicht, dass Sie Psychologie studiert haben müssen, um sich selbst zu verstehen. Ebenso wenig glaube ich, dass alles

> **Erfahrung ist nicht das, was mit einem Menschen geschieht. Sie ist das, was ein Mensch aus dem macht, was mit ihm geschieht.**
> (ALDOUS HUXLEY)

allein in Ihrer Hand liegt, wenn es um Ihre Zukunft geht. Aber ich habe genügend Erfahrungen gesammelt, um behaupten zu können, dass die meisten Menschen zu wesentlich mehr imstande sind, als sie vermuten. Lebenserfolg ist lernbar, so viel kann ich heute mit gutem Gewissen behaupten.

Viele Menschen hören irgendwann im Laufe ihres Lebens auf, an ihrem Lebenserfolg zu arbeiten. Sie machen es sich lieber bequem, denn sie haben ja schon einiges erreicht. Zu viel spricht gegen eine neue Ausbildung, das späte Zweitstudium oder den Weg in eine ganz neue Richtung, zum Beispiel ins Ausland. Die meisten haben sich schon in einer Wohlfühlzone eingerichtet. Doch anstelle zufrieden zu sein, macht sich gleichzeitig eine innere Unruhe breit. Vielleicht erinnern sie sich an ihre sorglose Kindheit, als der Kampf um die eigene Existenz noch nicht akut war. Oder sie denken an die hochgesteckten Lebensziele, die sie noch nicht verwirklicht haben. Vielleicht haben sich die individuellen Lebensziele auch verändert. Wie sich die Definition von Erfolg im Laufe des Lebens ändern kann, zeigt die Antwort einer weiteren Teilnehmerin an der bereits erwähnten Internet-Umfrage. Sie sagt:

»Erfolg ist für mich eine Variable, die ich in jeder Lebensphase neu definiere. Heute stehen für mich nicht mehr die materiellen Werte im Vordergrund; der Gradmesser für meinen Erfolg wurde die Entwicklung meiner Kinder, eine gute Partnerschaft, das Knüpfen eines verlässlichen und tragfähigen sozialen Netzes oder die Neugier auf Neues. Schaue ich heute mit Mitte 50 auf mein bisheriges Leben zurück, so kann ich sagen: Das, was bisher erfolgt ist, ist Erfolg und damit bin ich mehr als zufrieden. Ich bin dankbar für die Erfolge, aber auch für die Misserfolge. Zeigen sie mir doch deutlich meine Grenzen und lehren mich, nicht aufzugeben und immer wieder neu von vorne anzufangen.«

Tipp: Manchmal erscheint das Erreichte plötzlich gar nicht mehr so anziehend, wie es einmal erschien, und dann stellen sich Frustration und Selbstzweifel ein. Sinnvoll wäre es jetzt, die eigenen Pläne zu überprüfen, Inventur zu machen und die gesteckten Ziele noch einmal einer Prüfung zu unterziehen. Als nächsten Schritt sollte man sich einen Plan erstellen. Eine Landkarte, die einen auf dem Weg zum Erfolg begleitet, eine Richtung vorgibt und vor unwegsamem Gelände warnt. Dazu muss man wissen, wie man eine solche Landkarte gestaltet. In diesem Buch finden Sie die Anleitung dafür.

Ihre persönliche Erfolgslandkarte

Kann dieses Buch Ihr Leben verändern? Die Antwort ist ein klares Nein. Nur Sie selbst können in Ihrem Leben positive Veränderungen bewirken. Wir ernten, was wir säen. Schließlich wird sich ja auch kein Bauer wundern, wenn auf seinem Feld kein Weizen wächst, nachdem er Roggen gesät hat. Ebenso verhält es sich mit unserem Leben: Wir bestimmen ausschließlich selbst,

Willst du deine Zukunft kennen, dann betrachte dich in der Gegenwart, denn sie ist die Ursache deiner Zukunft.
(BUDDHA)

was wir tun, und tragen damit auch selbst die Verantwortung dafür, was geschieht. Manche Menschen beklagen sich sogar über ihre Ernte und übersehen dabei, was sie ursprünglich gesät haben. Sie empfinden die Ereignisse ihres Lebens als ungerecht, dabei stellen diese nur das Ergebnis ihres eigenen Handelns dar. Jedem ist klar, dass man mit einem New Yorker Stadtplan niemals in London den Hyde Park finden wird. Sie brauchen daher die richtige Landkarte für das Gebiet, in dem Sie sich befinden. Leider können Sie in keiner Buchhandlung eine solche Landkarte kaufen. Es gibt dort zwar eine große Menge an Literatur, die Ihnen Wege zum Erfolg verspricht. Doch am Ende stellt man meistens fest, dass all die Empfehlungen nur als Modelle oder Inspirationen dienen können und nichts anderes übrig bleibt, als eine eigene, ganz persönliche Lebenslandkarte zu zeichnen. Dabei soll Sie dieses Buch wirkungsvoll unterstützen. Es soll Ihnen dabei helfen, den Kurs für Ihren künftigen Lebenserfolg zu ermitteln und beizubehalten.

Dazu stelle ich Ihnen im zweiten Teil dieses Buches einen Erfolgsplan vor, mit dem Sie Ihren persönlichen Erfolg planen und realisieren können. Die Inhalte dieser »Erfolgslandkarte« lassen sich aus den einzelnen Buchstaben des englischen Wortes »ROADMAP« ableiten:

R = Realismus bei der Zielfindung
O = Organisation der Vorgehensweise zur Zielerreichung
A = Autonomie bei der Planung und Durchführung
D = Denken verändern
M = Manifestieren neu erlernter Fähigkeiten
A = Auswirkungen abwägen
P = Perfektionieren

Wenn Sie bereit sind, Ihre Umwelt zu gestalten, statt sich von ihr gestalten zu lassen, dann werden Sie mit meiner Erfolgslandkarte erfolgreich sein. Kann eine solche Erfolgslandkarte für alle Menschen Gültigkeit haben? Schließlich sind wir alle verschieden. Diese Frage, die mir Teilnehmer meiner Seminare sehr häufig stellen, ist berechtigt. Jeder von uns ist einmalig. Jeder von uns hat einen individuellen genetischen Code, einen einzigartigen Fingerabdruck. Wir alle besitzen unterschiedliche Vorstellungen von Lebenserfolg, haben unterschiedliche Voraussetzungen und Talente. Wir leben in verschiedenartigen sozialen Strukturen und haben abweichende Wertvorstellungen und unterschiedliche Erwartungen an unser Leben.

Andererseits sind wir alle nahezu gleich ausgestattet, wenn es um unsere biologischen Voraussetzungen geht. Jeder Chirurg kann einen Blinddarm oder Mandeln entfernen, denn sie befinden sich immer an der gleichen Stelle. Insofern sind wir also auch alle gleich. In diesem Buch finden Sie Erfolgsmodelle und Strategien, die jeder für sich anwenden kann, da sie allgemein gültig sind. Davon unberührt bleibt Ihr individuelles Tempo und die Art, wie Sie diese Aufgaben lösen.

Schreiben Sie Ihr eigenes Erfolgsbuch

Zur erfolgreichen Arbeit mit diesem Buch gehört das Schreiben. Das bedeutet konkret, dass Sie Ihren Lebenserfolg nicht erreichen können, wenn Sie sich mein Buch nur durchlesen. Und diese Enttäuschung möchte ich auf jeden Fall vermeiden. Wenn Sie sich intensiv mit den Fragen in diesem Buch beschäftigen, ist es absolut notwendig, dass Sie Ihre Antworten und Erkenntnisse schriftlich festhalten. Diese können Sie in dieses Buch eintragen, doch wahrscheinlich wird Ihnen der Platz dafür nicht ausreichen. Deshalb empfehle ich Ihnen, Ihre Erkenntnisse in ein eigenes »Erfolgsbuch« zu schreiben. Verwenden Sie für Ihre Aufzeichnungen zum Beispiel ein leeres Notizbuch oder, falls es für Sie persönlich sinnvoller ist, einen Ordner und unterteilen Sie ihn nach den einzelnen Kapiteln der ROADMAP. Bei den folgenden Arbeitsschritten werden Sie nämlich immer wieder Fragen finden, die an vorherige anknüpfen, sodass es für Sie möglicherweise während des Arbeitsprozesses angenehm ist, Ihre Antworten nach Ihren persönlichen Themen und Schwerpunkten neu zu ordnen. Sie haben bei einem Ordner dann die Möglichkeit, immer wieder Seiten einzufügen oder zu ergänzen.

In Ihrem persönlichen Erfolgsbuch fügen sich alle Ihre Wege, Gedanken, Pläne und Aktivitäten zu einer Landkarte Ihres Erfolgs zusammen. Ein weiterer Grund für meine Empfehlung ist, dass Schreiben eine aktive Beschäftigung ist. Das heißt, während Sie schreiben, aktivieren Sie mehrere Sinne, denn Sie stellen sich einige Antworten auf meine Fragen bildlich vor. Das ist nichts anderes, als sich ein Bild von Ihrer Zukunft zu machen, also diese zu visualisieren, indem Sie denken, schreiben, durchstreichen und neu formulieren. Diese aktive und kreative Beschäftigung nimmt mehr Konzentration und Aufmerksamkeit in Anspruch, als wenn Sie nur lesen. Hinzu kommt: Schreiben verpflichtet. Sobald Sie etwas niedergeschrieben haben, entsteht eine höhere innere Verpflichtung, sich mit dem Geschriebenen auch auseinanderzusetzen. In Ihrem Gehirn werden dadurch neue Vernetzungen geschaffen, die sich mit Ihren Lebenszielen beschäftigen. Sie vergrößern sozusagen Ihren mentalen Arbeitsspeicher zum Thema Lebenserfolg.

Für das Schreiben spricht außerdem, dass Ihr Gehirn wahrscheinlich nicht über genügend Aufnahmekapazität verfügt, um alle Pläne und Ziele abzuspeichern. Die meisten Ihrer Gedanken und Pläne, Vorhaben und Ziele würden Sie schlichtweg wieder vergessen. Führen Sie doch einmal folgende kleine Übung durch. Sie müssen dazu aber wirklich ehrlich sein, sonst funktioniert es nicht.

Übung:

Ich zeige Ihnen zwei Zahlen, die Sie sich bitte in zehn Sekunden merken sollen. Zuerst die eine und in einem zweiten Versuch die zweite.

Bitte merken Sie sich innerhalb von zehn Sekunden diese Zahl:

130719621423

Können Sie die Zahl aus dem Kopf wiederholen?

Und jetzt haben Sie wieder zehn Sekunden Zeit, sich folgende Zahl zu merken.

13.07.1962 14:23

Wie sieht es mit dieser Zahl aus? Beide Zahlen sind gleich und trotzdem ist die zweite wesentlich einfacher zu merken als die erste. Woran das liegt? Bitte erschrecken Sie jetzt nicht, aber Ihr Gehirn kann nur 7 +/− 2 Informationseinheiten im Kurzzeitgedächtnis speichern.

Wenn Sie im täglichen Leben nur wenig memorieren, werden Sie auf fünf oder sechs Einheiten kommen. Sind Sie gewohnt, sich viel zu merken, kommen Sie auf maximal neun Informationseinheiten. Mehr ist nicht möglich. Die erste Zahl hat 12 Informationseinheiten und ist daher für Ihr Gehirn nicht speicherbar. Durch die Unterteilung in Datum und Uhrzeit sind aus der Zahlenkolonne fünf Informationseinheiten geworden. Tag, Monat, Jahr, Stunde und Minute sind leichter zu merken als dieselbe Zahlenreihe ohne Unterteilung. Außerdem hat jeder von uns einen eigenen Sprachrhythmus, den er auch beim Schreiben benutzt. Hinzu kommt ein individuelles System, wie man sich Informationseinheiten merkt. Sie können das testen, indem Sie sich Ihre Telefonnummer vorsagen, inklusive der Vorwahl. Wenn Sie jetzt versuchen, dieselbe Nummer in Dreierschritten, das heißt immer drei Zahlen in einer Informationseinheit, zu sprechen, werden Sie länger dazu brauchen. Das kommt daher, dass Sie sich nun außerhalb Ihres individuellen Sprach- und Denkrhythmus befinden.

Wenn eine langfristige Speicherung der Informationen im Gehirn erwünscht wird, müssen die gespeicherten Informationen in das Langzeitgedächtnis überführt werden. Dies stellt das dauerhafteste Speichersystem Ihres Gehirns dar. Über die Kapazität des Langzeitgedächtnisses sowie über die jeweiligen Begrenzungen der Speichermöglichkeiten gibt es noch keine exakten wissenschaftlichen Erkenntnisse.

Wenn Sie Gedächtnisinhalte in Ihr Langzeitgedächtnis überführen wollen, dann ist Üben unerlässlich. Eine ideale Möglichkeit zu üben ist beispielsweise das Schreiben, denn dadurch setzen Sie sich intensiver mit den Themen auseinander und geben Ihrem Langzeitgedächtnis die Möglichkeit, die

Informationen dauerhaft abzuspeichern. In einem zweiten Schritt folgt auf das Schreiben dann das Handeln, der Theorie folgt also die Praxis. Nur dadurch kommen Sie auf dem Weg zum Erfolg wieder ein Stück voran.

Tipp: Nehmen Sie für Ihr persönliches Erfolgsbuch ein Notizbuch oder einen Ordner mit einem hübschen, ansprechenden Einband.

Arbeiten Sie intensiv damit. Notieren Sie Ihre Gedanken, streichen Sie, formulieren Sie neu, fassen Sie zusammen. Schreiben verbindet unser Bewusstsein mit unserem Unterbewusstsein. Das schriftliche Formulieren zwingt uns nämlich dazu, das in Worte zu fassen, was ansonsten nur nebulös in unserem Kopf herumgeistert. Deshalb mein Rat: Schreiben Sie, schreiben Sie, schreiben Sie!

Starten Sie gleich heute

Wenn Sie jetzt aufstehen, um sich an die Vorbereitung zu machen, oder Ihre Unterlagen sogar bereits vor sich haben, dann gratuliere ich Ihnen. Sie haben den ersten Schritt auf Ihrem Weg zum Erfolg bereits hinter sich.

Was ist nun zu tun? Nutzen Sie bei den folgenden Buchabschnitten Ihr persönliches Erfolgsbuch, um sich Ihre Gedanken zu notieren. Wenn Sie im zweiten Teil dann an die Planung Ihrer persönlichen Erfolgslandkarte gehen, können Sie anhand verschiedener Fragen und Modelle Ihre eigene Erfolgsstrategie entwickeln. Hier wird Ihnen Ihr persönliches Erfolgsbuch ein wichtiger Begleiter sein. Von Zeit zu Zeit werde ich Ihnen eine Metapher oder eine kleine Geschichte mit auf den Weg geben. Damit möchte ich Sie zum Nachdenken anregen.

Niemand weiß, was er kann, wenn er es nicht versucht.
(PUBLIUS SYRUS)

Wann immer Sie eine dieser Geschichten, Zitate oder Metaphern lesen, nehmen Sie sich bitte die Zeit, darüber nachzudenken.

Am Ende dieses Buches finden Sie einen Rohentwurf für Ihre Lebenslandkarte. Er sollte in Ihrem Erfolgsbuch auf den vordersten Seiten stehen. Bitte lassen Sie deshalb in Ihrem Erfolgsbuch dafür einige Seiten frei.

Nur eine klare und realistische Zielsetzung führt zum Erfolg. Zudem wirken Ziele motivierend und setzen Energien und Ideen frei. Ihr erstes Ziel sollte es daher sein, dieses Buch durchzuarbeiten und sich dann auf den Weg zu machen.

Eine wichtige Grundlage des Erfolgs ist außerdem absolute Ehrlichkeit sich selbst gegenüber. Manchmal verursacht es beinahe Schmerzen, ehrlich zu sich selbst zu sein, aber dazu gibt es keine Alternative. Während viele selbst ernannte Gurus behaupten, der Weg zum Erfolg sei leicht und jeder werde ihn schaffen, behaupte ich, dass der Weg zum Erfolg mit Arbeit, Veränderung, Disziplin und Durchhaltevermö-

gen gepflastert ist. Es ist manchmal ein steiniger und unbequemer Weg, aber er wird Sie wirklich zum Ziel führen.

Tipp: Kennen Sie den Spruch: »Love it or leave it or change it«? Er bringt auf den Punkt, was Sie Ihrem Erfolg näher bringt: Wenn Sie sich für etwas entscheiden, dann tun Sie es richtig, mit ganzem Herzen und mit vollem Einsatz. Und beginnen Sie – jetzt!

Der Sinn
des Lebens

Wer sich auf den Weg begibt, um aus seinem Leben ein erfolgreiches zu machen, kommt um die berühmte Sinnfrage nicht herum: Was ist der Sinn meines Daseins, warum bin ich hier? Was zu einem sinnvollen Leben gehört, lesen Sie in diesem Kapitel.

Freiheit bei der Sinnfindung

Zahlreiche Philosophen, Psychologen und andere Geisteswissenschaftler haben sich ausführlich mit der Frage nach dem Sinn des Lebens beschäftigt und vielfältige Antworten gefunden. Doch trotzdem entwickelt sich für den Einzelnen aus der Frage nach dem Sinn des Lebens auch häufig eine Sinnkrise. Spätestens in dem Moment, in dem Sie sich die Frage einmal selbst stellen, wissen Sie, was ich damit meine. Der Wiener Psychologe und Begründer der Logotherapie, Viktor Frankl, war der Meinung, der Mensch könne jeder Situation einen Sinn abgewinnen, solange er bei Bewusstsein sei. Ich bin überzeugt, der Sinn des Lebens besteht im Leben selbst. Unabhängig davon, ob Sie religiös oder atheistisch eingestellt sind, ob Sie an einen Gott glauben oder den Standpunkt vertreten, dass wir irgendwann einfach zu Staub werden – eines ist auf jeden Fall sicher: Ihr Leben wird eines Tages enden. Und daher stellt sich die Frage, auf welches Leben Sie zurückblicken wollen. Was bedeutet es wirklich, seinem Leben einen Inhalt zu geben, es mit Sinn zu füllen? Dieser kann darin bestehen, eine Familie zu gründen oder in die Ferne zu ziehen, ein erfolgreiches Geschäft aufzubauen oder sich zur Meditation in ein Kloster zurückzuziehen. Sinn ist, was Sie als sinnvoll erachten. Sie haben selbst die Wahl, Ihr Leben mit Sinn zu füllen.

Erfolg heißt: Oft und viel lachen; die Achtung intelligenter Menschen und die Zuneigung von Kindern gewinnen; die Anerkennung aufrichtiger Kritiker verdienen und den Verrat falscher Freunde ertragen; Schönheit bewundern; in anderen das Beste finden; die Welt ein wenig besser verlassen, ob durch ein gesundes Kind, ein Stückchen Garten oder einen kleinen Beitrag zur Verbesserung der Gesellschaft; wissen, dass wenigstens das Leben eines anderen Menschen leichter war, weil du selbst gelebt hast. Das bedeutet, nicht umsonst gelebt zu haben.

(RALPH WALDO EMERSON)

Hierzu zwei Beispiele: Ein früherer Bibliothekar an der Universität Eichstätt pflegt heute seinen eigenen Lebensstil. Er ist 60 Jahre alt, trägt einen Doktortitel der Psychologie und mit Vorliebe Lederhosen. Vor zwölf Jahren hat er sich in Neuseeland für 50 000 Neuseeland-Dollar einen ganzen Berg gekauft. Wer es zu ihm hoch auf den Gipfel schafft, wird mit einem traumhaften Blick auf weiße Strände belohnt. Aus seinem früheren Leben hat er 4500 Bücher in sein alpenländisches Fertighaus mitgebracht – und die Überzeugung, dass sich jeder den Sinn des Daseins selbst zu suchen habe, das könne Neuseeland nicht auch noch leisten. Ein weiteres Beispiel ist eine deutsche Frau, die ebenfalls in Neuseeland lebt. Sie kam der Liebe wegen hierher, doch ihr Mann, ein Einheimischer, ist vor einigen Jahren gestorben. Sie ist im Land geblieben, weil sie sich hier mehr zu Hause fühlt als irgendwo sonst. Neben ihr schönes Holzhaus hat sie sich einen kleinen Tempel aus Lehm in den Busch bauen lassen und bietet dort Meditation und Massagen an.

Diese Beispiele und viele andere belegen, dass jeder seinen eigenen Sinn im Leben suchen muss. Wer sein Leben als sinnvoll empfindet, besitzt auch die Gewissheit, sein Leben nicht zu vergeuden. Er weiß vielmehr, wozu er auf der Welt ist, wie er sein Leben leben möchte, worin seine Einzigartigkeit besteht. Zudem kennt er seine Ziele und versteht den Weg dahin nicht als Leiden, sondern als Lust. Leider gibt es nur wenige Menschen, die von sich behaupten, ein Leben nach ihren eigenen Maßstäben, Wünschen und Werten zu führen. Liegt es am hohen Anspruch, den wir an den Sinn des Lebens stellen? Vielleicht.

Das Leben selbst als Sinn zu betrachten scheint zunächst sehr einfach. Doch wirklich sinnvoll zu leben ist eine wahre Kunst – Lebenskunst. Um aus seinem Leben ein Kunstwerk zu schaffen, muss man Künstler sein – ein Lebenskünstler. Man muss wie jeder Künstler lernen, mit den verschiedenen Farben und Materialien des Lebens umzugehen, die verschiedenen Perspektiven zu beherrschen, und man muss wissen, was man mit seinem Kunstwerk ausdrücken will. Sie fragen sich vielleicht, warum ich die Arbeit eines Künstlers mit der vergleiche, die noch vor Ihnen liegt? Die Erfahrung beweist es immer wieder: Die Kunst des Lebens besteht zu 10 Prozent aus Inspiration und zu 90 Prozent aus Transpiration. Die grundlegenden 10 Prozent können Sie nun aus diesem Buch schöpfen, die zusätzlichen 90 Prozent kann Ihnen leider niemand abnehmen.

Welches sind nun aber die Attribute eines sinnvollen Lebens? Für viele psychologische Schulen steht diese Frage im Zentrum der Forschung. Mittlerweile gibt es einige Erkenntnisse, woraus sich die Merkmale für ein sinnvolles Leben zusammensetzen:

Ein sinnvolles Leben hat realistische und vernünftige Ziele

Wer ziellos durch sein Leben wandert, dem erscheint jeder Weg als der richtige. Ein sinnvolles Leben kann jedoch nur derjenige führen, der Ziele hat. Das wichtigste Merkmal solcher Ziele ist, dass sie realistisch sind. Viele Menschen scheitern an ihren zu hoch oder falsch gesteckten Zielen und wenden sich danach frustriert von einer eigenverantwortlichen Lebensplanung ab. Bei diesen Menschen ist das Gefühl der Sinnlosigkeit ihres Strebens besonders stark ausgeprägt. Schlägt dies fehl, stellt sich das Gefühl der Leere und Sinnlosigkeit ein. Richtige und realistische Ziele zu finden hat darum sehr viel mit der Fähigkeit zur Selbstreflexion zu tun. Wer sich selbst übernimmt, wird vom Leben übernommen, wer sich selbst unterfordert, wird vom Leben unterfordert.

Was glauben Sie, wie viele Menschen haben sich für ihr Leben realistische Ziele gesetzt? Es sind keine 5 Prozent. Das bedeutet, 95 Prozent der Menschen leben ohne klares, realistisches Ziel. Ein Großteil von ihnen hat sich sogar noch nie systematisch mit den eigenen Lebenszielen beschäftigt. Da jeder Mensch andere Voraussetzungen mitbringt, ist es logisch, dass manche vielleicht härter und intensiver an ihrem Lebenserfolg arbeiten müssen als andere. Aber ich habe schon unzählige Male erlebt, dass auch Menschen, die denkbar schlechte Voraussetzungen hatten, sehr erfolgreich wurden. Sie haben dies jedoch nur durch ihre persönliche Vision, klare Ziele, einen unbeugsamen Willen und Lern- sowie Veränderungsbereitschaft geschafft.

Das Buch wird Ihnen helfen, sich richtige und realistische Ziele zu setzen. Welche Probleme Menschen haben, die sich keine konkreten Ziele setzen, zeigt das Beispiel von Christian, einem Schüler, dessen Plan für nach dem Abitur lautete: Es gibt keinen Plan.

Christian hatte gerade sein Abi gemacht und nicht die geringste Ahnung, was er mit dem Sommer, geschweige denn mit dem Rest seines Lebens anfangen sollte. Das erste Ziel war erreicht, ein neues war allerdings nicht in Sicht. Es blieb nur ein diffuser Wunsch: ganz weit weg zu sein. Diesen verwirklichte er, indem er für ein Jahr nach Australien ging. Doch einen Masterplan für die Zukunft brachte er von seiner Reise auch nicht mit. Halbherzig bewarb er sich für einen Wirtschaftsstudiengang, verpasste aber die Fristen. Dann ging er für einige Monate in die USA, kehrte jedoch nach ein paar Monaten wieder zurück, begann mit einer Ausbildung, verbrachte ein halbes Jahr im Süden und studiert jetzt Philosophie. Seinem Traum vom Leben als ständiger Vagabund steht er inzwischen kritisch gegenüber. Er sagt: »Ab einem bestimmten Zeitpunkt tut das Herumtreiben nicht mehr gut. Wer mit 50 immer noch unterwegs ist, ist einfach nur traurig.«

Ein sinnvolles Leben ist selbstbestimmt

Alfred Adler, der Begründer der Individualpsychologie, behauptete, Mensch zu sein bedeute, sich minderwertig zu fühlen. Ich widerspreche ihm. Menschsein bedeutet vielmehr, die Wahlfreiheit zu haben, wie man sich fühlt. Das ist meine These und darauf gründet mein Weltbild.

Seine eigenen Bahnen ziehen, dem Leben seinen persönlichen Stempel aufdrücken, seinen individuellen Weg durchs Leben gehen – all das sind Antworten von Menschen auf die Frage nach dem Sinn des Lebens. Ein hohes Maß an Entscheidungsfreiheit bildet somit einen der Eckpfeiler für ein sinnvolles Leben. Menschen, die sich anderen Menschen oder Umständen hilflos ausgeliefert fühlen und glauben, keinen Einfluss auf ihr Leben zu haben, neigen dagegen zu Depressionen. Der Psychologe Martin Seligman sieht die Ursache für Depressionen primär in der Erfahrung der Hoffnungslosigkeit, die zum Beispiel nach dem Verlust eines geliebten Menschen entsteht. Die Verantwortung für das eigene Leben übernehmen zu können ist jedoch nicht selbstverständlich. In totalitären Regimen wird den Menschen vorgegeben, wie sie ihr Leben zu gestalten haben. Aus der Glücksforschung weiß man, dass die Menschen in Ländern mit einer solchen Regierungsform weniger Glücksempfinden besitzen und eine höhere Rate an depressiven Erkrankungen aufweisen als ähnlich zusammengesetzte Bevölkerungsgruppen in demokratischen Ländern. Es zeigt sich also: Die Freiheit, sein Leben nach eigenen Maßstäben auszurichten, stellt ein unverzichtbares Gut dar, wenn es darum geht, dem Leben einen Sinn zu verleihen.

Gar keinen Sinn in seinem bisherigen Leben sah ein Australier aus der nordaustralischen Stadt Perth, nachdem ihn seine Frau verlassen hatte. In seinem Internet-Blog bot er sein Leben zur Versteigerung an: »Ich habe mein Leben satt. Ich will es nicht mehr. Wenn Sie es haben wollen, können Sie es haben«, schrieb Ian Usher und stellte dem Höchstbietenden seine Arbeit, sein Haus und seine Freundschaften zur Verfügung – um selbst an einem anderen

Ort ein ganz neues Leben anzufangen. Innerhalb weniger Wochen waren die Angebote für sein altes Leben auf umgerechnet über 240 000 Euro geklettert. Dem Höchstbietenden versprach Usher, ihn in seinen Freundeskreis einzuführen und ihm für mindestens zwei Wochen einen Job in dem Teppichgeschäft zu verschaffen, in dem er früher gearbeitet hatte. Der Ladenbesitzer könne nach der Probezeit entscheiden, ob er den Ersatzmann dauerhaft einstelle oder nicht. Es stellt sich die Frage, wie wenig Sinn der Käufer eines Lebens in seinem bisherigen Leben gesehen hat, wenn er sich für teures Geld ein neues Leben kaufen muss!

Ein sinnvolles Leben hinterlässt Spuren

Was soll auf Ihrem Grabstein stehen? Immer wenn ich diese Frage stelle, sehe ich grübelnde Gesichter vor mir. Zwar streben die meisten Menschen danach, etwas Außergewöhnliches in ihrem Leben zu erreichen und als erfolgreiche Erdenbürger die Anerkennung möglichst vieler Menschen zu genießen. Andererseits spüren sie aber, dass es letztlich vor allem die zutiefst menschlichen Themen wie Liebe, Vertrauen und Loyalität sind, die sie hier für sich beanspruchen.

Wann immer ich meine Seminarteilnehmer mit dieser Frage konfrontiere, verursache ich damit zunächst Unbehagen. Dies liegt vollkommen in meiner Absicht, denn dadurch spüren sie die Endlichkeit des Lebens. Diese Erkenntnis führt dazu, dass sie sich bewusst werden, wie wichtig es ist, besser heute als morgen zu handeln. Ein weiterer positiver Effekt ist, dass sie sich nun für die wirklich wichtigen Dinge im Leben entscheiden. Konfrontiert mit dem eigenen Ende fällt es plötzlich leicht, Prioritäten zu setzen. Daher habe ich auch noch nie erlebt, dass jemand wollte, dass auf seinem Grabstein steht: »*Sie war eine gute Verwaltungsangestellte, die viele Überstunden machte und so die Abteilung entlastete. Sie hat ihre Zeit dem Unternehmen geopfert und deshalb eine tolle Karriere hingelegt. Als Vorgesetzte war sie herzlich, aber durchsetzungsstark. Wir schätzten ihre Leistung für unser Unternehmen sehr.*« Wenn ich mir danach jedoch die tatsächlichen Lebensinhalte vieler Seminarteilnehmer etwas genauer ansehe, könnte man meinen, sie arbeiteten trotz besseren Wissens gerade auf einen solchen Grabstein hin. Es besteht also eine große Differenz zwischen Wunsch und tatsächlichem Handeln. Eines ist jedoch allen wichtig: Auch nach ihrem Leben sollen die

Spuren, die sie hinterlassen haben, sichtbar sein.

Diesen Wunsch hat auch Sybille D. aus Bremen. Den Sinn ihres Lebens hat sie in der Hilfe für Arme gefunden. Sie ist eine sehr attraktive Frau mit kurzem blondem Haar und stets topmodischer Kleidung. Sie lacht gerne, denn es geht ihr gut. Vormittags treibt sie meistens Sport und nachmittags widmet sie sich einem Projekt, das in Ghana den Zugang von Wasserleitungen bis in entlegene Dörfer vorantreibt. Unsauberes Wasser ist ein Grundübel in Afrika, Ursache für Krankheiten, Armut und frühes Sterben. Die Bremerin war lange Zeit Vorstandssekretärin in einem Versicherungsunternehmen. Sie versteht es, Menschen für sich einzunehmen, sie kann geschickt formulieren und organisieren. Deshalb ist sie perfekt für das Hilfsprojekt geeignet. Unglaublich ist nur: Sybille ist 69 Jahre alt, was man ihr überhaupt nicht ansieht. Sich aufs Altenteil zurückziehen und das Pantoffelkino genießen – befremdliche Gedanken für eine Frau wie sie.

Es liegt offenbar in der menschlichen Natur: Jeder möchte etwas weitergeben, sich selbst ein mehr oder weniger großes Denkmal setzen. George Bernard Shaw hat diesen Wunsch, etwas zu hinterlassen, folgendermaßen formuliert: »Die wahre Freude im Leben liegt darin, für einen Zweck benutzt zu werden, den man selbst als einen großen betrachtet; gründlich verbraucht zu sein, bevor man auf den Müllhaufen geworfen wird; eine Kraft der Natur zu sein, statt ein kleiner selbstsüchtiger Haufen von Krankheiten und Beschwerden, der sich darüber beklagt, dass die Welt sich nicht darum kümmert, dass man glücklich wird.« Sicher ein sehr provokanter Ausspruch – letztlich trifft er jedoch genau den Kern.

Ein sinnvolles Leben erfüllt eigene Bedürfnisse

Wenn die eigenen Wünsche und Sehnsüchte in der Ecke eines viel zu voll gepackten Lebens verstauben, wird ein sinnvolles Leben unmöglich. Zweifellos bringt es viel Anerkennung ein, sich nach den Bedürfnissen anderer zu richten, sie zu unterstützen. Diese Bestätigung schmeichelt natürlich dem eigenen Ego. Leider wird gerne als selbstverständlich genommen, was man ursprünglich als liebenswerte Aufmerksamkeit oder Geschenk gemeint hatte – die persönliche Zeit. Sie ist der gnadenlose

Hinweis auf die Vergänglichkeit, das größte Geschenk, das wir einem Menschen machen können.

Es wird heute oft mit Egoismus verwechselt, wenn man sich über die eigenen Bedürfnisse im Klaren ist und sich den Raum und die Zeit zugesteht, diese auch zu erfüllen. Selbstverständlich ist Pflichtbewusstsein eine wichtige Tugend, die wir zu Recht sehr schätzen – doch davon spreche ich nicht. Und ebenso wenig, dass der Einsatz für andere Menschen nicht eine sehr positive Erfahrung sein kann, die dem Leben erst einen Sinn gibt. Das beweisen uns Menschen mit herausragender Güte und dies steht vollkommen außer Frage. Wenn Menschen den Sinn ihres Lebens darin gefunden haben, sich für andere aufzuopfern, verdienen sie nicht nur unsere Wertschätzung, sie befriedigen damit auch ihre eigenen Bedürfnisse. Diese Menschen erkennen den Sinn ihres Lebens darin, das Leid anderer Menschen zu mindern.

Wenn sich jedoch Unzufriedenheit darüber einschleicht, dass man nur noch für andere da ist, und diese Unzufriedenheit das eigene Leben vergiftet, dann ist es Zeit zu handeln. Doch es ist heutzutage gar nicht so einfach, sich selbst wahrzunehmen und ernst zu nehmen. Überlegen Sie einmal: Wie viele persönliche Termine werden jeden Tag verschoben, aufgehoben und auf unbestimmte Zeit verlegt? In den meisten Fällen betreffen diese das Beisammensein mit Freunden, mit der Familie oder anderen wichtigen Menschen aus unserem sozialen Umfeld. Wir tauschen die Zeit, die wir gerne mit ihnen verbringen wollten, gegen verlängerte Arbeitszeiten oder wichtige Geschäftsessen ein. Am Ende des Tages haben wir dann das Gefühl, als Mensch zu kurz gekommen zu sein und dass einem keine Zeit für die wirklich wichtigen Dinge des Lebens bleibt. Oft kommt einem die Einsicht erst am Ende des Lebens. So sagten beispielsweise bei einer Befragung von Todkranken, was im Rückblick für sie das Wichtigste im Leben sei, nahezu alle Interviewten: »Das Wichtigste ist, dass die Beziehungen zu den Menschen, die einem wichtig sind, in Ordnung sind.«

»Ich habe so viel zu tun«, hört man Menschen jammern, die dazu neigen, ihre eigenen Bedürfnisse grundsätzlich hintenanzustellen. Sie beklagen sich, weil sie sich selbst aufgegeben haben – und Selbstaufgabe, das ist allgemein bekannt, ist eine sehr beliebte Ausrede, um der Auseinandersetzung mit den eigenen Wünschen und Bedürfnissen aus dem Weg zu gehen. Dabei schadet man niemandem, wenn man sich selbst etwas Gutes tut. Die Zeit, in der man seine Bedürfnisse befriedigen und seinen Wünschen nachkommen kann, ist wichtiger Bestandteil eines sinnvollen Lebens.

Tipp: Kennen Sie den Film »Brot und Tulpen«? Es geht dabei um Menschen, an denen das Leben und die anderen einfach vorbeigehen, die nicht wahrgenommen werden, was sie auch tun. Rosalba, eine italienische Hausfrau, befindet sich mit ihrem Mann und den zwei fast erwachsenen Kindern auf einer Reise. Alle in ihrer Familie sind wie üblich mit sich selbst beschäftigt und erinnern sich ihrer nur dann, wenn etwas schiefläuft. Als sie an einer Raststätte den Reisebus verpasst, mit dem sie unterwegs sind, fällt niemandem auf, dass die Frau nicht mehr dabei ist. Da Rosalba schon immer nach Venedig wollte, ändert sie nun ihre Reiseroute, gelangt per Anhalter in die Stadt ihrer Träume, Venedig, und findet sogar eine Bleibe für die Nacht. Ein Kellner bringt sie freundlich, aber in höflicher Distanz bei sich unter. Am nächsten Tag findet Rosalba sogar einen Job bei einem Blumenhändler. Zwar tobt ihr Mann am Telefon, doch für die Frau beginnt ein neues Leben, eine Auszeit. Ihre Missgeschicke nehmen ab und ihr Glück wächst.

Ein sinnvolles Leben bedeutet Wachstum

Um dem Leben einen Sinn zu geben, ist es notwendig, wachsam zu sein, denn nur dadurch lernen wir jeden Tag dazu – vorausgesetzt, wir sind dazu bereit. Michael, einer meiner Freunde, hat sich zum Beispiel angewöhnt, seiner siebenjährigen Tochter Andrea jeden Abend eine Geschichte vorzulesen. Irgendwann erklärte ihm das Mädchen, dass sie die Geschichten langweilig finde; sie sei ja kein Baby mehr. Für den Vater war dies ein kleiner Schock, denn er musste erkennen, dass aus seinem kleinen Baby ein heranwachsendes Mädchen geworden war.

Als mein Freund mir diese Geschichte erzählte, schlug ich ihm vor, von nun an völlig auf die Märchen zu verzichten und stattdessen den Spieß umzudrehen und seine Tochter selbst Geschichten erzählen zu lassen. Als Grundlage sollte ihnen immer dieselbe Frage dienen, nämlich: »Was hast du heute gelernt?« Außerdem sollte es bei den Erzählungen nicht nur um die Lernstoffe aus der Schule gehen, sondern um das Leben des Kindes im Allgemeinen. Michael nahm meinen Vorschlag an und so begann eine für beide Seiten sehr lehrreiche Kommunikation, bei der Michael seine Tochter von einer ganz anderen Seite kennenlernte. Plötzlich konnte er ihre Entwicklungsschritte besser verstehen und fühlte sich ihrem Leben sehr nahe.

Eines Abends stellte Andrea ihrem Vater die Gegenfrage: »Papa, was hast du heute gelernt?«. Von diesem Zeitpunkt an erzählten sich beide gegenseitig, worin ihre Lernerfolge des Tages bestanden. Nach und nach war die allabendliche Frage zu einem gemeinsamen Ritual geworden, das die beiden auch nach vielen Jahren noch beibehalten.

Als ich eines Tages mit Michael beim Abendessen zusammensaß, berichtete er mir, dass diese Frage auch bei ihm viele Veränderungen ausgelöst hatte. Er war wachsamer und aufmerksamer geworden und hatte seither viel gelernt – über sich selbst und über das Leben.

Wir verändern uns in unterschiedlichen Perioden unseres Lebens. Während der Kindheit lernen wir von unseren Eltern und unserem sozialen Umfeld. Später, in der Pubertät, suchen wir uns neue Vorbilder und revoltieren gegen die Personen, die uns als Kind als Vorbilder gedient haben. Von diesem Moment an beginnen wir, unsere eigene Persönlichkeit zu entwickeln, indem wir vergleichen, was um uns herum und in uns passiert. Unsere erlebten Bilder und die Gefühle unserer Kindheit gleichen wir nun mit denen ab, die wir als Jugendliche empfinden. Gleichzeitig erkennen wir, dass wir erwachsen werden, wenn wir die Verantwortung für uns selbst übernehmen. In dieser Phase lernen wir also, unser Leben ernst zu nehmen, und es scheint, als wären die unbeschwerten Jahre vorbei. Danach folgt der erste Job, viele gründen eine Familie, andere bleiben Single. Vielleicht wechseln wir die Stadt oder sogar die Na-

tion, finden heraus, dass wir auch mit wenig zufrieden sein können, oder lernen die Annehmlichkeiten materiellen Wohlstands zu schätzen.

Wenn Sie an Ihr vergangenes Leben zurückdenken, werden einige von Ihnen vielleicht sagen: »Was hätte ich damals alles tun können, die Welt stand mir offen.« Doch seien Sie ehrlich: War das Leben damals wirklich so unbeschwert und einfach? Können Sie sich noch erinnern, welche Gedanken Sie zu diesem Zeitpunkt hatten? Wie Sie sich fühlten? Fakt ist, es war eine bestimmte Periode in Ihrem Leben – eine Lebensphase, in der Sie gelernt haben, wie es sich anfühlt, für sich selbst verantwortlich zu sein. Und genau dieses Gefühl, die totale Kontrolle über sein Leben zu besitzen, ist es, was uns im Nachhinein fasziniert, wenn wir an unsere ersten Jahre in der Welt der Erwachsenen denken. Doch in Wirklichkeit hört der Prozess des Lernens und des Wachstums niemals auf – es sei denn, Sie stoppen ihn aktiv. Tatsächlich tun das viele Menschen, indem sie ihr Leben aus der Hand geben und es damit anderen übereignen. Das können beispielsweise ein Job, der Partner oder die zahlreichen Umstände sein, die uns die Selbstbestimmtheit erschweren. Trotzdem haben sie alle nichts damit zu tun, ob Sie weiterhin offen und lernbereit bleiben. Umstände stellen nur Symptome dar, aber keine Ursachen. Das bedeutet: Das Leben wird mit der Zeit nicht schwieriger, es wird nur anspruchsvoller. Und nur wenn Sie mit den Ansprüchen wachsen, können Sie sich weiterentwickeln. Genau darin liegt eine großartige Chance: Ein sinnvolles Leben hört nicht auf zu lernen, hört nicht auf zu wachsen, nur weil sich die Umstände verändern. Ein sinnvolles Leben lernt, die Umstände anzunehmen und sie zum eigenen Wachstum zu nutzen.

Tipp: Auf die Frage nach dem Sinn des Lebens gibt es wohl so viele Antworten, wie es Menschen gibt. Die Frage nach dem Sinn Ihres Lebens kann Ihnen kein anderer beantworten. Vielmehr besteht die Herausforderung darin, dass Sie an der Sinnfindung Ihres Lebens selbst mitwirken, indem Sie sich gezielte Fragen dazu stellen. Nur so werden Sie Ihr eigenes und kein »geliehenes« oder »gekauftes« Leben leben. Sinn entsteht aus Wünschen, Visionen und Werten. Wichtige Fragen in diesem Zusammenhang sind: Welchen Sinn geben Sie Ihrem Leben? Was ist für Sie infolgedessen sinnvoll? Hinterfragen Sie immer wieder den einmal gefundenen Lebenssinn? Woraus schöpfen Sie die größte Kraft? Und wie oft schaffen Sie sich die Gelegenheit dazu? Bitte nehmen Sie sich viel Zeit, um sich mit diesen Fragen auseinanderzusetzen, und arbeiten Sie hierbei auch mit Ihrem selbst geschriebenen Erfolgsbuch.

Bevor Sie sich dem nächsten Kapitel dieses Buches zuwenden, lassen Sie sich von folgender Geschichte dazu inspirieren, mutig einen neuen Anfang zu machen.

DIE ERFOLGSGESCHICHTE DES INDERS ANI

In den letzten Jahren bin ich mehrmals nach Indien gereist, um mich einer Ayurveda-Kur zu unterziehen, Yoga zu betreiben und durch Meditation wieder meine Balance zu finden. Dabei habe ich immer dasselbe Hotel besucht, sodass ich die Menschen, die in der und um die Anlage herum leben, kennengelernt habe. Die Geschichte eines jungen Mannes, den ich 2005 das erste Mal getroffen habe, beeindruckte mich besonders. Er war einer der vielen fliegenden Händler am Strand, die Souvenirs verkauften. Mehr aus Mitleid kaufte ich ihm ab und zu etwas ab. Eines Tages lud ich ihn zum Essen ein, denn ich wollte seine Lebensgeschichte hören:

Seine Eltern waren gestorben, als er drei Jahre alt war. Danach war er im Waisenhaus aufgewachsen und hatte kaum eine Schulbildung erhalten. Mit 15 lebte er auf der Straße und bettelte, mit 17 Jahren lag er mit Hepatitis im Krankenhaus und die Ärzte gaben ihm nur wenig Hoffnung. Doch er besaß einen großen Überlebenswillen und besiegte die Krankheit. Als er das Krankenhaus verließ, wusste er: Er musste etwas verändern, um sein Überleben zu sichern. Zu dieser Zeit bewunderte er die Kaufleute, die in ihren schönen Geschäften saßen und ihrem Tagewerk nachgingen. Er wollte einer von ihnen sein. Daher fragte er jeden Händler in seiner Stadt, ob er gegen Unterkunft und Essen bei ihm arbeiten dürfte. Geld wollte er dafür keines, da er wusste, dass er nicht annähernd qualifiziert genug für den Beruf eines Kaufmanns war. Schließlich landete er bei einem fliegenden Händler, der ihm anbot, gegen Provision am Strand von Kovalam seine Souvenirs zu verkaufen. Zwar war das nicht der Job, den er sich vorstellte, doch er hatte keine Alternative. Also willigte er ein.

Als er das erste Mal, schwer beladen mit Tüchern und geschnitzten Steinen, den Strand betrat, wurde er sofort vertrieben, denn es gab mehr fliegende Händler am Strand als Touristen. Als er zu seinem Chef zurückging und ihm das erzählte, lachte dieser. »Natürlich sind da auch andere Händler, sonst bräuchte ich dich ja nicht. du musst dich durchsetzen, sonst gehst du unter«, erklärte er ihm. Also erkämpfte sich der junge Mann seinen Platz unter den Händlern. Er beobachtete sie genau, um aus ihren Fehlern zu lernen, und stellte fest, dass es die Touristen eher abschreckte, wenn man ihnen ständig hinterherlief. Also setzte er sich auf einen Stein, breitete seine Ware aus und wartete. Nach und nach kamen die potenziellen Käufer und er sprach mit ihnen über das Wetter, den schönen Strand oder die Neuigkeiten aus seiner Stadt Trivandrum. Weil er keinen Druck ausübte, fanden ihn die Touristen sympathisch und er wurde innerhalb eines Jahres der erfolgreichste fliegende Händler am Strand. Später machte er sich selbstständig. Er bezog die Ware von da an direkt

von den Herstellern und ging abends in eine Schule, wo er in drei Jahren den Beruf eines Kaufmanns erlernte. Als ich 2007 wieder zum Strand ging, rief er mir aus einem Geschäft zu – es war sein eigener Souvenir-Shop. Stolz zeigte er mir die geschmackvolle Einrichtung und seine Ware. Bald wollte er auch einen Lebensmittelladen in der Hauptstadt eröffnen, er war bereits mit den Behörden in Verhandlung. Als ich ihn fragte, wie er das alles geschafft habe, ging er hinter den Tresen, zog ein zerfleddertes Buch hervor und berichtete: »Hier habe ich mir vor sechs Jahren hineingeschrieben, was ich werden will – was ich dafür tun muss und wie lange ich dafür brauchen darf. Jetzt habe ich alles erreicht. Ich habe schon ein neues Buch angefangen.« Er zeigte es mir und es war von der ersten bis zur letzten Seite vollgeschrieben. Mich interessierte die Überschrift auf der ersten Seite. Er antwortete, dass ihm einer seiner Lehrer in der Abendschule diesen Spruch hineingeschrieben hatte: »Nur der Tod kann einen Menschen aufhalten, dessen erklärtes Ziel es ist, erfolgreich zu werden.«

Für mich ist Ani, so der Name des jungen Mannes, zu einem wichtigen Beweis geworden, dass nur derjenige, der eigene Ziele hat, nicht mehr den Zielen anderer dienen muss. Das bedeutet: Nur wenn Sie eigene Beurteilungsmaßstäbe finden, also wissen, was für Sie Erfolg bedeutet, dann hören Sie auf, sich an dem zu orientieren, was andere für Sie als Erfolg erachten.

Macht Erfolg glücklich?

Jeder will es, aber nicht jeder bekommt ist. Weil es nicht jeder erkennt: das persönliche Glück. Doch Glück ist flüchtig, eine Sache von Sekunden, von Stunden – eventuell von ein paar Tagen. In diesem Kapitel steht der Zusammenhang von Erfolg und Glück im Mittelpunkt.

Die Wechselwirkung
von Erfolg und Glück

Macht Erfolg glücklich oder macht Glücklichsein erfolgreich? Dieser Frage gingen amerikanische Wissenschaftler auf den Grund, indem sie über 200 Studien zum Thema Erfolg und Glück einer so genannten Metaanalyse unterzogen. Sie fanden schließlich heraus, dass das Sprichwort »Erfolg macht glücklich« nur zum Teil der Wahrheit entspricht. Fakt ist, dass glückliche Menschen häufig mehr im Leben erreichen. Das zeigt sich in einer Lebensweise, die Glücksgefühle fördert. Damit ist jedoch nicht ein Gefühl von Euphorie gemeint, sondern eine allgemeine Lebenszufriedenheit, die den Menschen positiv auf Neues zugehen lässt. Menschen, die mit ihrem Leben zufrieden sind, nutzen ihre Energie, um die positiven Aspekte ihres Lebens zu verstärken. Im Gegensatz dazu konzentrieren Menschen, die mit ihrem Leben unzufrieden sind, ihre Energien darauf, sich für negative Ereignisse zu rechtfertigen und Ausreden für ihr Schicksal zu suchen. Stattdessen könnten sie ihre Energie einfach dafür einsetzen, ihr Leben positiver zu gestalten. Doch negative Gedanken wirken wie wahre Energieräuber: Fokussieren sie sich auf negative Gefühle, so nehmen diese überhand. Dabei geht es häufig um das berühmte Haar in der Suppe: Sicher ist, das Haar verändert den Geschmack der Suppe nicht. Ein positiv eingestellter Mensch nimmt darum das Haar heraus und isst die Suppe weiter. Eine negativ konditi-

> **Ein Gedanke, der nicht zu einer Handlung führt, ist nicht viel, und eine Handlung, die nicht von einem Gedanken ausgeht, ist überhaupt nichts.**
>
> (GEORGE BERNARDO)

onierte Person regt sich dagegen auf und steht hungrig vom Tisch auf. Die Frage ist, ob es sich lohnt, in jeder Suppe zuerst das Haar zu suchen.

Glückliche Menschen sind im Allgemeinen im Beruf erfolgreicher und haben deshalb höhere Einkommen, pflegen mehr soziale Kontakte, sind stressresistenter und seltener krank als der Durchschnitt. Zahlreiche Studien belegen dies. Aber auch hier geht es nicht um gepachtetes Glück, sondern um die Zufriedenheit mit dem eigenen Leben. Glück erzeugt offenbar Erfolg. Ist Glücklichsein also doch eine Voraussetzung für den persönlichen Erfolg?

Eine zwingende Voraussetzung ist das Glücklichsein wohl nicht, aber es erleichtert den Weg zum Ziel erheblich. Stellen Sie sich vor, Sie gehen unglücklich und daher schlecht gelaunt zu einem Vorstellungsgespräch für Ihren Traumjob. Es ist wohl kaum anzunehmen, dass dies die beste Voraussetzung ist, ihn zu bekommen.

Wir alle kennen Momente, in denen uns etwas besonders gut gelingt – sei es die geschickt verhandelte Gehaltserhöhung, ein wichtiger Vertragsabschluss, der Kauf eines Hauses oder das erste Rendezvous. Diese Wechselwirkung von Erfolg und Glück ist es, die wir in unserem Leben anstreben. Nennen wir sie Lebenserfolg. Ähnlich wie Erfolg wird Glück als positiv empfundenes Resultat des eigenen Handelns beschrieben. Das bedeutet, dass man im richtigen Augenblick die richtigen Fähigkeiten besitzt, um die verschiedenen Anforderungen des Lebens zu meistern.

Das Ideal: der Flow-Zustand

Der ungarische Psychologe Mihaly Csikszentmihalyi entwickelte ein einfaches Modell, welches erklärt, wann Menschen sich glücklich fühlen. Das »Flow-Modell« besteht aus zwei Parametern: Auf der einen Seite stehen die Anforderungen, die das Leben an einen Menschen stellt, auf der anderen Seite die Fähigkeiten, die der Mensch hat. Sind die Anforderungen höher als die eigenen Fähigkeiten, befinden wir uns im Stress, weil wir überfordert sind. Übertreffen unsere Fähigkeiten jedoch die Anforderungen, dann langweilen wir uns, sind also unterfordert. Die Kunst besteht darin, eine Balance zwischen Anforderungen und eigenen Fähigkeiten zu finden. Dann befinden wir uns im »Flow«. Folgende Grafik veranschaulicht dies:

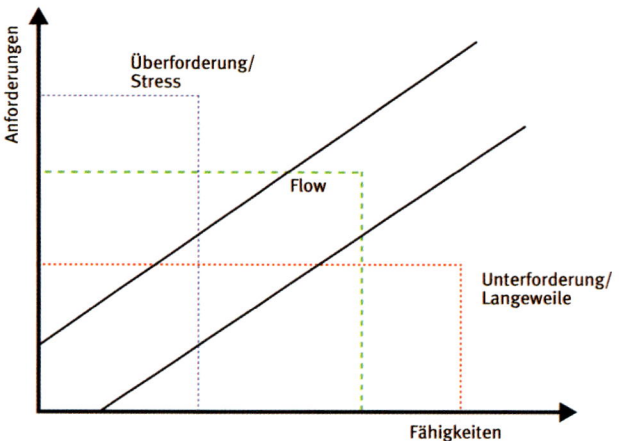

Wenn wir in dem, was wir tun, aufgehen, empfinden wir Zufriedenheit. Dies symbolisiert der mittlere Bereich der Grafik, der so genannte »Flow«. Kann Ihnen dieses Modell bei der Planung und Umsetzung Ihres individuellen Lebenserfolges dienlich sein? Ich meine ja, denn die Fragen, die Sie sich stellen müssen, drehen sich vor allem darum, was Lebenserfolg für Sie bedeutet. Es ist wichtig zu wissen, welche Talente Sie bereits besitzen und welche Anforderungen Sie bewältigen müssen, um Ihre gesteckten Ziele zu erreichen. Sollten Sie noch nicht über die notwendigen Fähigkeiten verfügen, müssen Sie sich diese aneignen. Dabei dürfen Sie sich selbst nicht unter- und auch nicht überfordern. Es gilt, das richtige Maß zu finden. Vor allem müssen Sie sich aber die Zeit nehmen, Ihre Ziele zu identifizieren. Ihre persönliche Definition von Lebenserfolg ist entscheidend für Ziele, Zwischenziele und den Weg, den Sie beschreiten.

Ein Paradebeispiel dafür, wie glücklich und zufrieden es einen Menschen macht, wenn er seine Fähigkeiten und Ziele in Einklang bringen kann, ist ein 33-jähriger Mann aus Hamburg. Als Junge interessierte er sich vor allem für Wirtschaftsthemen, doch dann hatte er ein aufrüttelndes Erlebnis: »An meiner Schule wurden während der Balkankrise die ersten Flüchtlinge untergebracht«, berichtet er. »Später studierte ich trotzdem Betriebswirtschaft, machte Praktika in Werbeagenturen, begeisterte mich

für Marketing.« Dann die Chance: Das Flüchtlingshilfswerk der Vereinten Nationen (UNHCR) in Genf suchte einen Mitarbeiter zur Spendenbeschaffung. Die Stellenanzeige klang wie maßgeschneidert für ihn. Heutet arbeitet er beim UNHCR und hat seine Fähigkeiten und Interessen in Einklang gebracht.

Erfolg hat viele Gesichter, zum Beispiel das einer Mutter Theresa, eines Albert Einstein, eines Popstars oder eines Politikers. Wie immer Sie auch Ihren eigenen Lebenserfolg definieren, wichtig ist, dass Sie sich genau darüber im Klaren sind, was Sie als Erfolg bewerten. Für viele Menschen ist Erfolg gleichbedeutend mit Glück. Tatsächlich ist Glück aber ein Zustand – Erfolg dagegen die Konsequenz eines zielorientierten Handelns. Man könnte auch sagen, Glücklichsein ist die Konsequenz aus Erfolg. Zu diesem Handeln gehören die richtige Bewertung der Situation, eine realistische Einschätzung der eigenen Stärken und Begrenzungen sowie der richtige Umgang mit Zeit.

Im zweiten Teil dieses Buches werden Sie viele wertvolle Hinweise und Gedanken finden, die es Ihnen ermöglichen, Ihre Ziele umzusetzen. Das funktioniert natürlich nur, wenn Sie sich über Ihre Ziele im Klaren sind. Und da Menschen nicht an ihren Worten, sondern an Taten gemessen werden, genügt es nicht, dieses Buch einfach nur zu lesen. Es ist wichtig, die Vorschläge auch in die Tat umzusetzen und im

Alltag zu erproben. Wenn Sie also schon lange darüber sprechen, Ihr Leben erfolgreicher zu gestalten, haben Sie jetzt die Chance, damit anzufangen. Jeder Tag, an dem Sie nur darüber nachdenken, darüber sprechen und nicht handeln, ist ein verlorener Tag. Leider gibt es kein Zeitkonto, auf das wir Lebenszeit einzahlen können und das Zinsen bringt. Zwar ist die Zeit nicht unser Gegner, aber sie ist ein erbarmungsloser Wächter unseres Lebens, denn sie zeigt uns, was Vergänglichkeit bedeutet. Jeder Tag, jede Stunde, jede Minute und Sekunde wird von unserer Lebenszeit abgezogen. In diesem Sinne bezeichnete auch der Kabarettist Karl Valentin das Heute als die gute alte Zeit von morgen. Sie haben es nun selbst in der Hand, ob Sie Ihr Leben jetzt, später oder nie zu dem machen, was es sein kann.

Tipp: Kennen Sie das Buch »Sternstunden der Menschheit« von Stefan Zweig? In diesem Buch berichtet er über das beein-

druckende Ergebnis eines vollkommenen Flow-Zustandes.

Der Pionier-Hauptmann Claude-Joseph Rouget de Lisle textete und komponierte auf Anordnung des Straßburger Bürgermeisters ein Kriegslied für die Rheinarmee. Rasch verbreitete sich das Lied im ganzen Land und wurde von einem Freiwilligenbataillon aus Marseille im Juli des gleichen Jahres nach Paris gebracht – daher die Bezeichnung, unter welcher es weltberühmt wurde: die Marseillaise. Am 14. Juli 1795 wurde die Hymne per Dekret des Nationalkonvents offiziell zum Nationallied erklärt. Interessant im Zusammenhang mit unserem Thema ist, dass Claude-Joseph Rouget de Lisle die Marseillaise innerhalb einer einzigen Nacht komponiert hat. Die Noten flogen ihm geradezu zu und seine eigenen Fähigkeiten waren in vollkommener Übereinstimmung mit den Handlungsanforderungen des Umfeldes.

Kann Glück das Ziel des Lebens sein?

Die Ansicht, Glück sei das Ziel des Lebens, ist in der modernen Glücksliteratur weit verbreitet. Ich halte diese Annahme für einen der größten Irrtümer und bin überzeugt, dass sie mehr Schaden anrichtet als

Gutes tut. Ich will Ihnen begründen, warum ich diese Meinung vertrete: Seit zehn Jahre beobachte ich eine ständig wachsende Flut von selbst ernannten Experten, die ihrem Publikum versprechen, die Glücksformel schlechthin gefunden zu haben. Selbstverständlich gibt es in der Glücksforschung auch seriöse Wissenschaftler der positiven Psychologie, wie zum Beispiel Martin Seligman oder den schon erwähnten Mihaly Csikszentmihalyi, leider aber auch viele Scharlatane, die sich in esoterischen Bereichen breitmachen und Glück wie eine Ware feilbieten.

Lassen Sie uns zunächst definieren, was Glück ist und wann es vorkommt. Betrachten Sie dafür Ihr Leben und denken Sie darüber nach, wann Sie Glücksgefühle empfanden. Können Sie dies zeitlich bestimmen? Wie lange hat dieses Glücksgefühl angehalten? Waren es Stunden, Minuten oder nur Sekunden? Was ist davon übrig geblieben?

Glück ist ein Gefühl, das in einem bestimmten Moment eintritt. Sie verspüren es zum Beispiel, wenn Sie zu Weihnachten überraschend die Uhr geschenkt bekommen, die Sie sich schon seit Jahren wünschen. Oder wenn Sie unerwartet Ihren Traumjob angeboten bekommen. Und was bleibt am Ende davon übrig? Zufriedenheit! Auch nach zwei Jahren freuen Sie sich noch, wenn Sie auf das Ziffernblatt Ihrer Uhr schauen, aber dasselbe Glücksgefühl wie im Moment, als Sie Ihr Geschenk auspackten, erleben Sie nicht noch einmal. Auch wenn man Sie fragt, ob Sie mit dem neuen Auto glücklich sind, werden Sie diese Frage mit einer Auskunft über Ihre Zufriedenheit beantworten. Das ist auch gut so, denn wenn Sie alle Glücksmomente Ihres Lebens nicht mehr loswerden würden, dann hätten Sie ein Problem. Sicher ist auch Zufriedenheit eine Art von Glücksgefühl. Menschen, die viele Glücksgefühle erleben, sind zufriedener. Aber es ist wichtig, zwischen Glück und Zufriedenheit unterscheiden zu lernen. Glück ist ein Zustand in der Gegenwart, ein spontanes, momentanes und in einer speziellen Situation auftretendes Gefühl. Die Folge davon besteht idealerweise in der Zufriedenheit. Vielleicht fragen Sie sich, warum ich auf diese Differenzierung so viel Wert lege. In erster Linie möchte ich nicht den Eindruck erwecken, dass es in diesem Buch darum geht, wie Sie jeden Tag im permanenten Glücksgefühl schweben. Mein Wunsch ist es vielmehr, dass Sie mit sich und Ihrem Leben zufrieden sind. Glücksgefühle nicht ausgeschlossen!

Freude und Schmerz

Von Sigmund Freud stammt der Ausspruch, dass das Gehirn alles tut, um Lust zu empfinden und Schmerz zu vermeiden. Zwar klingt diese Formel ziemlich einfach, aber letztlich findet sie immer wieder Bestätigung. Wir könnten uns selbst also als Schmerzvermeider und Lustempfinder bezeichnen, damit wäre alles gesagt und auch in Ordnung. Doch die menschliche Psyche stellt sich, wie das Leben selbst, komplexer dar. Wenn wir strikt nach dem Schmerz-Lust-Prinzip handeln würden, hätten wir wahrscheinlich weniger Probleme, denn wir würden zum Beispiel hemmungslos alle Leckereien, derer wir habhaft werden können, mit Genuss verschlingen. Damit wäre die Lust befriedigt. Danach kommt jedoch der Schmerz, der Blick auf die Waage, die uns deutlich ermahnt, in Zukunft maßvoller mit der Nahrungszufuhr umzugehen. Jetzt geht es darum, Lust zu vermeiden, um auch den Schmerz zu vermeiden. Das ist äußerst schwierig – viele von uns kennen das. Oft sind wir mit einer Handlung zögerlich, weil wir uns nicht sicher sind, ob die Lust, die dadurch entsteht, tatsächlich größer ist als der Schmerz, den wir später verspüren. Dann haben wir das »Engelchen-Teufelchen-Problem«. Nehmen wir beispielsweise an, Sie wollen ein paar Pfunde abnehmen und beschließen, damit nächste Woche anzu-

fangen. Ausgerechnet am Montag werden Sie nun aber zu einer Geburtstagsfeier eingeladen. Dort stehen Sie vor dem Buffet, mit dem festen Willen, nur ein wenig Salat zu essen. Außerdem haben Sie sich vorgenommen, keinen Alkohol zu trinken, und

> **Die Natur hat die Menschheit unter die Herrschaft zweier souveräner Kräfte gestellt, Schmerz und Freude [...] sie lenken uns in allem, was wir tun, sagen und denken: Jeder Versuch, den wir unternehmen, um unser Joch abzuwerfen, dient lediglich dazu, diese Wahrheit zu veranschaulichen und zu bestätigen.**
>
> (JEREMY BENTHAM)

haben den Prosecco am Eingang schon dankend abgelehnt. Jetzt beginnt Ihr innerer Dialog und Engelchen und Teufelchen treten in Aktion:

Engelchen: Du hast dich entschlossen, ein paar Pfund abzunehmen, und das wird dir auch guttun. Also, bleib bei deinem Entschluss und verzichte auf das Buffet.

Teufelchen: Ach was, heute noch einmal

essen – so richtig lecker und ein Glas Wein dazu. Sozusagen als letztes Mahl, bevor die Abnehmerei losgeht.

Engelchen: Morgen früh, wenn du auf die Waage steigst, wirst du dich dafür hassen. Sei diszipliniert. Du siehst mit sechs Pfund weniger auch viel besser aus.

Teufelchen: Dieser eine Tag macht doch keinen Unterschied. Du kannst ja auch morgen mit dem Essen aufhören.

Engelchen: Doch, genau dieser Tag macht den Unterschied. Du hast immer wieder Einladungen, übermorgen ein Geschäftsessen und am Freitag selbst Gäste zum Abendessen. Wenn du dich jetzt nicht an deine Vorsätze hältst, wird es dir nie gelingen, dein Wunschgewicht zu erreichen.

Wir alle kennen diese inneren Dialoge. Bleiben wir auf der Geburtstagsfeier bei Wasser und Salat, sind wir schlecht aufgelegt und haben keinen Spaß. Essen und trinken wir dagegen nach Herzenslust, dann sind wir frustriert über die eigene Schwäche und bereuen diese am nächsten Morgen, wenn wir auf der Waage stehen. Gibt es einen Weg, dieses Problem zu lösen?

Natürlich, denn sobald die Lust abzunehmen größer ist als die Lust zu essen, gelingt es uns, aus diesem Dilemma auszubrechen. Es gibt sogar eine positive Assoziation, die so stark ist, dass Ihr »Teufelchen« Spaß am Abnehmen hat: Dazu müssen Sie sich – am besten während Sie noch am Buffet stehen – einfach nur vorstellen, wie Sie aussehen, nachdem Sie abgespeckt haben. Schauen Sie sich die anderen Partygäste an, die schlank sind, und stellen Sie sich vor, wie gut Sie sich fühlen werden, wenn Sie wieder Ihr Idealgewicht erreicht haben. Orientieren Sie sich nicht an den Gästen, die dicker sind als Sie. Diese Menschen haben dasselbe Problem, nur können sie es nicht lösen. Sich diese Gäste als Alibi zunutze zu machen, um eine Ausrede zu haben – nach dem Motto: »Es gibt ja noch Dickere als mich« –, ist keine gute Idee. Wenn Sie selbst keine Disziplin aufbringen können, wird es nicht möglich sein, ein Ziel zu erreichen. Einfacher wird es, indem Sie sich das Ziel so attraktiv wie möglich gestalten. Fallen Sie jedoch in Ihre alte Gewohnheit zurück, ist das ein Zeichen dafür, dass das Ziel nicht wirklich attraktiv für Sie ist. In diesem Fall ist der Schmerz größer, Ihr Verhalten zu ändern, als der Schmerz, dies nicht zu tun.

Geht es Ihnen auch so, dass in manchen Situationen, in denen Sie zwischen zwei Möglichkeiten entscheiden müssen, plötzlich ein kleiner Engel auf Ihrer linken und ein Teufel auf Ihrer rechten Schulter auftauchen? Auf wen werden Sie hören?

Unser mentales Betriebssystem

So wie jeder Computer von einem Betriebssystem gesteuert wird, so verfügen auch alle Menschen über ein »Betriebssystem«: ihr Gehirn. Sie finden in diesem Kapitel nur einen Überblick, wie das Gehirn funktioniert, damit Sie ein wenig über das Organ erfahren, das Sie zu dem macht, was Sie sind – oder zu dem, was Sie gerne sein möchten.

Das Gehirn – eine ewige Baustelle

Wir Menschen haben unglaubliches Glück, denn wir sind unzweifelhaft die einzigen Lebewesen, die in der Lage sind, ihre Zukunft zu planen. Allein aufgrund dieser Tatsache wäre es reine Verschwendung, das Leben einfach vergehen zu lassen. Unser Gehirn ist eine Vorwegnahme-Maschine, deren Aufgabe es ist, unsere Zukunft zu entwerfen. Der Mensch besitzt das komplexeste Gehirn aller Lebewesen auf diesem Planeten, doch eines ist leider bei unserer Geburt nicht mitgeliefert worden: das »Benutzerhandbuch« dazu.

Gehirnforscher und Psychologen wollen in erster Linie herausfinden, wie negative Gefühle entstehen. Sie suchen nach den Ursachen für Depressionen, Aggressionen, Ängsten und unglücklichen Gefühlen im Allgemeinen. Das ist gut so, denn nur durch eine gründliche Analyse kann am Ende eine sinnvolle und heilende Therapie erfolgen. In den letzten Jahren traten zunehmend die Regionen unseres Gehirns in den Mittelpunkt des Interesses, die sich mit positiven Gefühlen beschäftigen. Wo entsteht das Glücksgefühl? Kann man Glück im Hirn sehen? Kann man es beeinflussen? Was früher in Science-Fiction-Filmen gezeigt wurde, gehört heute zum großen Teil schon zur Realität.

Die moderne Wissenschaft ermöglicht es uns inzwischen, das Gehirn beim Denken

Ein ungeübtes Gehirn ist schädlicher für die Gesundheit als ein ungeübter Körper.
(GEORGE BERNARD SHAW)

zu beobachten. Seit Mitte der 1970er-Jahre können wir mithilfe eines so genannten Positronen-Emissions-Tomographen (PET) und der Kernspintomographie tiefer in den menschlichen Körper blicken. Ob die Medizin damit auch den Geist eines Menschen sichtbar machen kann, darf jedoch bezweifelt werden. Aber sie kann damit Hirnregionen bestimmen, die bei gewissen Aktivitäten unseres Gehirns in Aktion treten. Durch dieses bildgebende Verfahren erhalten wir Aufschluss über die Funktionen der unterschiedlichen Areale in unserem Gehirn. Wir können beobachten, was im Gehirn passiert, wenn wir fühlen.

Eine gute Nachricht für alle Gehirn-Benutzer ist, dass sich dieses Organ, entgegen früherer wissenschaftlicher Meinung, permanent in Veränderung befindet. Während die Wissenschaft noch vor wenigen Jahren davon ausging, dass das Wachstum unseres Gehirns nach der Pubertät beendet sei, weiß man heute genau das Gegenteil: Je nach Stärke der Beanspruchung entwickelt es sich mit seinem Benutzer weiter. Das heißt, wie ein Muskel, der unter Training aufgebaut wird und bei Nichtbeachtung schwindet, entwickelt sich auch das Gehirn durch regelmäßiges Training. Wann immer Sie also etwas Neues lernen, verändert sich die Struktur Ihres Gehirns.

Die althergebrachte Meinung, dass die Gehirnleistung mit zunehmendem Alter zurückgehe, ist also ein Irrglauben. Dass Höchstleistungen des Gehirns auch im Alter möglich sind, beweist das Beispiel einer rüstigen Rentnerin. Im Alter von 86 Jahren hat sie in Italien an den Abiturprüfungen teilgenommen, um nach zwei Schulabschlüssen in Deutschland auch ein italienisches Zertifikat in der Tasche zu haben. Im Fach »Italienische Literatur« entschied sie sich dabei für einen Aufsatz über »Kommunikation in Zeiten von SMS und E-Mail«!

Auch nach der Lektüre dieses Buches wird Ihr Gehirn neue neuronale Vernetzungen erzeugt haben und seine Struktur verändern. Doch nicht nur Gedanken beeinflussen unsere Hirnstruktur, auch Gefühle erzeugen synaptische Verbindungen (Anm.: Synapsen sind die Kontaktstellen zwischen Nervenzellen und anderen Zellen wie Sinnes-, Muskel- oder Drüsenzellen) und lassen unterschiedliche Areale im Gehirn aufleuchten. Im Gehirn vernetzt sich, was sinnvoll ist. Auf rotes Licht reagieren wir beispielsweise mit Aufmerksamkeit, und wer schon einmal über eine rote Ampel gefahren ist und dabei auch noch geblitzt wurde, assoziiert mit Rot gleich zwei un-

terschiedliche Gefahren. Die Vernetzung im Gehirn heißt also »Rot ist gleich Gefahr«, und diese assoziative Verbindung bedingt ein bestimmtes Verhalten.

Dementsprechend wissen wir heute, dass wir uns durch die richtigen Übungen und Techniken in einen positiven und leistungssteigernden Zustand versetzen können. Ähnlich den Pawlow'schen Hunden (Anm.: die Bezeichnung »Pawlow'scher Hund« bezieht sich auf Experimente des russischen Forschers Iwan Petrowitsch Pawlow zum Nachweis der klassischen Konditionierung) schaffen auch wir Menschen durch operative Reiz-Reaktions-Konditionierungen bestimmte Vernetzungen im Gehirn. Wir können diese Verbindungen auch wieder auflösen, wenn sie uns hinderlich sind. Allerdings steht vor dem Lernen einer neuen Konditionierung das »Entlernen« der bestehenden. Diese Form der mentalen Beeinflussung wird in unterschiedlichen Bereichen genutzt.

Beispielsweise sind diese Methoden in der Sportpsychologie schon seit Jahrzehnten unter der Bezeichnung »Mentales Training« im Einsatz. Nahezu jeder Spitzensportler arbeitet heute mit mentalem Training, da die physische Leistungsgrenze oft schon früh ausgeschöpft ist. Achten Sie einmal bei Interviews mit Spitzensportlern darauf, wie oft die Bezeichnung »mentale Überlegenheit« in Zusammenhang mit Erfolg steht. Auch wenn Sie keine Karriere als Spitzensportler anstreben, spricht nichts dagegen, die Erkenntnisse der Wissenschaft und des Spitzensports für Ihre Zwecke zu nutzen. Näheres hierzu lesen Sie im zweiten Teil dieses Buches.

Auch meditierende Mönche oder die tanzenden Derwische nutzen die Möglichkeit, um ihren Seelenzustand positiv zu beeinflussen. Sie setzen dies lediglich in unterschiedlicher Weise um.

Während meiner Aufenthalte in Indien habe ich mit einigen Yogis und ayurvedischen Medizinern zusammengearbeitet, da mich die indische Heilkunst interessierte. Durch die Kombination von Meditation und Yoga habe ich bei mir selbst erstaunliche Veränderungen erlebt – physisch wie psychisch. Als ich meinem indischen Yogi nun erklärte, welche sensationellen Erkenntnisse die moderne Wissenschaft durch den Einsatz der Positronen-Emissions-Tomographen gewonnen hatte, lachte er herzlich und meinte: »Ein Teil unserer Medizin baut darauf auf und diese ist schon über 4000 Jahre alt. Habt ihr jemals daran gezweifelt, dass eure Gedanken euren Körper formen? Wir sind, was wir denken. Und diese Erkenntnis ist nun wahrlich nicht neu. Es ist schön, dass ihr das nun auch sehen könnt. Vielleicht glaubt ihr jetzt daran. Wir Inder können die Veränderungen in unserem Inneren zwar nicht sehen, aber fühlen.«

Die drei Gehirne

Kommen wir nun zu unserem Gehirn an sich: Genau genommen besteht das menschliche Gehirn aus drei unterschiedlichen Systemen, die auch häufig als die »drei Gehirne« bezeichnet werden. Der älteste Teil unseres Gehirns ist das *Stammhirn*. Seine Entwicklung war schon vor etwa 500 Millionen Jahren abgeschlossen. Grundlegende Lebensfunktionen wie die Kontrolle der Atmung, die Verdauung und der Herzschlag werden von dort aus gesteuert. Daneben erfüllt es auch wichtige Aufgaben bei der Koordination und Steuerung von Bewegungsabläufen. Zudem spielen seine Schaltkreise eine wichtige Rolle bei der Entstehung von Emotionen. Hunger und Angst entspringen dem Stammhirn zum Beispiel ebenso wie Lust und Erregung. Daher befindet es sich auch immer in Alarmbereitschaft und entscheidet in Millisekunden, ob besser Angriff oder Flucht zu wählen ist.

Die nächste Hirnregion, das *Zwischenhirn* – auch limbisches System genannt –, liegt oberhalb des Stammhirns und hat unsere Entwicklung vom Meeres- zum Landbewohner begleitet. Ansätze dieses Gehirns sind schon bei Reptilien erkennbar, doch seine vollständige Ausprägung erreichte es, als die Lebewesen begannen, ihren Nachwuchs lebend zu gebären. Seinen Entwicklungsprozess hat es vor ungefähr 200 Millionen Jahren abgeschlossen. Dieser Gehirnteil reguliert verschiedene Prozesse wie die Steuerung der Körpertemperatur, die Erinnerung an Gefühle in Verbindung mit bestimmten Ereignissen und das Wiedererkennen von Orten. Außerdem steuert es die Reaktionsfähigkeit an Land, da die Orientierung dort anderen Voraussetzungen unterliegt als im Wasser. Dadurch ermöglichte das limbische System ein flexibleres Verhalten. Das Repertoire an Emotionen erweiterte sich durch das Entstehen des Zwischenhirns also enorm. Da Brutpflege nur in einer starken Gemeinschaft möglich war, entwickelten sich erste soziale Verhaltensweisen und ermöglichten so eine relativ lange Kinderaufzucht, wie sie bei Säugetieren der Fall ist. Das limbische System wird daher auch als das Zentrum für Emotionen und Triebe bezeichnet. Es müssen unterschiedliche Hirnregionen mitarbeiten, wenn es um so komplexe Vorgänge wie Fühlen geht.

Als sich vor gut 100 Millionen Jahren die Großhirnrinde ausdehnte, entstand unser neuestes Gehirn, das *Großhirn*, auch Kortex genannt. Dieses Gehirn erlaubt uns, in die Zukunft zu denken, zu planen und kreativ zu gestalten. Seine Leistungsfähigkeit ist enorm und übertrifft die aller anderen Lebewesen. Es fällt logische Entscheidungen, entwickelt Sprache und Mathematik. Es ist der Quell der Kunst, der Muse und des Genies. In ihm entstanden die Gedichte eines Goethe ebenso wie die Entwicklung der Atombombe.

Diese drei Gehirnsysteme arbeiten also unter Ihrer Schädeldecke zusammen und versuchen, laut Freud, so viel Lust wie möglich zu verspüren und Schmerz weitestgehend zu vermeiden. Wenn Sie sich vorstellen, dass Sie in Form des Gehirns eine Art inneren Computer besitzen, in dem drei verschiedene Generationen von Betriebssystemen gleichzeitig arbeiten, ist es nachvollziehbar, dass es auch für unsere Gehirne nicht immer einfach ist, problemlos zusammenzuarbeiten. Manchmal stehen sich die einzelnen Teile gegenseitig im Weg, aber im Großen und Ganzen klappt die Zusammenarbeit gut.

Eine Aufgabe kommt allen drei Betriebssystemen zu: Sie passen auf uns auf – wie eine Art Sicherheitsberater. Das gesamte Gehirn hält ständig Ausschau nach drohenden Gefahren wie beispielsweise Mangel an Nahrung, plötzliche Veränderungen der Wetterlage oder rote Ampeln. Es arbeitet hierfür auf der Basis von Vergleichen und verallgemeinert einmal gespeicherte Erfahrungen. Wenn Sie beispielsweise schlechte Erfahrungen mit einem Produkt einer bestimmten Marke gemacht haben, so überträgt Ihr Gehirn dies auf alle Produkte dieser Marke. Es nimmt ein Erlebnis als Referenz und verallgemeinert es zu einem Vorurteil. Erkennbar ist dies an den Worten, die Sie wählen. Hatten Sie zum Beispiel Pech mit einem so genannten Montagsauto einer bestimmten Marke, werden Sie nicht sagen »Mein Auto ist ein Montagsauto«, sondern Sie werden behaupten, die Marke XY baue schlechte Autos. Obwohl Sie nur eines davon kennengelernt haben, treffen Sie dieses Urteil und verallgemeinern Ihre Aussage. (Zum Thema Verallgemeinerungen lesen Sie mehr im zweiten Teil dieses Buches.)

Eine wichtige Rolle spielt hier eine weitere Hirnregion: der so genannte Mandelkern oder Amygdala. Jeder Mensch besitzt zwei solche Zentren und sie sind wesentlich daran beteiligt, wenn es um die emotionale Bewertung von Situationen und das Angstempfinden geht. Nach heutigem Kenntnisstand der Wissenschaft besteht seine zentrale Aufgabe in der Wiedererkennung und Analyse möglicher Gefahren. Menschen, die sich eine Schädigung dieses Hirnareals, zum Beispiel durch einen Unfall, zugezogen haben, verlieren ihr Furcht- und Aggressionsempfinden. Dadurch werden alle Abwehrreaktionen und Warnhinweise eliminiert. Diese Patienten finden sich sehr häufig in lebensbedrohenden Situationen wieder, da sie keinerlei Furcht- oder Abwehrreaktion mehr kennen.

Gibt es tatsächlich eine Möglichkeit, dieses komplexe Gebilde in unserem Kopf aktiv zu beeinflussen? Können wir die Milliarden von Synapsen und die unterschiedlichen Areale im Gehirn bewusst und zu unserem Vorteil nutzen? Lassen Sie uns dafür einen Blick hinter die Kulissen werfen, um zu verstehen, ob und wie wir unser Denken und Fühlen beeinflussen können, denn wir sind tatsächlich in der Lage, unsere Realität so zu schaffen, dass wir mit ihr glücklich und zufrieden sind.

Tipp: Alle Menschen sind Gehirn-Besitzer, aber nicht alle sind auch Gehirn-Benutzer. Viele Menschen überlassen das Denken lieber dem Zufall.

Überwinden Sie die Symptome des typischen Gehirn-Muffels, denn es gibt kein schlechtes Gedächtnis, sondern nur ein schlecht genutztes. Es gibt auch keine Unfähigkeit, sich künstlerisch zu betätigen. Ihr Gehirn macht es Ihnen möglich, sich ganz neuen Herausforderungen zu stellen!

Ein Blick hinter die Kulissen

Wenn wir uns mit unserem Leben, unseren Verhaltensweisen, unseren Einstellungen und unseren Zielen beschäftigen, stellt sich die Frage, woher der Rohstoff für das alles kommt und wo er verarbeitet wird. Der Rohstoff besteht im Leben selbst, in den Erfahrungen, die wir im Laufe unseres Lebens angesammelt haben. Sie sind im hohen Maße für die Art und Weise, wie wir heute durchs Leben gehen, verantwortlich. Sie haben uns positive und negative Prägungen mitgegeben, haben uns beschützt und gleichzeitig bei der Weiterentwicklung gehindert. Es gibt eben kein Licht, wo es keinen Schatten gibt. Aber all das geschieht in guter Absicht.

Im Gehirn wird dieser Rohstoff verarbeitet, weshalb es Gehirnforscher auch als Hauptintegrationsort für unsere überlebenswichtigen Informationen bezeichnen. Um dem gerecht zu werden, benötigt dieses Organ eine enorme Menge an Energie: Obwohl es nur circa 2 Prozent unserer Körpermasse ausmacht, verbraucht es ein Drittel der Energie, die der gesamte Organismus umsetzt.

Die Grundfrage der Hirnforschung ist nun, ob das Selbst, also das eigene Ich, überhaupt in der Lage ist, sich selbst zu erforschen. Nahezu täglich fördert sie hier neue Erkenntnisse ans Tageslicht, die uns immer wieder in Staunen versetzen. Die Schätzungen, wie viele Nervenzellen, so genannte Neuronen, ein Mensch besitzt, sind sehr unterschiedlich. Sie schwanken zwischen 100 Milliarden und einer Billion. Jedes dieser Neuronen ist mit Synapsen ausgestattet, die gleichzeitig als Empfänger und Sender arbeiten. Das bedeutet, sie

> **Der menschliche Geist kehrt, wenn er von einer neuen Idee gefordert wurde, nie zu seiner Ausgangsposition zurück.**
>
> (OLIVER WENDELL HOLMES)

empfangen Signale und leiten diese an eine andere Nervenzelle weiter. Jede Nervenzelle besitzt bis zu 10 000 solcher Synapsen. Theoretisch kommen wir auf über eine Billiarde Synapsen, die miteinander in Kommunikation stehen.

TRAMPELPFADE IM GEHIRN

Aus der Zusammenarbeit der synaptischen Verbindungen entstehen Engramme. Das sind konkrete physiologische Spuren, die unsere Denkvorgänge im Hirn hinterlassen. Vereinfacht dargestellt verhält es sich hierbei so ähnlich, wie wenn Ihnen die Post einen Brief sendet. Nehmen wir an, der Postbote ist der Sender, Sie der Empfänger. Sie wohnen in einem Haus mit großem Garten. Jedes Mal, wenn der Postbote durch den Garten läuft, hinterlässt er eine Spur. Wenn er nur einmal im Monat einen Brief bringt, dann wird, im wahrsten Sinne des Wortes, Gras über die Sache wachsen. Bekommen Sie jedoch 20 Briefe pro Tag, die jeweils einzeln zugestellt werden, entsteht schnell ein Trampelpfad im Garten. Genauso verhält es sich auch mit den Engrammen im Gehirn: Sie bilden den Trampelpfad der Informationen, die vom Sender zum Empfänger gelangen. Aus diesem Grund sprechen Hirnforscher von der Theorie der eingeschliffenen Bahnen: Je öfter die synaptischen Verbindungen beansprucht werden, desto stärker sind die Engramme. Der Zusammenhang zwischen Gedächtnisleistung und Engramm ist wissenschaftlich noch nicht schlüssig bewiesen, moderne Gehirnforscher gehen jedoch davon aus, dass besondere Begabungen auch durch starke synaptische Tätigkeiten entstehen und die daraus resultierenden Engramme in bestimmten Gehirnregionen nachweisbar sind.

Die Welt entsteht im Kopf und wir können diese durch die Macht unserer Gedanken formen oder formen lassen. Solange wir uns der Kraft unserer Gedanken nicht bewusst sind, werden wir von der Umwelt, zum Teil auch von unseren Genen geformt. Um einen Einblick in die Macht der Gedanken zu bekommen, haben Wissenschaftler unterschiedlichste Anstrengungen unternommen, zum Beispiel um herauszufin-

den, wie sehr unser Denken unseren Zustand prägt und wie wir dieses Denken beeinflussen können. Alles weist darauf hin, dass wir wesentlich mehr Einfluss auf unser Gehirn haben, als uns bewusst ist.

Negative Gedanken erzeugen negative Gefühle und verdrahten sich in unserem mentalen Netzwerk ebenso leicht wie positive Gedanken. Der mehrfach ausgezeichnete Neurowissenschaftler Antonio Damasio hat festgestellt, dass positive und negative Gefühle einander nicht ausschließen. Wir können eine Situation gleichzeitig als ebenso angenehm wie unangenehm empfinden. Stellen Sie sich zum Beispiel vor, Sie haben einen Autounfall, an dem Sie auch noch selbst schuld sind. Ihr Auto besitzt lediglich noch Schrottwert, Sie aber sind unversehrt und mit dem Schrecken davongekommen. In diesem Moment ärgern Sie sich zwar über den Verlust Ihres fahrbaren Untersatzes, sind aber gleichzeitig glücklich darüber, dass Ihnen nichts passiert ist. Es bestehen also negative und positive Gefühle gleichzeitig nebeneinander. Genauso geht es uns, wenn wir von unserer Firma Weihnachtsgeld bekommen und anhand des Lohnzettels feststellen, dass uns davon nach den steuerlichen Abgaben nur die Hälfte übrig bleibt. Einerseits freuen wir uns über das zusätzliche Einkommen, andererseits ärgern wir uns über das Finanzamt.

Damasio hat Bilder von Gehirnen glücklicher und unglücklicher Menschen miteinander verglichen und konnte feststellen, dass unterschiedliche Gefühle auch von unterschiedlichen Regionen im Gehirn ausgehen. Bei Niedergeschlagenheit oder Trauer leuchtet das Stammhirn in seiner linken Hälfte auf, wenn es glücklich ist, leuchten beide Hälften.

Aber ganz so einfach ist unser Gehirn nicht zu beschreiben. Wenn wir fühlen, ist das immer ein Zusammenspiel unterschiedlicher Regionen des Gehirns. Daher ist die immer noch populäre Theorie, dass die linke Gehirnhälfte des Großhirns für die emotionalen Aufgaben verantwortlich ist und die rechte sich mit rationalen Themen beschäftigt, nach neuen Erkenntnissen nicht mehr haltbar. Tatsächlich sind beide Hälften an guten wie an schlechten Gefühlen beteiligt. Allerdings konnte man nachweisen, dass bei negativen Gefühlen die rechte Gehirnhälfte stärkere Aktivität aufweist, während bei positiven Zuständen eher die linke Gehirnhälfte in Aktion tritt.

Bei der Untersuchung von Schlaganfall-Patienten stelle Damasio zudem fest, dass die Menschen, deren linke Gehirnhälfte besonders im Bereich des linken Vorderhirns geschädigt wurde, zu Depressionen neigten.

Damasio geht daher davon aus, dass dort ein Zentrum für positive Gefühle beschädigt wurde. Schädigt ein Schlaganfall das System dagegen im rechten Vorderhirn, werden die Patienten häufig von einem unbeschreiblichen Glücksgefühl übermannt. Diese Menschen verlieren den Bezug zu ihrer Umwelt und nehmen nicht mehr die Dinge wahr, die nicht zu ihrer fröhlichen Stimmung passen.

Tipp: Bitte beachten Sie: Lebenslanges Lernen ist nicht nur möglich, sondern notwendig! Je träger wir geistig sind, desto stärker wirkt sich der – früher als normal bezeichnete – Abbau der Gehirnzellen aus. 80 Prozent der Alzheimer-Patienten hatten sich in den 15 bis 20 Jahren vor Ausbruch der Krankheit mit nichts wirklich Neuem befasst. Viele Menschen behaupten zwar, tagtäglich mit Neuem konfrontiert zu sein, aber dabei handelt es sich meistens um einen »frommen« Selbstbetrug. Im normalen Alltag erhalten die meisten von uns freilich laufend mehr Details, aber dadurch werden keine neuen »Trampelpfade« im Gehirn angelegt, sondern nur die vorhandenen Pfade vertieft.

Glück ist lernbar

Wir wissen also, dass das Gehirn eine komplexe Struktur besitzt, deren Erforschung immer noch rudimentär ist. Wir wissen auch, dass unsere Gefühle und Gedanken durch physische Einwirkungen, zum Beispiel durch Gehirnoperationen, wenn auch als deren unerwünschte Folge, verändert werden. Nun stellt sich die Frage, ob wir auch durch psychische Einflüsse, sprich durch unsere Gedanken selbst, unsere Aktivitäten in unserem Gehirn verändern können. Auch dazu liefert uns die Wissenschaft Antworten.

Viele Studien der Gehirnforschung beweisen, dass wir aktiv auf unsere Gefühle Einfluss nehmen können, und zwar ohne unser Gehirn dabei auch physisch zu beeinflussen. Bildgebende Verfahren zeigen, wie unterschiedliche Gedanken auch unterschiedliche Aktivitäten im Gehirn erzeugen. Im Zusammenspiel der Psychologie, der Gehirnforschung und einiger anderer verwandter Wissenschaften stellte man fest, dass die Kontrolle der negativen Gefühle eine der ursächlichen Gründe für Zufriedenheit ist. Unbewusst reagieren Menschen unterschiedlich auf dieselben Ereignisse. Je nachdem, wie sie gedanklich mit Unannehmlichkeiten umgehen, fühlen sie sich mehr oder weniger glücklich. Je mehr positive Gedanken ein Mensch also in sich trägt, desto höher ist seine Lebenszufriedenheit. Kennen Sie den Begriff der Sonntagskinder? Als solche werden Menschen bezeichnet, die mit einem wahrhaft sonnigen Gemüt, also optimistisch und voller Selbstvertrauen, durchs Leben gehen. Tatsächlich hat man bei diesen Menschen eine erstaunliche Aktivität der linken Gehirnhälfte ausgemacht. Das Gegenteil dieser Sonntagskinder sind die Menschen, die in allem das Negative sehen und sich kaum über etwas freuen können. Es wird Sie nicht wundern, wenn diese Menschen eher in der rechten Gehirnhälfte aktiv waren.

Ich habe mit beiden Typologien gearbeitet – in erster Linie um herauszufinden, ob es überhaupt möglich ist, die Menschen mit einer grundlegend pessimistischen Einstellung dazu zu bringen, ihr Denken positiv zu verändern. Dazu habe ich in unzähligen Stunden Gespräche aufgezeichnet und analysiert. Außerdem habe ich Paare zusammengestellt, die jeweils aus einem Vertreter der positiv denkenden und einem aus der negativ eingestellten Gruppe bestanden; diesen habe ich verschiedene Aufgaben gestellt. So mussten die Paare gemeinsam einen Theaterbesuch planen, Lebenspläne für sich erarbeiten oder zu Themen wie Religion, Philosophie und Politik diskutieren. Die Teams haben über den Zeitraum eines Jahres hinweg zusammen gearbeitet und einmal in der Woche drei bis vier Stunden miteinander verbracht. Als ich sie nach dieser Zeit getrennt voneinander befragte, stellte sich heraus, dass die meisten der Pessimisten eine deutlich positivere Einstellung zu ihrem Leben entwickelt hatten. Sie wurden offensichtlich durch die Vorbildwirkung ihrer positiv gestimmten Partner selbst positiv beeinflusst in Bezug auf ihre Persönlichkeit und die Wahrnehmung ihrer Umwelt.

Nur sehr wenige Funktionen unseres Gehirns sind nicht durch Training veränderbar. Zwar fällt uns das Lernen im höheren Alter schwerer, aber die vielen Senioren an den Universitäten, die erfolgreich ihren Abschluss machen, zeigen uns, wie groß die Lernfähigkeit im Alter ist. Was Hänschen nicht lernt, lernt Hans nimmermehr – so irrt der Volksmund. Die Elastizität des Gehirns ist nämlich weitaus größer, als die meisten Menschen annehmen. Und wir können nicht nur Inhalte lernen, sondern auch Gefühle lassen sich durch Übung erlernen. Der österreichische Neurowissenschaftler und Nobelpreisträger Eric R. Kandel erforschte die zellulären Vorgänge bei Lernprozessen und fand unter anderem heraus, dass positive Emotionen lernbar sind. Die Fähigkeit zum Glücklichsein lässt sich also trainieren!

Tipp: Richten Sie Ihre Aufmerksamkeit vor allem auf das Positive. Bewerten Sie alles Positive doppelt und alles Negative nur halb. Dann fühlen Sie sich besser als derjenige, der vor allem Negatives wahrnimmt. Je öfter es Ihnen gelingt, positive Emotionen in sich wachzurufen, desto fester gräbt sich das »Muster« Glück in Ihr Gehirn ein. Ein Muster aber, das tief verankert ist, lässt sich durch Außenreize auch schnell aktivieren. Sie kennen das sicher von gewöhnlichen Alltagsbeispielen: So reichen die ersten drei Töne des Lieds »Jingle Bells«, damit man das ganze Lied im Kopf parat hat. Genauso funktioniert es auch mit Gefühlsmustern: Sind Sie eher gewohnt, glücklich zu sein, erhöht sich die Wahrscheinlichkeit, dass Sie es noch öfter sein werden. Sind Sie es dagegen gewohnt, traurig und niedergeschlagen zu denken, werden Sie immer mehr unglückliche Stunden verbringen.

Stoffe, aus denen Gefühle sind

Da das Gehirn kein trockener Schwamm ist, beschäftigen wir uns an dieser Stelle noch kurz mit den wichtigsten Säften, die dieses Organ durchfließen. Von den durchschnittlich 1,5 Kilogramm besteht der größte Teil aus Wasser. Abgesehen davon sind noch einige Botenstoffe, auch Neurotransmitter oder Hormone genannt, am Werk. Nach heutigem Stand der Wissenschaft besitzen diese keine Wirkung, sondern funktionieren lediglich als Boten, die Informationen von einer Zelle zur nächsten bringen. Im übertragenen Sinne sind es die Postboten, die Sie bereits kennengelernt haben. Wie viele dieser Neurotransmitter tatsächlich in unserem Gehirn arbeiten, ist noch nicht erwiesen und die Aussagen darüber sind sehr unterschiedlich. Momentan gehen die Wissenschaftler von etwa 4000 bis 6000 aus, davon sind erst circa 400 genauer bekannt. Wirklich erforscht jedoch hat die Wissenschaft erst etwa 50 davon.

ENDORPHINE – HELFER IM NOTFALL

Besonders die *Endorphine*, die auch als körpereigene Opiate bezeichnet werden, sind wichtig für unser physisches und psychisches Überleben. Sie regeln Empfindungen wie Hunger, Durst oder Schmerz und sind außerdem für unsere Gefühlslage mitverantwortlich. Wenn wir uns euphorisch fühlen, lässt sich eine Überdosis dieser Endorphine in unserem Gehirn nachweisen. Diese Stoffe werden vor allem in Situationen aktiviert, in denen ein Notfall vorliegt. Wenn Sie sich zum Beispiel eine Verletzung zuziehen, dann schüttet Ihr Gehirn Endorphine aus, um den Schmerzen entgegenzuwirken. Die Weiterleitung des Schmerzreizes wird gehemmt und das Schmerzempfinden im Gehirn, genauer gesagt im limbischen System und im Thalamus, wird verändert.

DOPAMIN – DER ALLESKÖNNER

Einer der am intensivsten erforschten Neurotransmitter ist das *Dopamin*. Dieser Botenstoff ist ein wahrer Alleskönner: Er aktiviert uns, versetzt uns in Erregung und steuert unsere Aufmerksamkeit. Dopamin ist zudem für die Lust am Leben verantwortlich und wirkt bisweilen geradezu enthemmend. Der Griff zur Zigarette ist ebenso von Dopamin gesteuert wie der Griff zum Alkohol. Beide Substanzen, Alkohol und Nikotin, bewirken, dass vermehrt Dopamin ausgeschüttet wird. Und auch bei Drogen wie Kokain oder Heroin ist Dopamin im Spiel. In der Suchtforschung versucht man, die Dopaminausschüttung nach dem Konsum harter Drogen zu blockieren, um das Glücksgefühl zu unterbinden. Tatsächlich funktioniert das auch, der Nachteil ist aber, dass die Süchtigen häufig in eine Art Depression verfallen, da sie nun überhaupt keine Lebensfreude mehr empfinden. Das liegt daran, dass die Dopaminausschüttung nicht nur nach Einnahme von Drogen unterbunden wird, sondern generell. Ohne Dopamin fühlt sich das Leben einfach nicht lebenswert an. Auch hinsichtlich des menschlichen Sexualtriebs spielt das Dopamin eine tragende Rolle: Lernen wir einen neuen Partner kennen, schnellt unser Dopaminspiegel in die Höhe.

SEROTONIN – DER GLÜCKS-BRINGER

Serotonin ist ein weiterer Neurotransmitter, der uns glücklich und erfolgreich macht. Neurobiologen stellten fest, dass sich nicht nur unser Wohlbefinden mit steigendem Serotoninspiegel verbessert, auch von unserer Umwelt werden wir bei erhöhtem Serotonin unbewusst als besonders führungsstark und erfolgreich wahrgenommen. Hat jemand schlechte Laune, sinkt sein Serotoninspiegel.

Erstaunlich ist, dass Menschen, die eine klare Vision von ihrem Leben besitzen und von sich selbst behaupten, ein sinnvolles und glückliches Leben zu führen, einen hohen Serotoninspiegel vorweisen. Bei Menschen, die das Leben als Last empfinden, liegt der Serotoninspiegel dagegen vergleichsweise niedrig. Menschen mit aus-geglichenem Serotoninhaushalt sind auch emotional ausgeglichen und sie geraten selten aus der Ruhe.

Serotoninmangel führt zu emotionaler Überempfindlichkeit, die sich in aggressivem Verhalten ausdrücken kann. Zurzeit erforscht die Wissenschaft, welche genauen Auswirkungen die Unterversorgung mit Serotonin hat, und konnte bereits nachweisen, dass Schlaf- und Essstörungen ebenso wie Depressionen und Migräne auf Serotoninmangel zurückzuführen sind.

ADRENALIN – DER HELFER BEI STRESS

Kommen wir zum Stresshormon *Adrenalin*. Es wird im Nebennierenmark gebildet und in Stresssituationen ausgeschüttet. Ursprünglich besaß es die Aufgabe, in Gefahrensituationen die schnelle Entscheidung zwischen Angriff und Flucht zu steuern. Es blockiert sozusagen unsere intellektuellen Fähigkeiten, über bestimmte Situationen erst einmal nachzudenken, und ist nur auf Reaktion ausgerichtet. Wenn Adrenalin ins Blut schießt, steigen der Blutdruck und die Herzfrequenz. Die Bronchien werden erweitert, damit wir mehr Sauerstoff für den bevorstehenden Kampf oder die Flucht zur Verfügung haben. Aus diesem Grund wird Adrenalin auch Überlebenshormon genannt, denn die schnelle Bereitstellung von Energiereserven ist das oberste Ziel.

Dies wird durch die Freisetzung von Körperfett und Glukose (Zucker) erreicht. In der modernen Zeit müssen die Menschen sich nur selten zwischen Angriff oder Flucht entscheiden. Trotzdem ist das Adrenalin heute noch genauso aktiv wie vor Tausenden von Jahren, auch wenn die Stressoren heute andere sind als in unserer Urzeit. Mussten wir früher vor wilden Tieren flüchten oder um unser Überleben kämpfen, sind es heute die so genannten Zivilisationskrankheiten wie Burn-out, Herz-Kreislauf-Erkrankungen etc., die mit der vermehrten Ausschüttung von Adrenalin in Zusammenhang stehen.

CORTISOL – DER ANTREIBER

Während wir vor Urzeiten bei Sonnenuntergang in unsere Höhle gekrochen sind, da wir zum einen in der Dunkelheit nicht jagen konnten und auf der anderen Seite leichte Beute für nachtaktive Jäger gewesen wären, schalten wir heute bei Dunkelheit das Licht an und arbeiten weiter. Während des Schlafs produzieren wir *Cortisol*, ein Hormon, das wir für unsere Aktivitäten am Tag benötigen. Schlafen Sie zu wenig, steht Ihnen auch zu wenig Antriebskraft für den nächsten Tag zur Verfügung.

MELATONIN – DER TAKTGEBER

Außerdem wird durch Stress die Bildung von *Melatonin* beeinträchtigt. Dieses Hormon regelt den Schlaf und ist der Taktgeber für den gesamten Zyklus der Hormonherstellung. Bei andauerndem Stress kommt es zu Ausfällen in der Hormonproduktion,

was sich unter Umständen dramatisch auswirken kann. Beim Burn-out-Syndrom stellen wir einen Mangel an Adrenalin, Cortisol, Melatonin und Serotonin fest. Es liegt auf der Hand, dass Menschen mit dieser Krankheit keine Lebensenergie mehr besitzen, da ja sämtliche Antriebskräfte ausgeschaltet sind.

Wann immer ich in einem Vortrag oder einem Seminar die Stoffe in unserem Gehirn anspreche, fühlen sich die Skeptiker bestätigt und es folgen Sätze wie: »Also sind wir doch nur Sklaven unserer Chemie« oder »Mit diesen Erkenntnissen beweisen Sie uns doch, dass wir gar nichts an unserem Leben ändern können«. All dies ist jedoch nichts anderes als eine bequeme Ausrede, um sein Leben nicht selbst in die Hand nehmen zu müssen. Wenn wir alle Sklaven unserer Hormone wären, würde das Leben nur noch aus der Erfüllung der Grundbedürfnisse bestehen, die dem Überleben dienen. Wir würden uns dann primär nur um Nahrung und Arterhaltung kümmern. Die meisten Menschen haben jedoch keine Probleme mit ihren Hormonen und sollten sie deshalb auch nicht als Ausrede benutzen. Wenn Sie tatsächlich glauben, Ihre Hormone seien für bestimmte Gefühlsschwankungen oder Erregungen, Depressionen oder Ähnliches verantwortlich, empfiehlt es sich, einen Experten aufzusuchen, der das genau feststellen kann.

Beenden wir an dieser Stelle unseren kurzen Ausflug in unser komplexes Betriebssystem, denn Sie sollen ja keine Gehirnforscher werden. Trotzdem möchte ich Ihnen die drei Gründe aufzeigen, warum ich diese kurze Reise mit Ihnen unternommen habe: Zum einen ist es wichtig, etwas mehr über das Organ zu wissen, mit dem Sie in der nächsten Zeit gezielt arbeiten werden. Der zweite Grund ist ein respektvoller Umgang mit Ihrem Betriebssystem, zu dem ich Sie ermuntern möchte. Ich habe viele Menschen kennengelernt, die ihr Glück in Form von Drogen – dazu zähle ich ab einem gewissen Maß auch Alkohol – erzeugen wollten. Glauben Sie mir, Sie können Ihr Bewusstsein damit nicht erweitern, Sie werden es so nur durcheinanderbringen. Der dritte Grund ist, dass in diesem komplexen System das entsteht, was wir Wahrheit nennen. Und genau aus diesem Grund gibt es so viele Wahrheiten. Unser Gehirn schafft und enthält unsere äußere Welt und alle darin befindlichen Wahrheiten, an die wir glauben. Wir sollten uns daher bewusst sein, dass wir unsere Welt so wahrnehmen, weil wir so konstruiert sind, wie wir sind. Ein anderer Mensch würde dieselbe Außenwelt aufgrund seiner Vorerfahrungen, seiner Glaubenssätze, seines Hormonhaushaltes und seiner daraus resultierenden Einstellungen völlig anders interpretieren. Seien Sie also großzügig zu sich und Ihren Mitmenschen, wenn es darum geht, Recht zu haben und die Wahrheit zu verteidigen.

Übung:

Machen Sie sich die Vorstellungskraft Ihres Gehirns systematisch zunutze. Lassen Sie bei jeder Frage, jedem Problem und jedem Ziel Ihren Gedanken und Ihrer Vorstellungskraft freien Lauf. Mit dieser Methode sind mehr Menschen erfolgreich geworden als mit irgendeiner anderen. Und so funktioniert sie: Schreiben Sie ein beliebiges Problem, mit dem Sie konfrontiert sind, auf den oberen Rand eines Blatts Papier, und zwar in Form einer Frage. Dann notieren Sie 20 Antworten auf diese Frage. So könnten Sie etwa schreiben: »Was kann ich tun, um mein Einkommen in den nächsten drei Jahren zu verdoppeln?« Dann zwingen Sie sich, mindestens 20 Antworten auf diese Frage zu finden. Nun wählen Sie mindestens eine Idee oder Antwort aus Ihrer Liste aus und beginnen sofort, sie zu verwirklichen. Dadurch fließen die Ideen weiter. Je öfter Sie diese Übung praktizieren, desto zahlreicher und besser werden Ihre Ideen sein. Sie aktivieren einen größeren Teil Ihrer Denkkraft und steigern die Leistungsfähigkeit Ihres Gehirns, wobei gleichzeitig die Intelligenz zunimmt.

Energie und Widerstand

Warum sind wir so, wie wir sind? Welche Motivation bringt uns dazu, bestimmte Dinge zu tun? Wie schaffen es Menschen mit denkbar schlechten Bedingungen, ein erfolgreiches und glückliches Leben zu führen, während andere trotz bester Voraussetzungen am Leben scheitern?

Gestalten statt gestaltet werden

Wir alle hegen bestimmte Träume und Wünsche für unser Leben. Manche sind realistisch, das sind Visionen, manche nicht; letztere nennen wir Träume. Geht es aber um die wirklich wichtigen Dinge im Leben, zum Beispiel die eigene Zukunftsplanung, so wenden wir viel Energie auf, Ausreden zu finden oder gar anderen die Verantwortung für unser Leben zu übertragen. Würden wir diese Energie einsetzen, um unser Leben aktiv zu gestalten, besäßen wir wesentlich mehr an Lebensqualität. Dieses Ziel ist jedoch mit Arbeit am eigenen Leben verbunden, mit der Auseinandersetzung mit den eigenen Stärken und Begrenzungen. Die Grundfrage lautet: Ist es das eigene Leben wert, sich gründlich damit auseinanderzusetzen?

Wer wird diese Frage ernsthaft verneinen können? Niemand sollte sich mit weniger zufrieden geben als mit dem, was er auch tatsächlich erreichen kann. Erfolgreiche Menschen konzentrieren daher ihre Kräfte auf das Wesentliche, lenken ihre Aufmerksamkeit ausschließlich auf die Aspekte im Leben, die ihnen wirklich wichtig sind. Die meisten Menschen sind jedoch Meister der Mittelmäßigkeit – und solange sie damit zufrieden sind, ist das auch in Ordnung. Sobald sie aber ein Defizit erkennen, besteht auch die Möglichkeit, dies zu ändern. Was ist der Grund dafür, dass manche

Menschen am Leben verzweifeln und im schlimmsten Fall sich selbst zerstören, während andere ein glückliches und erfülltes Leben führen? Sind es die Umstände? Sicher beeinflussen Umstände wie das soziale Umfeld oder die Erziehung die individuelle Einstellung und schaffen unterschiedliche Voraussetzungen, wie man in das Leben startet. Am Ende entscheidet aber trotzdem jeder für sich, wie sein Leben verlaufen soll.

Der eine wartet, dass die Zeit sich wandelt, der andere packt sie an und handelt.

(DANTE ALIGHIERI)

Aus der Zwillingsforschung wissen wir, dass Menschen, die im selben sozialen Umfeld geboren sind, dieselbe Erziehung und die gleiche schulische Ausbildung genossen haben, sehr unterschiedliche Lebenswege wählen. In diesem Zusammenhang möchte ich Ihnen eine Geschichte aus diesem Forschungszweig vorstellen.

DIE UNGLEICHEN ZWILLINGE

In dieser Studie wurde ein männliches eineiiges Zwillingspaar beschrieben; nennen wir die Geschwister Thomas und Peter. Der Vater war in einem sehr erfolgreichen

Unternehmen leitender Angestellter und die Mutter kümmerte sich zu Hause um die beiden Jungs. Als beide drei Jahre alt waren, verunglückten die Eltern bei einem Autounfall. Daraufhin wurden die Kinder nach diversen Aufenthalten bei Verwandten in ein Waisenhaus gesteckt. Zu diesem Zeitpunkt wiesen beide schon schwere Verhaltensstörungen auf und waren sehr aggressiv. Im Alter von zehn Jahren hatten sie sich – trotz gleicher Voraussetzungen – vollkommen unterschiedlich entwickelt: Peter blieb ein aggressives und unbeherrschtes Kind, das sich nur mit Gewalt Respekt verschaffte. Thomas hingegen entwickelte sich zu einem ruhigen und nachdenklichen Menschen. Er schaffte den Sprung ins Gymnasium und schloss dort mit guten Noten ab. Peter hingegen beendete seine Schule nicht und wurde schon mit 18 Jahren zum ersten Mal wegen Körperverletzung angezeigt. Die Jahre vergingen und auch die weiteren Lebenswege des Zwillingspaares verliefen vollkommen unterschiedlich: Thomas studierte und wurde zu einem angesehenen Anwalt. Peter hingegen wurde straffällig und schließlich wegen Totschlags zu einer 20-jährigen Haftstrafe verurteilt. Als die beiden interviewt wurden, warum sie denn zu den Menschen geworden waren, die sie sind, gaben beide erstaunlicherweise dieselbe Antwort: »Ist doch kein Wunder bei meiner Kindheit.«

Auf sehr eindringliche Art und Weise verdeutlicht dieses Beispiel, wie unterschiedlich Menschen auf Ereignisse reagieren, und vor allen Dingen, welche Konsequenzen sie für ihr eigenes Leben daraus ableiten. Während der eine Bruder eine schwierige Situation gemeistert hat, ist sein Zwillingsbruder daran verzweifelt. An Peter und Thomas wird gut erkennbar, welchen Einfluss unsere Gedanken auf unser Verhalten haben. Die entscheidende Frage ist, ob wir das Leben als Strafe betrachten, weil wir schlechte Erfahrungen gemacht haben, oder ob wir in der Lage sind, aus negativen Erfahrungen zu lernen. Hierbei bleibt es jedem Einzelnen überlassen, welche Konsequenzen er aus dem zieht, was ihm das Leben beibringt. Es liegt also an uns selbst, wie wir unser Leben gestalten – unabhängig davon, woher wir kommen oder welche Erfahrungen wir gemacht haben.

Wenn man unglücklich ist, hat das in erster Linie damit zu tun, dass man sich gegen eine Situation oder ein Ereignis wehrt. Nehmen Sie dagegen eine Situation an, werden Sie nur halb so stark von ihr betroffen sein. Das soll nicht bedeuten, es sei richtig, sich einfach anzupassen, sich passiv oder gar teilnahmslos zu verhalten. Es geht vielmehr darum, die Situation zu akzeptieren, sie so zu sehen, wie sie ist. Wenn man sie erst einmal als gegeben betrachtet und anerkennt, statt sie zu bekämpfen, eröffnen sich daraus ganz neue Perspektiven im Umgang mit schwierigen Situationen.

Tipp: Einem evangelischen Geistlichen aus

Baden-Württemberg, Friedrich Christoph Oetinger (1702–1782), wird folgende viel zitierte Gebetsbitte zugeschrieben: »Gott gebe mir die Gelassenheit, Dinge hinzunehmen, die ich nicht ändern kann; den Mut, Dinge zu ändern, die ich ändern kann; und die Weisheit, das eine vom anderen zu unterscheiden.« Wenn es Ihnen gelingt, diese Bitte in Ihrem eigenen Leben Realität werden zu lassen, haben Sie schon einen bedeutenden Teil Ihres Lebenserfolgs verwirklicht.

Schicksalsschläge annehmen

Einer meiner Klienten war 13 Jahre alt, als seine Mutter an Krebs starb. Nur drei Monate später beging sein Vater Selbstmord. Er wuchs bei seiner Großmutter auf und auch diese verlor er, als er 16 Jahre alt war. Mit 18 wurde er von einem betrunkenen Autofahrer so schwer verletzt, dass er die nächsten beiden Jahre im Krankenhaus verbrachte. Während dieser Zeit lernte er eine Krankenschwester kennen, beide verliebten sich und heirateten. Nachdem er einen Job gefunden hatte, kaufte das junge Paar sich eine kleine Wohnung und wurde im Alter von 24 stolze Eltern eines kleinen Jungen. Doch nur drei Jahre später erlitt die junge Frau einen Hirnschlag und wurde zum Pflegefall.

Ich lernte Martin kennen, als er 33 Jahre alt war. Seine Frau ist mittlerweile verstorben und er lebt mit seinem Sohn allein. Er ist ein angesehener Manager eines internationalen Konzerns. Die Menschen, die mit ihm zusammenarbeiten, schätzen seine fürsorgliche und kompetente Führung und nur seine engen Vertrauten kennen seine Lebensgeschichte. Natürlich interessierte es mich, wie es ihm gelungen war, alle diese Schicksalsschläge zu überstehen. Er antwortete, dass er nach dem Selbstmord seines Vaters gelernt hatte, das Leben anzunehmen, wie es war. Sein Vater hatte den Tod seiner Frau nicht akzeptieren können und war am Leben verzweifelt. Die einzige Möglichkeit, Schicksalsschläge zu überstehen, sei – das habe er für sich selbst entschieden, berichtete Martin – diese anzunehmen als das, was sie sind. So ist das Leben – ob es uns gefällt oder nicht.

WAS LENKT UNS IM LEBEN?

Nach über 20 Jahren praktischer Arbeit mit Menschen habe ich viele Erkenntnisse gewonnen, die mich dazu veranlassen, folgende These aufzustellen: »Jeder Mensch kann seine Zukunft selbst gestalten, unabhängig von seinen Voraussetzungen.« Viele

Psychologen und Soziologen werden mir hier widersprechen, da sie an der Macht der Konditionierung festhalten. Konditionierung bedeutet, dass Menschen auf einen bestimmten Reiz immer gleich reagieren, auch wenn sie dadurch Schaden erleiden. Wir folgen demnach also einem erlernten Reiz-Reaktions-Muster.

Bereits zuvor wurde der Name Pawlow erwähnt. Und wahrscheinlich kennen Sie noch aus dem Schulunterricht die Geschichte vom Pawlow'schen Hund. Immer wenn eine Glocke läutete, bekam er seine Mahlzeit und sein Speichelfluss begann daraufhin einzusetzen. Nach einer gewissen Zeit verursachte allein das Läuten der Glocke schon ein Einsetzen des Speichelflusses, obwohl er gar nichts zu fressen bekam.

Wenn wir einem solchen Reiz-Reaktions-Mechanismus folgen, bedeutet dies, dass wir gemäß unserem Konditionierungsmuster handeln und damit sowohl berechenbar als auch manipulierbar sind. Es gibt zahlreiche Versuche und Tests, die diese These bestätigen. Andererseits glaube ich, dass wir in dem Moment, in dem wir uns unserer Konditionierung bewusst werden, uns auch dagegen wehren können. Allein die Vorstellung, keine Wahlmöglichkeiten mehr zu haben, wenn wir erst einmal konditioniert sind, erscheint mir unerträglich. Sobald jemand bemerkt, dass er mit ein und demselben Verhalten immer die gleichen Ergebnisse erzielt, ist er sich seines Reaktionsmusters bewusst. Nun bleibt nur noch die Frage zu beantworten, ob er es ändern will – womit wir wieder bei der Motivation wären. Ich glaube, dass Sie in dem Moment, in dem Sie sich einer hinderlichen Konditionierung bewusst werden, auch die Kraft haben, diese zu durchbrechen.

Natürlich ist es sehr bequem, sich auf dem Kissen der Konditionierung auszuruhen, denn es entbindet uns von jeglicher Selbstverantwortung. In dieser Rolle ist man ein reaktiver Mensch. Damit ist man jedoch ein Sklave von Umständen und Bedingungen der Umwelt. Man unterwirft sich also der Macht der Konditionierung. Ein Beispiel aus meiner beruflichen Praxis hat mir jedoch den Beweis geliefert, dass sich Menschen aus dieser Konditionierungsklammer befreien können:

Eine meiner Klientinnen hatte ein großes Problem mit autoritären Menschen. Der Lebenspartner dieser Frau neigte dazu, bei Meinungsverschiedenheiten sehr autoritär zu argumentieren, und wurde manchmal auch laut. Nach einem solchen Streit entschuldigte er sich zwar stets, doch meine Klientin litt noch tagelang unter den Folgen. Sie war sichtlich erschüttert, als sie mir davon erzählte. Wir sprachen daraufhin über ihre Vergangenheit, ihre Glaubenssätze in Bezug auf Autorität und ihre Erfahrungen mit Aggressionen. Dabei stellte sich heraus, dass ihr Vater eine sehr autoritäre Persönlichkeit war. Durch seine

Härte wollte er sie auf die Herausforderungen des Lebens vorbereiten. Offensichtlich ist ihm das nicht gelungen … Wir arbeiteten im Coaching an ihren Glaubenssätzen und ich brachte ihr bei, auf die Angriffe ihres Lebenspartners mit Sachlichkeit und Verständnis zu reagieren. Durch die inhaltliche Bewertung sollte sie sich selbst vor der Aggression schützen und den Inhalt einer Auseinandersetzung heraushören, statt auf die Lautstärke und den Tonfall mit den bekannten Verhaltensmustern zu reagieren. Nach einigen Rollenspielen und Übungen war sie in der Lage, ihr Verhalten zu verändern und souveräner und mit Abstand zu reagieren. Ich traf sie ein Jahr später in einem Seminar. Sie erzählte mir, dass sich die Beziehung zu ihrem Lebenspartner deutlich verbessert habe. Es gehe, so berichtete sie, in Auseinandersetzungen nun nicht mehr um richtig oder falsch, sondern um gegenseitiges Verständnis.

Dieses Beispiel und viele weitere zeigen, wie Menschen ihre Konditionierung selbst aufgehoben haben und damit – trotz denkbar schlechter Voraussetzungen – ein sehr erfolgreiches Leben gestalten konnten. Die Frage ist, **worauf Menschen ihre Aufmerksamkeit lenken und wie viel Energie sie einsetzen, um ihre Ziele zu erreichen.** Es zeigt sich in den großen und kleinen Dingen des Alltags: Alles ist eine Frage der Energie und der Aufmerksamkeit. Dabei spielen unbewusste Glaubenssätze und auch Werte eine wichtige Rolle, mit denen

wir uns im Verlauf dieses Buches noch eingehend beschäftigen werden. Die meisten dieser Glaubenssätze und Wertvorstellungen sind uns jedoch nicht bewusst, denn sie arbeiten im Unbewussten. Ihnen kommt man nicht so leicht auf die Spur, doch ist es möglich, auch sie zutage zu fördern. Wenn Sie Ihre konzentrierte Aufmerksamkeit in die richtige Richtung lenken, dann werden Sie auch Ihre unbewussten Programme erkennen und mit ihnen arbeiten können. Ich gebe Ihnen im Folgenden ein kleines Beispiel, was ich mit Konzentration und Aufmerksamkeit auf das Unbewusste meine.

Übung:

- Setzen Sie sich bequem und entspannt hin.

- Konzentrieren Sie sich jetzt auf Ihren Herzschlag.

- Spüren Sie, wie Ihr Herz in Ihrer Brust schlägt.

Das war es schon. Was haben Sie gespürt? Ich möchte Ihnen mit dieser einfachen Übung demonstrieren, dass Ihre Aufmerksamkeit und Ihre Konzentration dazu geführt haben, Ihr Herz gerade bewusst wahrzunehmen. Es schlägt den ganzen Tag, doch nur wenn Sie sich darauf konzentrieren, wird Ihnen dies bewusst. Dasselbe können Sie mit Ihrer Handfläche oder Ihrer Nasenspitze tun. Das Beispiel mag sehr einfach sein, aber es verdeutlicht, wie Sie Ihre Konzentration und Aufmerksamkeit gezielt einsetzen können, um sich unbewusste Vorgänge bewusst zu machen.

Wissen, Können und Wollen

Sehr wichtige Säulen des Erfolgs heißen Wissen, Können und Wollen. So simpel diese Faktoren auch klingen, so entscheidend sind sie für Ihren Erfolg.

WISSEN – DAS A UND O FÜR DEN ERFOLG

Wissen gewinnen Sie durch Lernen. Der Vorteil ist, dass es in der heutigen Zeit sehr einfach geworden ist, sich Wissen anzueignen. Andererseits übersteigt die Menge an Informationen, die uns jeden Tag zur Verfügung steht, unsere Aufnahmefähigkeit. Wir müssen also selektieren, welches Wissen für uns wirklich wichtig ist.

Wenn Sie sich anspruchsvolle berufliche Karriereziele gesetzt haben, dann ist eine hohe fachliche und persönliche Kompetenz die unabdingbare Voraussetzung für die Realisierung Ihrer Ziele. Sie werden nie die volle Identifikation mit Ihrer Arbeit finden, wenn Ihnen die fachliche oder soziale Kompetenz fehlt. Vertiefen Sie deshalb systematisch Ihr Fachwissen und verbessern Sie Ihre Fähigkeit, andere Menschen, die im Beruf für Sie wichtig sind, durch Leistung und Sympathie für sich zu gewinnen.

KÖNNEN – EINE FRAGE DER ÜBUNG

Können entwickelt sich durch Wiederholen. Das Sprichwort »Übung macht den Meister« kommt nicht von ungefähr. Gleichzeitig bedingt das Üben aber auch, Fehler zuzulassen. Dass noch kein Meister vom Himmel gefallen ist, wissen Sie selbst. Sicher haben auch Sie in Ihrem Leben schon reichlich Erfahrung mit Üben sowie Erfolg und Misserfolg hinter sich gebracht. Denken Sie nur daran, wie Sie gelernt haben, Fahrrad zu fahren. Wenn Sie nach dem ersten Versuch aufgegeben hätten, wären Ihnen sicher einige schöne Momente in Ihrem Leben entgangen. Natürlich sind die Übungen für den eigenen Lebenserfolg eine wesentlich anspruchsvollere Angelegenheit als Fahrradfahren. Bei Letzterem kann man zwar auch stürzen, doch in der Regel steht man wieder auf und fährt weiter. Wenn man hingegen im Leben stürzt, kann das dauerhafte Folgen nach sich ziehen. Vielleicht kommt man nach einer falschen Entscheidung sogar nie wieder auf die Beine. Diese Sorge ist durchaus berechtigt und Ihre Entscheidungen, auch die falschen, haben unter Umständen erhebliche Auswirkungen auf Ihr Leben. Diese Verantwortung liegt bei Ihnen. Darum ist es notwendig, immer auch das persönliche Umfeld, alle Risiken und negativen Auswirkungen, die durch Ihren Lebenserfolgsplan entstehen können, zu berücksichtigen. Eine gute Vorbereitung ist die Basis für eigenverantwortliche Entscheidungen.

WOLLEN – DIE ANTRIEBSFEDER FÜR NEUE TATEN

Kommen wir nun zum letzten und schwierigsten der drei genannten Erfolgsfaktoren: dem Wollen. Mit dem Wollen verhält es sich nicht so einfach. Wollen kann nur durch Motivation, die von innen kommt, die so genannte intrinsische Motivation entstehen.

Das bedeutet, Sie müssen von innen heraus der festen Überzeugung sein, dass Sie das, was Sie tun oder planen, auch unbedingt wollen. Dieses Wollen kann Ihnen niemand geben, das entsteht ausschließlich in Ihrem Inneren. Zudem müssen Sie bereit

sein, für das Erreichen Ihrer Ziele auch Unannehmlichkeiten in Kauf zu nehmen und gegebenenfalls auf etwas zu verzichten. Des Weiteren gehört unbedingt dazu, dass Sie sich damit anfreunden, Ihre Komfortzone zu verlassen und Veränderungen in Kauf zu nehmen.

Tipp: Motivation entsteht durch den Wunsch, etwas zu erreichen, das man bisher nicht geschafft hat. Wenn Sie diesen Wunsch verspüren, dann gibt es nichts mehr, das Sie aufhalten kann. Doch wie gelingt Ihnen dies im Alltag? Wie können Sie sich motivieren? Welche Hindernisse stehen Ihnen dabei im Weg? Bitte machen Sie sich hierzu Ihre Gedanken und schreiben Sie diese auch in Ihr Erfolgsbuch.

Man muss ja nicht immer gleich das ganze Leben umkrempeln wollen. Ein Hamburger Journalist beispielsweise besucht einen halben Tag pro Woche Patienten im Krankenhaus. Er sagt: »Das hat mich komplett verändert. Bei manchen Patienten sehe ich den Tod in den Augen. In den Tagen danach bin ich gnädiger mit anderen – und mit mir selbst. Ich lebe in einem Teil der Welt, in dem es den Menschen relativ gut geht. Ich denke, es ist angebracht, manchmal etwas für die Allgemeinheit zu tun.«

Die Macht der Motivation

Sie haben schon sieben Diäten hinter sich gebracht und nehmen trotzdem nicht ab? Sie haben sich schon zehn Mal das Rauchen abgewöhnt und rauchen immer noch? Sie wollten sich schon lange mehr um Ihre Gesundheit kümmern, aber finden keine Zeit dazu?

Wir alle kennen das Gefühl des Misserfolges, aber nicht alle von uns geben sich hier schon geschlagen. Während die einen an sich selbst zweifeln und für ihr Versagen in erster Linie die Umstände oder andere Menschen verantwortlich machen, lernen die anderen daraus und versuchen das nächste Mal, die bekannten Fehler zu vermeiden. Sie hören nicht auf, an ihren Zielen zu arbeiten, nur weil es nicht auf Anhieb funktioniert hat. Überlegen Sie einmal: Kennen Sie eine große Idee, die auf Anhieb geklappt hat?

Wilbur und Orville Wright kamen aus einer armen Familie. Sie konnten nicht studieren, gründeten eine Druckerei und brachten eine Zeitung heraus. Zudem bauten sie eine kleine Fahrradfabrik auf, deren Modelle mit zwei gleich großen Reifen ausgestattet und deshalb einfach zu handhaben waren. Sie nannten sie Safety Bikes und diese Erfindung ermöglichte es ihnen, einen lang gehegten Traum zu verwirklichen: 1899 begannen die beiden mit dem Bau des ersten Flugapparates. 1901 waren sie bereits in der Lage, einen bemannten Gleitflug über eine Distanz von 100 Metern zu bewältigen. Am 17. Dezember 1903 legten sie den Grundstein für die Geschichte der motorisierten Luftfahrt, indem sie das erste bemannte Fluggerät mit Propellerantrieb zum Fliegen brachten. Wie viele Fluggeräte sie zuvor zu Schrott geflogen haben, ist unbekannt, aber es waren bestimmt einige. Ein ähnliches Beispiel ist Thomas

> **Was wir am nötigsten brauchen, ist ein Mensch, der uns zwingt, das zu tun, was wir können. Leider können wir nur selbst dieser Mensch sein.**
>
> (FREI NACH RALPH WALDO EMERSON)

Alva Edison, der Erfinder des Glühfadens, der über 10 000 Versuche durchgeführt hat, bevor er die Glühbirne und damit das elektrische Licht erfunden hatte. Nebenbei entwickelte er noch über 2000 weitere Erfindungen, wie zum Beispiel die Schreibmaschine, und reichte über 1000 Patente ein.

Mit dem Entwurf von drei T-Shirts begann vor 18 Jahren die Erfolgsstory von Dorothee Schumacher. Heute ist sie mit ihrem Mode-Label international gefragt. In einem Atemzug mit bedeutenden Modemarken der Welt, wie Prada, Chanel und Hermes, tauch das Mannheimer Unternehmen im Abspann des Kinoerfolgs »Der Teufel trägt Prada« auf. Ihre Kollektionen präsentiert sie nicht nur in Deutschland, sondern auch in Paris, Mailand und New York. Als alles begann, war Frau Schumacher 23 Jahre alt. Heute beschäftigt sie 80 Mitarbeiterinnen und Mitarbeiter und konnte im Jahr 2006/2007 rund 25 Millionen Euro Umsatz mit ihrem Unternehmen verbuchen. Sie ist dynamisch, kreativ und visionär und verfügt über eine scheinbar grenzenlose Energie. Auf die Frage nach ihrem Erfolg antwortet sie: »Ich hatte diese Idee von Schumacher und wollte sie umsetzen. Wenn man etwas mit Spaß und Überzeugung macht und ein Ziel hat, dann überwindet man auch jedes Hindernis.«

Was treibt Menschen dazu, mit solcher Leidenschaft an ihren Zielen zu arbeiten? Nichts anderes als Motivation und Begeisterung. Edison war beseelt von dem Gedanken, als größter Erfinder in die Geschichte einzugehen. Ist er wirklich ein Genie? Jemand, mit dem wir uns nicht vergleichen können? Im Bereich der Erfindungen gilt er sicher als außergewöhnliche Persönlichkeit, doch er selbst meinte, dass Genie nur zu einem Prozent aus Inspiration und zu 99 Prozent aus Arbeit besteht.

Unser Leben setzt sich aus Versuch und Irrtum zusammen – berühmte Beispiele belegen das. Wenn Ihnen etwas nicht gleich gelingt, so bedeutet das nur, dass Sie noch nicht den richtigen Weg gefunden haben – denn jeder Fehler ist auch ein Schritt weiter in Richtung Erfolg. Wenn Sie wissen, was nicht funktioniert, dann können Sie davon ausgehen, Ihrem Erfolg immer näher zu kommen. Als zum Beispiel ein Journalist Edison fragte, warum er nach 5000 Fehlversuchen immer noch nicht aufgabe, sagte Edison: »Junger Mann, Sie verstehen nicht, wie es in der Welt langgeht. Ich habe ganz und gar nicht versagt. Ich habe mit Erfolg 5000 Wege herausgefunden, die nicht funktionieren. Das bringt mich dem Weg, der funktioniert, 5000 Schritte näher.«

Wichtig ist es, Fehler nicht zu wiederholen. Wenn Sie immer wieder mit den gleichen Mitteln versuchen, ein einmal gescheitertes Ziel zu erreichen, fordern Sie den Misserfolg geradezu heraus. Leider handeln Menschen zu häufig nach alten Mustern, auch wenn sie schon negative Erfahrungen damit gemacht haben.

Was immer Sie in Ihrem Leben angepackt haben, ist aus ein und derselben Triebfeder entstanden: Motivation. Das bedeutet, Sie wollten Ihr Ziel wahrscheinlich mit jeder Faser Ihres Körpers erreichen und haben daher mit vollem Einsatz daran gearbeitet. Und es gab auch einen guten Grund, warum Sie Ihr Ziel so vehement verfolgt haben: Sie haben etwas dafür bekommen – zum Beispiel Zufriedenheit, Lob, Anerkennung oder einfach Spaß. Wann immer Sie dagegen etwas nicht geschafft haben, dann liegt es daran, dass Sie:

- erst gar nicht damit angefangen haben
- nicht konsequent bis zum Erfolg durchgehalten haben
- nach einem Misserfolg aufgehört haben, daran zu arbeiten

In der Motivationspsychologie erforscht man die Ursachen für Ausdauer und Intensität von bestimmten Verhaltensweisen. Dabei geht es darum, welche psychischen Kräfte, also wie viel Energie, ein Mensch aufbringen kann, um seine Ziele zu erreichen. Das geschieht, weil

- wir ein Defizit erkennen, das wir eliminieren wollen,
- etwas eine hohe Attraktivität besitzt und wir es unbedingt haben wollen.

Defizite erkennen wir täglich. Hunger oder Durst sind als Defizit schnell spürbar und wirken sich sofort auf unsere innere Motivation aus. Wenn Sie nicht hungrig sind, werden Sie auch nicht essen. Geht das Hungergefühl verloren und kann eine Person daher nicht mehr beurteilen, wann sie genug gegessen hat, entsteht Übergewicht. Wie aber kann man Menschen dazu bringen, gegen ihre Motivation zu handeln?

Wie kann man sie zum Beispiel vom Essen abhalten? Das funktioniert nur, wenn das erreichbare Ziel, nämlich eine Idealfigur zu bekommen oder das Wohlbefinden zu steigern, einen so hohen Reiz ausübt, dass der Wunsch nach Abnehmen größer ist als der Wunsch weiter zu essen. Gleichzeitig müssen diese Menschen wieder lernen, ein Gefühl für Hunger zu entwickeln und diesen nicht mit Appetit oder Esslust zu verwechseln. Gelingt das, dann purzeln auch die Pfunde. Und wenn sie nun noch Anerkennung für jedes verlorene Pfund ernten, unterstützt dies die Motivation. Dieser Reiz ist extrinsisch, das heißt, er kommt von außen. Reize wie Anerkennung, Lob und Zuneigung motivieren uns ebenfalls. Dasselbe Prinzip gilt auch beim Rauchen und bei jeder anderen Form von Sucht. Die Motivation, etwas bleiben zu lassen, muss hier also stärker sein als die Motivation, etwas weiterhin zu tun. Oder anders formuliert: Je schwieriger die Anforderung ist, die wir uns vornehmen, desto höher muss auch der Motivationsgrad sein. Stecken Sie sich daher in zeitlich kurzen Abständen Zwischenziele und belohnen Sie sich, sobald Sie eines davon erreicht haben.

Veränderungen zulassen

Wenn Sie erfolgreicher werden wollen, müssen Sie offensichtlich etwas in und an Ihrem Leben verändern. Aber das ist nicht so einfach: Viele Menschen empfinden Veränderungen ihres Verhaltens als eine unangenehme Angelegenheit. Wenn Sie es beispielsweise gewohnt sind, dass sich eine Tür nach innen öffnen lässt, dann werden Sie Probleme damit haben, wenn sie sich nach außen öffnet. So erging es auch einem Bankräuber, der mit gezückter Spielzeugpistole in eine Bank stürmte und die Herausgabe sämtlicher Kassenbestände forderte. Zufällig war eine Polizeistreife in der Nähe, die den Überfall beobachtete. Als der Bankräuber die Sirene der Polizei hörte, geriet er in Panik und wollte so schnell wie möglich flüchten. Er stürzte sich gegen die Eingangstür, doch leider war sie versperrt. Offensichtlich hatte ein automatischer Mechanismus die Tür verschlossen. Er warf sich mit voller Kraft dagegen, doch keine Chance, die Tür blieb zu. Als er die Polizei auf die Bank zukommen sah, warf er die Plastikwaffe in hohem Bogen weg und legte sich auf den Boden. Die Polizisten öffneten die Tür – nach innen – und wunderten sich über den am Boden liegenden Bankräuber. Eine Videokamera hat diesen misslungenen Banküberfall aufgezeichnet. Er wurde im Fernsehen gezeigt und der Bankräuber zum dümmsten Verbrecher des Jahres gekürt.

Die reinste Form des Wahnsinns ist es, alles beim Alten zu lassen und gleichzeitig zu hoffen, dass sich etwas ändert.
(ALBERT EINSTEIN)

Probieren Sie einmal folgende kleine Übung aus, um festzustellen, wie schwierig schon kleinste Veränderungen unserer Routine sein können:

● ●

Übung:

1. Verschränken Sie Ihre Arme vor der Brust.

2. Stellen Sie fest, welche Hand nach oben und welche nach unten zeigt.

3. Versuchen Sie nun, die Arme andersherum zu verschränken, also so, dass nun die andere Hand nach oben bzw. nach unten zeigt.

● ●

Die Mehrzahl meiner Seminarteilnehmer hat bei dieser einfachen Übung zu Beginn ziemliche Schwierigkeiten. Die Ursache dafür liegt in der Trägheit unseres Gehirns, das dieses Verhalten noch nicht kannte. Diese Übung steht für viele Situationen in unserem Leben, denn obwohl es oftmals notwendig wäre, unser Verhalten zu ändern, halten wir am Gewohnten fest.

Wenn wir motiviert sind, neues Verhalten zu erlernen, gibt es zunächst nur eine Lösung: die Wiederholung! Je öfter Sie etwas wiederholen, desto leichter wird es Ihnen fallen. Versuchen Sie nun, die oben beschriebene Übung zehn Mal zu wiederholen. Sie werden feststellen, dass Ihr Gehirn durch die wiederholten Versuche und das anfängliche Scheitern gelernt hat. Schon nach kurzer Zeit wird Ihnen die Übung nicht mehr schwerfallen. In Ihrem Gehirn wurde eine neue Vernetzung aufgebaut.

DIE AUFMERKSAMKEIT AUF EIN ATTRAKTIVES ZIEL LENKEN

Viele Menschen haben Angst vor Veränderungen. Vielleicht trauen sie sich nicht, eine Veränderung dauerhaft durchzuführen, weil sie nicht genau einschätzen können, wie sie sich danach fühlen werden. Vielleicht haben sie auch schon öfter versucht, ein störendes Verhalten abzustellen, dann aber etwas vermisst. Das liegt daran, dass sie vergessen haben, das störende Verhalten durch ein positives zu ersetzen. Nehmen wir als Beispiel das Abnehmen: Jemand, der schon viele Diäten hinter sich gebracht hat, weiß, wie es ist, nach erfolgreicher Hungerkur in kurzer Zeit wieder bei seinem ursprünglichen Gewicht zu landen. Schlimmstenfalls stellt sich der so genannte Jo-Jo-Effekt ein und man nimmt weiterhin zu. Mit solch schlechten Vorerfahrungen fällt es schwer, sich erneut zu einer Diät durchzuringen.

Was passiert in uns, wenn wir nach einer Diät alle unsere guten Vorsätze über Bord werfen? Unser Gehirn hat das Verhalten während der Diät als nicht »normal« eingestuft. Das bedeutet, es hat den Zeitraum geringerer Nahrungszufuhr als Übergangsphase gespeichert. Dass mit einer Diät ein gewisses Unwohlsein gekoppelt ist, wird niemand bestreiten, der schon einmal abgespeckt hat. Schwierigkeiten macht aber tatsächlich weniger das körperliche Unwohlsein, sondern vielmehr der Frust, den wir aufgrund eines Mangels verspüren. Warum sollte sich unser Gehirn darauf einlassen, schließlich ist es doch darauf programmiert, Lust zu empfinden und Schmerz zu vermeiden. Außerdem ist es unserem Gehirn auch vollkommen egal, ob wir ein paar Pfunde zu viel auf den Rippen haben. Es wiegt stabil um die eineinhalb Kilo und kennt keine Figurprobleme.

Das Ziel abzunehmen erscheint also nicht besonders attraktiv, wohl aber das Ziel, wieder schlank zu sein. Das bedeutet: Dauerhafte Veränderung funktioniert nur, wenn das Ziel so attraktiv ist, dass wir davon angezogen werden, oder anders gesagt, das Ziel muss attraktiver sein als der momentane Zustand. Wir brauchen diverse Sekundärnutzen, die uns das Ziel, wieder schlank zu werden, schmackhafter machen als die Tafel Schokolade, die im Supermarkt auf uns wartet. Solche Sekundärnutzen bestehen zum Beispiel darin, wieder Sport treiben zu können, ohne angekratztes Selbstbewusstsein ins Freibad zu gehen, von Menschen, die uns wichtig sind, Lob und Anerkennung zu erhalten oder einfach wieder in die alte Kleidung zu passen. Wenn wir uns kontinuierlich den positiven Zielzustand vorstellen, dann lenken wir unsere Aufmerksamkeit auf ein attraktives, lohnendes Ergebnis. Die meisten Menschen, die nach einer Diät wieder ihre alten Essensgewohnheiten aufnehmen, finden den Zustand des Essens attraktiver als den Zustand, schlank zu sein – so viel ist sicher. Wäre das anders, fiele es ihnen leicht, ihr Gewicht zu halten.

DURCH SCHMERZVERMEIDUNG ANS ZIEL GELANGEN

Wir wissen, dass das Gehirn alles in Bewegung setzt, um Lust zu empfinden und Schmerz zu vermeiden. Ich habe Ihnen den Weg skizziert, wie man Lust empfinden kann, selbst beim Abnehmen. Dies funktioniert natürlich auch andersherum, denn Schmerzvermeidung ist ebenfalls eine Form, um dauerhafte Veränderungen herzustellen. Denken Sie nur an die berühmte heiße Herdplatte. Wer einmal damit Bekanntschaft geschlossen hat, verändert sein Verhalten schlagartig. Die negativen Auswirkungen eines bestehenden Verhaltens können genug Motivation für dauerhafte Veränderungen sein. Lesen Sie hierzu Ausschnitte aus einem Coaching mit einer übergewichtigen Dame, die es trotz mehrmaliger Versuche nicht geschafft hat, dauerhaft abzunehmen. Lassen Sie mich noch ergänzen, dass das Coaching eigentlich unter einem anderen Motto stand und sich dieses Gespräch erst beim Mittagessen entwickelte.

Frau K.: Na dann schauen wir mal in die Speisekarte. Ich werde nur eine Kleinigkeit zu mir nehmen. Ich muss auf mein Gewicht aufpassen.

Coach: Was meinen Sie mit aufpassen?

Frau K.: Na ja, ich habe gut zwanzig Kilo zuviel auf den Rippen – das sieht man ja.

Coach: Stimmt.

Frau K.: Das war jetzt nicht sehr motivierend.

Coach: Ich möchte Sie ja auch nicht zum Essen motivieren, sondern zum Abnehmen. Wie viele Diäten haben Sie schon hinter sich?

Frau K.: Einige – ich kann sie gar nicht mehr zählen.

Coach: Welche Erfahrungen haben Sie damit gemacht?

Frau K.: Keine guten, Diäten funktionieren bei mir nicht.

Coach: Was glauben Sie, woran das liegt?

Frau K.: Das weiß ich nicht; wahrscheinlich habe ich noch nicht die richtige Diät gefunden.

Coach: Sie glauben tatsächlich, dass es eine »richtige Diät« für Sie gibt und Sie sie nur noch nicht gefunden haben. Das ist interessant.

Frau K.: Was ist denn daran interessant?

Coach: Nun, dass Sie bereit wären, weitere Diäten auszuprobieren, anstatt zu akzeptieren, dass Sie nur abnehmen werden, wenn Ihre Kalorienbilanz negativ ist. Sie haben doch bei Ihren Diäten einige Pfunde verloren, oder?

Frau K.: Ja, das schon, aber nach drei Monaten hatte ich die wieder drauf. Meistens noch mehr als vorher. Sie wissen schon, Jo-Jo-Effekt.

Coach: Das bedeutet, dass die Diäten im Grunde anschlagen.

Frau K.: Wie meinen Sie das?

Coach: Die Diät funktioniert also – nur Sie funktionieren nach der Diät nicht.

Frau K.: Schon klar, ich bin verantwortlich und nicht die Diät. Ist es das, was Sie meinen?

Coach: Ja, sind Sie anderer Meinung?

Frau K.: Nein, natürlich haben Sie Recht.

Coach: Wie ist Ihre momentane Situation, die sich aus Ihrem Übergewicht ergibt?

Frau K.: Na ja, mein Arzt sagt, dass ich schon Probleme mit dem Blutdruck habe. Er ist zu hoch und das ist nicht gut. Vor allen Dingen merke ich, dass ich immer schneller müde werde.

Coach: Das heißt, Sie gehen das Risiko eines Herzinfarkts oder eines Schlaganfalls ein? Alles nur wegen der Lust, mehr zu essen, als Ihnen guttut?

Frau K.: So schlimm ist es ja nun auch nicht. Ich fühle mich doch noch relativ gesund.

Coach: Wie wird sich Ihr Essverhalten auswirken, wenn Sie Ihr Gewicht nicht reduzieren?

Frau K.: Na ja, wahrscheinlich werde ich schon gefährdet sein.

Coach: Sie meinen, die Wahrscheinlichkeit, eine Krankheit oder einen Herzinfarkt zu bekommen, steigt mit zunehmendem Alter!?

Frau K.: Ja, dessen bin ich mir ja auch bewusst.

Coach: Warum tun Sie dann nichts dagegen?

Frau K.: Habe ich doch versucht. (Wird langsam ärgerlich.)

Coach: Was wird aus Ihrer Firma, aus Ihrer Familie, wenn Sie in fünf Jahren ein Pflegefall sind?

Frau K.: Herrgott noch mal, jetzt hören Sie schon auf. Ich komme mir ja vor wie der letzte Trottel.

Coach: Ich widerspreche Ihnen nur ungern, aber ich halte Sie für intelligent genug, jetzt, hier und heute die Notbremse zu ziehen.

Frau K.: Sie meinen, ich sollte nichts bestellen?

Coach: Nein, Sie sollen das Richtige bestellen und sich dann darauf freuen, ein langes, gesundes und aktives Leben zu führen. Wenn Sie das nicht tun, halte ich Ihre Zukunftsaussichten für nicht sonderlich attraktiv.

Frau K.: Sie haben mich überzeugt. Ich brauche wirklich eine dauerhafte Lösung. Keine Diät mehr, sondern eine radikale Umstellung meines Ernährungsplanes.

Coach: Wenn ich Ihnen einen guten Ernährungsberater nenne, der einen für Sie geeigneten Ernährungsplan aufstellt, würden Sie zu ihm gehen?

Frau K.: Ja, natürlich.

Coach: Hier ist die Adresse und ich bitte Sie, diesmal keine Diät zu machen, sondern eine tatsächliche Änderung in Ihrem Essverhalten anzusteuern.

Frau K.: O.k., versprochen.

Das tatsächliche Gespräch hat natürlich etwas länger gedauert, ich habe Ihnen hier nur die wichtigsten Phasen einer Veränderung aufgezeigt. Das Ergebnis unseres Dialogs war erfolgreich. Frau K. hat es tatsächlich geschafft, in zwölf Monaten 22 Kilo abzunehmen. Vor einigen Wochen hat sie mich sogar – und das hat mich sehr überrascht – das erste Mal im Tennis geschlagen.

Was war passiert? Durch unser Gespräch wurde ihr bewusst, wie ausweglos ihre Situation in diesem Moment war. Sie befand sich in einer Zwickmühle. Würde sie nicht aufhören zu essen, drohten ihr langfristig schwere Krankheiten. Diese Aussicht auf Schmerz hat offensichtlich endlich den Reflex ausgelöst, der sie dazu brachte, ihr Verhalten grundlegend zu ändern. Sicher stand ihr einer der besten Ernährungsberater zur Seite, aber in erster Linie hat sie selbst ihre Entscheidung getroffen. Ich habe sie dabei nur etwas unterstützt, indem ich ihr ihre aktuelle Situation vor Augen geführt habe und mit ihr gemeinsam einen Schritt in die Zukunft gegangen bin. Dadurch habe ich ihr die Auswirkungen ihres bisherigen Verhaltens bewusst gemacht. Das hat in diesem Fall schon gereicht, um auch eine Lösung anbieten zu können.

NEGATIVEN GEWOHNHEITEN ENTGEGENWIRKEN

Unser Leben lang stehen wir zwischen zwei Polen, die uns anziehen und abstoßen. Diese Kräfte heißen Gewohnheit und Veränderung. Der Angst vor Veränderung steht gleichzeitig der Wunsch nach Veränderung gegenüber. Nur die Gewohnheit lässt uns am Status quo festhalten, da sie uns vor Veränderungen schützen will. Allerdings tut sie das nicht, um uns zu schaden, sondern aus der Sorge heraus, dass es eventuell im Nachhinein nicht wirklich besser, unter Umständen sogar schlimmer werden könnte. Auf der anderen Seite steht der Wunsch nach Veränderung, der entweder so starken Druck ausübt, dass es keine Alternative mehr gibt, oder zur Resignation führt. »Wie lange soll ich das noch aushalten? Es reicht mir schon lange«, so argumentiert die Veränderung. Jetzt kommt es nur darauf an, wie groß der Schmerz ist und wie viel davon Sie aushalten können.

Je länger Sie an Ihren Gewohnheiten festhalten, desto stabiler wird Ihre Komfortzone. Das ist die Zone, in der Sie sich bequem eingerichtet haben und die aus Gewohnheiten besteht. Das können gute Gewohnheiten sein, die Ihren Erfolg unterstützen, aber auch schlechte, die ihn verhindern. In der Tat ist es nicht einfach, diese Zone zu verlassen, denn der Mensch hat vor nichts mehr Angst als vor dem Unbekannten.

HERAUS AUS DER KOMFORTZONE

Viele Menschen wissen, wie sie eigentlich handeln müssten, aber nur wenige lassen ihren Worten auch Taten folgen. Wenn Sie wirklich nachhaltige Veränderungen in Ihrem Leben erreichen wollen, müssen Sie genau diesen Schritt wagen: den Schritt heraus aus Ihrer Komfortzone. Das ist unbequem. Aber nur wenn Sie Ihre Komfortzone verlassen, werden Sie wirkungsvolle Veränderungen vornehmen können.

»Proaktivität« heißt der Schlüssel, um aus der Komfortzone auszubrechen und die negativen Gewohnheiten abzuschütteln.

Lassen Sie mich diesen Begriff exakt definieren: Die einzelnen Bestandteile des Wortes stammen aus dem Lateinischen. »Pro« bedeutet »vor« und »activus« steht für »tätig«, »handelnd«, »aktiv«. Wörtlich bedeutet proaktiv also voraushandelnd. Gemeint ist damit ein eigeninitiatives, frühzeitiges Handeln. Im Gegensatz dazu steht das abwartende, das reaktive Handeln.

In unserem Sinne verstehen wir unter proaktivem Handeln, dass wir zukünftige Ereignisse beeinflussen können. Kurz gesagt, wir bestimmen die Ereignisse selbst, während uns durch reaktives Handeln die Umstände bestimmen würden. Proaktiv zu sein bedeutet auch, Gewohnheiten zu verändern, die uns am Lebenserfolg hindern. Dies gelingt uns, wenn wir zwischen proaktiven und reaktiven Gewohnheiten unterscheiden lernen, um uns aus hinderlichen Konditionierungen zu befreien, die uns zwangsläufig Misserfolg bescheren.

Tipp: Die Abneigung gegen Veränderung oder sogar die Angst davor können Sie sich selbst nehmen, indem Sie sich Ziele setzen. Ziele erlauben uns, die Richtung der Veränderung zu steuern und sicherzustellen, dass die Veränderungen in unserem Leben in die von uns gewünschte Richtung gehen. Ziele stärken unser Gefühl der persönlichen Macht und des Wohlbefindens. Grundsätzlich wird der Wunsch nach Veränderung durch eine Veränderung der Umgebung unterstützt. Das ist natürlich nicht immer so leicht umzusetzen. Aber sich innerhalb seiner gewohnten Umwelt dauerhaft zu verändern erfordert starken Willen, viel Energie und kontinuierliche Unterstützung. Diese kann Ihnen unter Umständen auch ein Coach oder ein Therapeut geben.

DIE METHODE DER PARADOXEN INTENTION

Wenn Veränderungen einen wirklich nachhaltigen Wert in Ihrem Leben gewinnen sollen, müssen sie dauerhaft sein. Wir alle kennen die Frustration, wenn uns der Wandel gelungen ist und wir dann doch wieder in unser altes Verhalten zurückfallen. Eine Möglichkeit, sich selbst die Lust auf schlechte Gewohnheiten zu verderben, besteht darin, sie so stark zu übertreiben, dass sie einfach keinen Spaß mehr machen. Sicher ist diese Methode nicht bei allen Veränderungsprozessen erfolgreich anwendbar. Wenn Sie Ihr Verhalten so stark übertreiben, dass es an Attraktivität verliert, ja Sie sogar mehr Schmerz als Lust dafür empfinden, dann wird Veränderung leichter. Die meisten von uns haben schon einmal unbewusst eine solche so genannte paradoxe Intention hinter sich gebracht. Über meine eigene erste Erfahrung mit dieser Methode möchte ich Ihnen gerne berichten:

Meinen 14. Geburtstag feierte ich mit Freunden an einem See. Wir hatten unsere Zelte aufgestellt, ein Boot ausgeliehen und waren auf den See hinausgefahren. Auf

AUFGABEN:

Bitte schreiben Sie in Ihr Erfolgsbuch alle guten Gewohnheiten, die Ihnen bei der Erreichung Ihrer Ziele hilfreich sind. Anschließend halten Sie die Gewohnheiten fest, die Sie an der Erreichung Ihrer Ziele hindern. Im nächsten Schritt überlegen und notieren Sie sich, wie Sie diese erfolgsverhindernden Gewohnheiten vermeiden können.

Die nächste Aufgabe besteht darin, dass Sie aufschreiben, welche Gewohnheit Ihnen am meisten Erfolg verspricht und welche Gewohnheit Sie am meisten zu Misserfolgen führt. Führen Sie diese Liste jetzt weiter, mit positiven und negativen Gewohnheiten. Ordnen Sie sie nach Wichtigkeit zur Erreichung Ihrer Ziele.

- Auf welche Reize antworten Sie immer mit derselben negativen Reaktion?

- Hat diese Reaktion eine Auswirkung auf Ihren Lebenserfolg?

- Welche Alternative zu den bisherigen Reaktionen gibt es?

- Was hindert Sie daran, auf diese Reize mit anderem, erfolgsförderndem Handeln zu reagieren?

dem Boot packte einer meiner Freunde eine Flasche Whisky aus und das Drama nahm seinen Lauf. Während meine Freunde an der Flasche nippten, trank ich viel mehr, als ich vertragen konnte. Was dann kam, prägte meine Einstellung zu Alkohol für den Rest meines Lebens. Mir war so schlecht, dass ich sterben wollte. Ich hatte das Gefühl, nie wieder der Mensch zu werden, der ich einmal war. Und ich sollte damit Recht behalten. Selbst 30 Jahre später wird mir schon beim Geruch von Whisky oder ähnlichen Getränken übel. Nach diesem Erlebnis habe ich bis zu meinem 35. Lebensjahr keinen Alkohol mehr getrunken und ich gehe bis heute sehr sorgsam und sehr vorsichtig mit alkoholischen Getränken um.

Ein ähnliches Beispiel erzählte mir auch eine Bekannte aus ihrer Jugend. Sie rauchte gelegentlich heimlich die Zigarrenstumpen ihres Vaters. Als ihr Vater einmal während einer Radtour eine halbe Zigarre aus seiner Tasche verlor, wollte sie diese unauffällig aufrauchen. Als sie dies tat, wurde ihr so schlecht, dass sie ihr ganzes Leben nie mehr zu einer Zigarette oder Zigarre gegriffen hat.

An den beiden Beispielen können Sie sehen, wie negative Konditionierung das Leben nachhaltig beeinflussen kann – auch zum Positiven. Die negativen Erfahrungen mit Whisky haben sich auf viele Entscheidungen in meinem Leben ausgewirkt. Wenn wir ein bestimmtes Verhalten mit Schmerz verknüpfen, werden wir alles tun, um es künftig zu vermeiden. Diese Erkenntnis können wir nutzen, um eine Veränderung positiv zu konditionieren, denn wenn wir unser altes Verhalten mit Schmerz und unser neues mit Lust verbinden, dann ist es nur eine Frage der Zeit, bis wir unser Ziel erreichen.

Tipp: Die paradoxe Intention ist eine der besten und am schnellsten wirkenden Techniken bei sozialen Ängsten. Dabei werden absichtlich jene Symptome provoziert und zumindest stimuliert, die Menschen aus Angst vor Auffälligkeit am meisten fürchten. Ängstliche Menschen vergeuden viel Energie durch das ständige Unterdrücken der gefürchteten Symptome, was auf Dauer anstrengender ist als die offene Bekanntgabe der damit verbundenen Gedanken und körperlichen Zustände. Wenn man den Mut zu derartigen »Offenbarungsübungen« aufbringt, lässt sich der Angstkreislauf manchmal blitzartig durchbrechen. Hierzu drei Beispiele:

Offenbarungsübungen:

Wenn Sie unter Händezittern leiden:
Zittern Sie absichtlich so lange mit den Händen, während Sie ein Glas oder eine Tasse halten oder etwas unterschreiben, bis es jemand merkt, oder sprechen Sie den Sachverhalt selbst in humorvoller Art an: »Ich zittere heute so, dabei ist mir gar nicht kalt.«

Wenn Sie unter Erröten leiden:
Versuchen Sie, möglichst schnell rot zu werden, und achten Sie darauf, ob es jemand bemerkt, andernfalls sprechen Sie den Sachverhalt selbst an: »Merkst du, wie rot ich bin?« Oder: »Immer wenn ich einen Menschen mag, werde ich so rot.«

Wenn starkes Schwitzen für Sie ein Problem ist:
Wischen Sie sich demonstrativ mit der Hand über die Stirn, um einen tatsächlichen oder vorgegebenen Schweiß wegzuwischen, und machen Sie selbst eine Bemerkung dazu, etwa: »Ich komme jetzt richtig ins Schwitzen.«

Intelligenz und Aktion

Obwohl wir glauben, von unserem Intellekt gesteuert zu werden, müssen wir bei genauerer Betrachtung erkennen, dass unser Verhalten von einer intuitiven Reaktion auf Lust oder Schmerz geprägt ist. Wir wissen, dass Übergewicht zu einer der am schnellsten wachsenden Zivilisationskrankheiten zählt. Trotzdem steigt die Zahl der übergewichtigen Menschen immer weiter an. Das ist keine Frage des Intellekts. Ich kenne einige sehr kluge Professoren, die intellektuelle Genies sind, aber nicht wissen, wie sie mit ihrer kontinuierlich wachsenden Körperfülle umgehen sollen. Daher stellt bloße Intelligenz also keine Lösung dar, wenn es um Veränderung geht. Jeder kann aber seinen Intellekt nutzen, um seine emotionalen Bereiche zu beeinflussen. Wenn Sie die früheren mit Lust empfundenen Verhaltensweisen von nun an mit Schmerz assoziieren, dann werden eingeschliffene Verhaltensweisen entlernt. Das bedeutet beispielsweise, dass Sie keine Lust für Sport und Fitness empfinden werden, sofern Sie keine positiven Assoziationen damit verbinden. Wenn Sie mit leidenschaftlichen Joggern darüber sprechen, wie sie zu ihrem Sport gekommen sind, dann werden diese Ihnen in der Regel dieselbe Geschichte erzählen: Irgendwann sei der Zeitpunkt gekommen, an dem aus mannigfaltigen Gründen – etwa um abzunehmen oder zur Förderung der Gesundheit – das Laufen als Alternative zum bisherigen Verhalten gewählt wurde. Die ersten Male sei es ganz furchtbar erschienen, bei Wind und Wetter und zu unchristlichen Tageszeiten durch die Gegend zu laufen. Es sei jedes Mal morgens oder abends ein echter Kampf mit dem inneren Schweinehund gewesen. Aber wenn man danach durchgeschwitzt und vollgetankt mit Sauerstoff nach Hause komme, fühle man sich wirklich gut. Außerdem spüre man, wie schnell man Kondition aufbaut. Daher sei das Laufen eigentlich nur in der ersten Woche mühsam – und dann fange es an, Spaß zu machen. Heute könne man sich ein Leben ohne Laufen nicht mehr vorstellen.

So oder ähnlich klingen die Erfahrungsberichte. Was ist zwischen dem ersten Laufen und der dritten Woche geschehen? Das Prinzip Schmerz und Lust hat sich umgekehrt. Der Intellekt hat eine gesündere Lebensweise eingefordert, da die bisherige nur noch Schmerz verursacht hat. Die Folge davon war, dass die Lust daran, faul auf dem Sofa zu liegen und sich selbst unwohl zu fühlen, an Attraktivität verloren hat. An diesem Punkt begann das Laufen. Sicher stellt die Überwindung, sich früh-

Du kannst mit deinem Leben ein besseres Bekenntnis ablegen als mit deinen Lippen.
(OLIVER GOLDSMITH)

morgens aus dem Bett zu schälen und seine Laufschuhe anzuziehen, erst einmal keinen großen Lustgewinn dar; wohl aber die Tatsache, sich erfolgreich überwunden zu haben. Mit jedem Mal Joggen nimmt die Freude zu. Zusätzlich kommen Glücksgefühle auf, weil man spürt, dass die Fitness zunimmt und der Körper wieder in die für ihn gedachte Form zurückkehrt. Am Ende winkt dem tapferen Läufer auch noch die Bewunderung derjenigen, die schon lange etwas für ihre Gesundheit tun sollten, sich aber durch diverse Ausreden selbst davon abhalten. Das Überwinden dieser inneren magischen Grenze funktioniert nur über die Aktivität. Das heißt: Nur wenn Sie sich in Aktion begeben, können Sie den Prozess aus Schmerz und Lust umdrehen.

Die wenigsten Menschen finden es sehr lustvoll, wenn sie sich verändern müssen. Wie oft hören wir die Worte »ich sollte«, »ich müsste«, »ich könnte«? Achten Sie einmal in der täglichen Kommunikation auf diese Konjunktive. Man hört immer wieder von Rauchern, dass sie eigentlich mit dem Rauchen aufhören müssten. Das bedeutet nichts anderes, als dass sie diese Notwendigkeit bereits intellektuell erfasst haben. Leider fehlt vielen von ihnen jedoch der Wille, diese Erkenntnis auch umzusetzen.

Menschen, die sich durch solche Konjunktive sabotieren, suchen meistens Zuspruch oder Mitleid für eine Situation, die sie selbst geschaffen haben und die sie auch ändern könnten, wenn sie es denn wirklich wollten. Wenn Sie Veränderungen umsetzen wollen, darf es dabei nicht nur um Symptombekämpfung gehen, sondern Sie müssen die Ursache anpacken. Sich eine Woche jeden Morgen in die Laufschuhe zu quälen, um dann wieder zu Hause auf dem Sofa zu vergammeln, ist nicht das Ziel. Daher spielen Zeit und Ausdauer bei Veränderungen eine wichtige Rolle. Wenn man diese beiden Faktoren kombiniert, kommt Geduld heraus. Haben Sie also Geduld mit sich selbst und entwickeln Sie die Ausdauer herauszufinden, wie lange Sie brauchen, um Schmerz in Lust und Lust in Schmerz zu verwandeln.

Tipp: Denken Sie auch daran, wie schnell sich Ihr Wohlgefühl verbessert, wenn Sie sich zum Beispiel entschieden haben, abzunehmen oder mit dem Rauchen aufzuhören. Schon mit einem Kilo Gewicht weniger fühlt man sich deutlich besser. Und allein schon ein kurzfristiges Aufhören mit dem Rauchen bringt deutliche Verbesserungen. So sind bereits nach 20 Minuten die Hände und Füße besser durchblutet und das Herzinfarktrisiko geht bereits nach 24 bis 48 Stunden zurück.

Der Preis der Freiheit

Warum scheuen sich so viele Menschen davor, ihre Wahlfreiheit zu nutzen? Ein Grund dafür besteht darin, dass sie in jungen Jahren schon viele Entscheidungen für ihre Zukunft getroffen haben: Sie haben sich zum Beispiel für einen Beruf und ein Unternehmen entschieden, sind selbstständig oder angestellt. Sie wollten früh eine eigene Familie haben oder sie beschlossen, sich zuerst ihrer Karriere zu widmen. Die meisten Ihrer Entscheidungen haben Sie sicher freiwillig getroffen. Entscheidungsfreiheit bedeutet aber auch, die Verantwortung für die Konsequenzen zu übernehmen. Wenn Sie heute mit einer Entscheidung aus der Vergangenheit unglücklich sind, so liegt es in Ihrer Hand, diese Fehlentscheidung zu korrigieren. Die Kernfrage hierbei lautet: Welchen Preis kostet die Freiheit, einmal getroffene Entscheidungen zu revidieren?

Natürlich gibt es Situationen, die sich nur mit erheblichem Aufwand und unter großen Verlusten verändern lassen. Leben Sie beispielsweise in einer unglücklichen Beziehung, wirkt sich diese auf Ihr gesamtes

Leben aus. Wenn Sie sich gedanklich schon getrennt haben und trotzdem noch mit Ihrem Partner zusammenleben, sind Sie weder richtig gebunden noch frei – ein Zustand, der für beide Partner keine besonders attraktive Zukunft in Aussicht stellt. Ebenso verhält es sich, wenn Sie in Ihrer Firma bereits innerlich gekündigt haben. In diesem Fall stehen Sie Ihrem beruflichen Erfolg selbst im Weg, denn Sie befinden sich zwar körperlich an Ihrem Arbeitsplatz, in Gedanken sind Sie aber ganz woanders. Dadurch geraten Sie in eine Zwickmühle, in ein Dilemma, aus dem Sie sich befreien müssen. Aristoteles hat dasselbe Dilemma in einer Fabel beschrieben, in der sich ein Hund nicht zwischen zwei Mahlzeiten entscheiden konnte und schließlich verhungerte. Wenn wir keine Entscheidungen für unser Leben treffen, verhungern wir psychisch. Wie häufig lernen Sie Menschen kennen, die über ihr Leben jammern? Und wie viele kennen Sie, die ihr Leben gestalten und damit zufrieden sind? Zu welcher dieser beiden Gattungen gehören Sie?

Die meisten Menschen, die vor Veränderungen im Leben stehen, ahnen diese schon voraus. Sätze wie »Ich werde mich von meinem Mann trennen, sobald die Kinder aus dem Haus sind« kennen wir. Ist ein solcher Zeitpunkt absehbar, stellt es unter Umständen tatsächlich einen guten Kompromiss dar, abzuwarten. In diesem Fall ist die Entscheidung zwar schon getroffen, es wurde aber einer Verhältnismäßigkeit der Vorzug gegeben. Liegt ein solcher Termin aber noch in weiter Ferne, zum Beispiel weil die Kinder erst drei und vier Jahre alt sind, stellt sich die heikle Frage, wie das Leben in den nächsten 15 oder 20 Jahren aussehen wird.

Ehrlich zu sich selbst zu sein ist manchmal sehr unbequem, aber es ist auch der kür-

Freiheit ist ein Gut, das durch Gebrauch wächst, durch Nichtgebrauch dahinschwindet.
(CARL FRIEDRICH VON WEIZSÄCKER)

zeste Weg zum Ziel. Er bedeutet, auch unbequeme Wahrheiten zu akzeptieren. Lebenslügen verschleiern den Blick für das Wesentliche, sie versperren einem den Weg zu einer besseren Zukunft. Man könnte sie vergleichen mit einer Fessel, an der ein schweres Gewicht hängt, welches Sie im Leben nicht weiterkommen lässt. Wenn Sie ehrlich zu sich sind, gewinnen Sie Klarheit. Machen Sie jetzt diese innere Inventur, befreien Sie sich von den Lügen Ihrer Vergangenheit. Ihr Lebensweg bildet die Summe aller Schritte, die Sie gehen – und jeder Schritt kann auch bedeuten, sich von etwas zu trennen.

Häufig stellt sich nicht die Frage, ob, sondern vielmehr wann Sie Ihre Entscheidungen in die Tat umsetzen. Wer keine Entscheidungen trifft, obwohl er sie treffen sollte, betrügt sich selbst um sein Leben.

Betrachten Sie die zahlreichen Wahlmöglichkeiten, die Ihnen das Leben bietet, nicht als Last, sondern als Lust. Denn der Preis, den Sie für Ihre Freiheit bezahlen, wird Zinsen bringen, wenn Sie sich selbstbewusst und planvoll entschieden haben. Sich selbst dem eigenen Leben zu widmen ist eine Kunst, so wie das Leben ein Kunstwerk ist.

Tipp: Bei Ihrer Entscheidungsfindung kann Ihnen folgendes Vorgehen von Nutzen sein: Machen Sie auf einem großen Blatt Papier oder in Ihrem Erfolgsbuch auf einer leeren Seite zwei Spalten. In die linke Spalte schreiben Sie die Vorteile, die für Ihre bisherige Situation sprechen, und in die rechte Spalte Ihre persönlichen Vorteile, die mit der von Ihnen angestrebten Situation, also Ihrem Ziel, verbunden sind. Als Raucher schreiben Sie zum Beispiel in die linke Spalte »Pro rauchen« und die rechte Spalte »Pro rauchfrei« und darunter Ihre jeweiligen Argumente. Dann wägen Sie ab: Welche Seite bringt Ihnen die größeren Vorteile? Und worin besteht Ihr persönlicher Hauptgewinn, wenn Sie sich für die rechte Spalte entscheiden?

Sie haben die Wahl

Freiheit bedeutet, eine Entscheidung zu treffen und mit deren Konsequenzen einverstanden zu sein. Dieser Satz bringt auf den Punkt, was uns häufig davon abhält: Es ist der Zwang, sich mit den Konsequenzen einer getroffenen Entscheidung auseinanderzusetzen. Auszuwählen bedeutet auch, Selbstverantwortung zu übernehmen. Im Alltag treffen Sie aus den vielen Möglichkeiten, die Ihnen das Leben bietet, eine Auswahl. Das tun Sie in der Hoffnung auf Erfolg. Nach diesen Kriterien haben Sie Ihren Wohnort ausgesucht, die Menschen, mit denen Sie Ihre Zeit verbringen, und Ihren Beruf. Leider ist es jedoch unmöglich, immer die richtige Wahl zu treffen.

Was geschieht, wenn Sie falsch gewählt haben? Da Sie selbst Ihre Wahl getroffen haben, steht es Ihnen auch frei, sie jederzeit

> **Wer als Werkzeug nur einen Hammer hat, sieht in jedem Problem einen Nagel.**
>
> (PAUL WATZLAWICK)

wieder »abzuwählen«. Das klingt zwar einfach, ist es aber keineswegs. Oft ist es unbequem zu wählen; noch unbequemer ist es jedoch, mit falschen Entscheidungen zu leben. Wenn Sie dieser Erkenntnis innerlich zustimmen, dann verstehen Sie auch die Notwendigkeit zu handeln, die durch diese Wahlfreiheit entsteht. Wägen Sie in Ruhe ab. Vielleicht gibt es ja auch gute Gründe, sich nicht neu zu entscheiden.

Eine der berühmtesten Ausreden, eine falsche Wahl getroffen zu haben, ist die Verantwortung, die man für andere übernommen hat. In solchen Situationen hört man allzu oft den Ausspruch: »Ich habe das nur für dich getan.« Die Wahrheit ist jedoch, dass kein Mensch etwas ausschließlich für jemand anderen tut, denn die Entscheidung, dies zu machen, haben Sie allein getroffen. Sie unterstützen einen anderen Menschen, helfen ihm oder versuchen, ihm einen Gefallen zu tun. Damit sind Sie auch allein dafür verantwortlich, dass die Situation so ist, wie sie ist. Und nur Sie können sie ändern. Sie haben auch hier die Wahl.

ES IST NIE ZU SPÄT, SICH NEU ZU ENTSCHEIDEN

Vor langer Zeit betreute ich einen sehr erfolgreichen Anwalt. Er hatte eine reizende Familie und ein glückliches Familienleben. Im Laufe unserer Zusammenarbeit wurden wir Freunde und er erzählte mir von seinen Kindheitsträumen. Er offenbarte mir, dass er eigentlich Pilot werden wollte. Dem Fliegen galt seine ganze Leidenschaft. Ich erinnerte mich, dass er in seiner Kanzlei jede Menge Flugzeugmodelle herumstehen hatte. Als ich ihn fragte, warum er nicht den Beruf eines Piloten erlernt habe, antwortete er mir, dass sein Vater, ebenfalls ein angesehener Anwalt, dies nicht zugelassen habe. Er musste seine Kanzlei übernehmen. Schließlich hatte sein Vater sein Leben lang die Kanzlei aufgebaut, damit der Sohn sie weiterführen konnte. Als er diese Sätze aussprach, wurde er plötzlich blass im Gesicht. Während er erzählte, wurde ihm schlagartig bewusst, was er da von sich gegeben hatte. Ich fragte ihn, ob er mit seiner Arbeit glücklich sei. Über die Antwort musste mein Klient nicht lange nachdenken, denn er sah seinen Beruf schon immer als Verpflichtung seinem Vater gegenüber und nicht als Vergnügen. Als wir uns verabschiedeten, meinte er, dass dieser Abend sein Leben verändert hätte. Was war passiert? Mein Gesprächspartner hatte erkannt, dass er seine Wahl falsch getroffen hatte, und beschloss nun, seine Optionen zu prüfen. Vier Jahre später besaß er seinen Pilotenschein. Die Kanzlei seines Vaters hatte er mittlerweile aufgegeben und verkauft. Mit dem Erlös gründete er seine eigene kleine Airline. Seine Kundschaft besteht zu einem großen Teil aus Anwälten.

Dieses Beispiel zeigt, dass wir immer die Wahlfreiheit besitzen. Wir können etwas abwählen, wenn wir es wollen. Denken Sie an Ihr bisheriges Leben. Haben Sie jede Entscheidung bewusst getroffen und waren Sie sich der Konsequenzen immer bewusst? Würden Sie diese Frage uneingeschränkt mit »Ja« beantworten, wären Sie eine absolute Ausnahme. Junge Menschen beispielsweise sollen nach der Schule einen Beruf wählen, mit dem sie den Rest ihres Lebens zufrieden sind. Das Problem ist jedoch, dass junge Menschen aufgrund fehlender Erfahrung dazu einfach noch nicht in der Lage sind. In einer solchen Situation treffen wir eine Entscheidung, weil wir glauben, keine andere Wahl zu haben. Irgendwann merken wir jedoch, dass diese Entscheidung nicht richtig war. Trotzdem lassen wir dann oftmals alles lieber beim Alten, denn wer weiß, ob es besser wird, wenn es anders wird. Eines Tages erwachen wir dann und stellen fest, die Jugend ist vorbei, die mittleren Jahre sind vergangen und auf dem Weg zum letzten Lebensdrittel schauen wir auf all die verpassten Chancen zurück.

Tipp: Wenn Sie sich auf einem Blatt Papier oder in Ihrem Erfolgsbuch die Vorteile Ihrer jetzigen Situation und die Vorteile Ihres Zielzustandes überlegt haben (siehe vorheriger Tipp), dann listen Sie auch sorgfältig alle Konsequenzen auf, die mit der jeweiligen Situation verbunden sind. Bitte seien Sie dabei absolut ehrlich und selbstkritisch. Welche negativen Konsequenzen bringt Ihre derzeitige Situation mit sich, die Sie in Zukunft vermeiden wollen? Welche negativen Konsequenzen bringt voraussichtlich Ihr künftiges Ziel mit sich? Wie wollen Sie damit umgehen?

WAS HABE ICH AUS MEINEM LEBEN GEMACHT?

Diese Frage meldet sich ab dem 40. Lebensjahr immer lauter zu Wort. Mit jeder neuen Wahl sind Konsequenzen verbunden, die wir mitwählen und die wohl bedacht sein sollten. Wir haben immer Alternativen im Leben, doch häufig verängstigt uns diese Erkenntnis und wir halten aus Angst vor dem Unbekannten am Status quo fest.

Dadurch entscheiden wir uns unter Umständen dafür, unglücklich zu sein – ein eigenartiges Verhalten, finden Sie nicht? Die Motivation für dieses Verhalten liegt im Irrglauben, in den bestehenden Strukturen sicher zu sein. In Wahrheit stellt diese Sicherheit jedoch ein Gefängnis dar.

Dieser Glaube an die Sicherheit wirkt selbstzerstörerisch, weil er uns abhält, neu zu wählen. Wirklich sicher kann man sich nur innerhalb seiner eigenen Entscheidungen fühlen – sobald man diese Verantwortung abgibt, ist es vorbei mit der Sicherheit.

Wer jammert, findet schnell viele Gleichgesinnte – dieses Phänomen ist bekannt. Viele Menschen leiden und jammern daher gerne im Kollektiv über ihr Leben. Mit dem Leiden verhält es sich wie mit dem Jucken. Man weiß zwar, dass man sich nicht kratzen soll, wenn einen eine Mücke gestochen hat und der Juckreiz einsetzt, aber man nimmt den Schmerz in Kauf und kratzt sich die Haut auf. Der Schmerz fühlt sich immer noch angenehmer an als der Juckreiz. Übersetzt heißt das, Leiden fällt leichter als Verändern, leichter als Handeln. Halten Sie trotzdem nicht an dem fest, was Sie falsch gewählt haben. Prüfen Sie die weiteren Alternativen und Sie werden feststellen, wie viele Wahlmöglichkeiten das Leben für Sie bereithält. Das Einzige, was Sie dazu benötigen, ist Vertrauen in sich selbst. Dieses Selbstvertrauen ist das Ergebnis vieler Erfahrungen und der Art und Weise, wie Sie mit diesen Erfahrungen umgehen. Der deutsche Schriftsteller Georg Christoph Lichtenberg, der auch Deutschlands erster Professor für Experimentalphysik war, sagte zum Thema Wahlfreiheit und Veränderung: »Es ist nicht gesagt, dass es besser wird, wenn es anders wird, aber es muss anders werden, damit es besser wird.«

Eine frühere Schauspielerin, Marie Theres Kroetz-Relin beendete diesen Beruf, als sie als Autorin ihr Thema und ihre Berufung fand. Jetzt engagiert sich die dreifache Mutter für die »Hausfrauenrevolution« und landete mit dem zusammen mit Hauke Brost geschriebenen Buch »Wie Frauen ticken« einen Bestseller. Sie sagt, sie hätte davor schon viel ausprobiert, hätte früh Karriere gemacht und viele Auszeichnungen bekommen. Doch 2002 schrieb sie in ihr Tagebuch: »Mich erwartet eine Aufgabe, der Weg ist bereit. Ich muss die Kraft finden, diesen Weg zu gehen.« Und sie marschierte los.

Erfolgskiller

Erfolg ist mit Arbeit verbunden – das werden Ihnen alle erfolgreichen Menschen bestätigen. Es gibt keine Abkürzungen auf dem Weg zum Lebenserfolg, jedoch eine Menge Umwege.

Viele Menschen haben eine seltsame Strategie entwickelt, sich das Leben schwer zu machen, nämlich durch die Anwendung des Erfolgskillers Nummer eins: Ausreden. Indem sie anderen die Schuld zuweisen, schieben sie damit jede Verantwortung von sich. Diese Strategie macht es einem einfach, sich vor der eigenen Verantwortung zu drücken und weiter im Jammertal zu marschieren.

Unglücksfälle sind wie Messer, entweder sie arbeiten für uns oder sie schneiden uns, je nachdem, ob wir sie am Griff oder an der Schneide anfassen.

(JAMES RUSSELL LOWELL)

Es gibt aber noch eine Menge weiterer Möglichkeiten, erfolglos zu bleiben:

DIE WENN-DANN-FALLE

Kommen Ihnen die folgenden Aussagen bekannt vor?

- Wenn ich Zeit hätte, dann würde ich mich mehr um meine Gesundheit kümmern.

- Wenn ich die Chance hätte, die Abteilung zu leiten, dann könnte ich zeigen, was in mir steckt.
- Wenn ich in Pension bin, dann gehe ich auf Weltreise.
- Wenn ich nicht gerade so viel Stress hätte, dann würde ich das Rauchen aufgeben.

Diese und ähnliche Aussagen bezeichne ich als die »Wenn-Dann-Falle«. Warum tappen wir eigentlich regelmäßig in diese Falle und was bewirkt sie? Der Grund dafür ist einfach: Die Wenn-Dann-Falle beruhigt uns. Sie gaukelt uns vor, dass irgendwann alles von allein besser wird. Natürlich wissen wir, dass das nicht stimmt. Aber die Beharrlichkeit unseres Gehirns hindert uns daran, Veränderungen vorzunehmen, da es nicht aus der bekannten Gedankenroutine ausbrechen will. Unser Denken bestimmt also unseren Erfolg, ebenso aber auch unseren Misserfolg. Die Wenn-Dann-Falle wirkt wie eine Droge. Sie lässt uns glauben, die Dinge veränderten sich von allein zum Guten und wir müssten nur lange genug warten. Und so warten wir beständig und geduldig auf den eintretenden Erfolg, der sich einfach nicht einstellen will, und beklagen unser Unglück. Ein ziemlich paradoxes Verhalten, finden Sie nicht?

Tipp: Bitte überlegen Sie an dieser Stelle, bei welchen Themen Sie auch schon in die Wenn-Dann-Falle getappt sind und wie Sie das nächste Mal ganz anders vorgehen.

ZUFALL

Damit sind wir auch schon beim Erfolgskiller Nummer zwei: dem Zufall. Wenn Sie an den Zufall glauben, dann glauben Sie nicht an sich selbst. Zufallsgläubigkeit kommt einem Selbstbetrug gleich. Viele von Ihnen werden jetzt denken, dass einige ihrer Bekannten oder andere Menschen, dem Hörensagen nach, tatsächlich durch Zufall erfolgreich geworden sind. Natürlich gibt es immer wieder Menschen, denen der Zufall auf die Sprünge hilft. Aber auf den Zufall zu hoffen ist Zeitverschwendung, denn ein Zufall ist nicht planbar. Zudem bedeutet diese Hoffnung vor allem Warten – viele verbringen ihr gesamtes Leben damit.

Tipp: Dem Gesetz des Zufalls können Sie sich dadurch entziehen, dass Sie sich Ziele setzen. Das Festlegen von Zielen gibt Ihnen ein unmittelbares Gefühl der Macht und der Sinnhaftigkeit. Sie übernehmen damit die Kontrolle über Ihr Leben.

SCHICKSALSGLÄUBIGKEIT

Sich von einem sprichwörtlichen Schicksal abhängig zu machen bildet den Erfolgskiller Nummer drei. Nicht, dass es nicht Situationen im Leben gäbe, die durch Schicksal geprägt sind. Wenn Sie zum Beispiel einen schweren Unfall hatten und deshalb Ihre Sportlerkarriere aufgeben mussten, dann ist das Schicksal. Sicher ist allerdings, dass Sie aus einem Schicksalsschlag lernen können. Ich habe Menschen kennengelernt, die durch Schicksalsschläge so stark geworden sind, dass sie erreicht haben, was vorher unmöglich schien. Außerdem gibt es auch positive Schicksalsschläge: Die gewonnene Lotto-Million, die Erbschaft des unbekannten Onkels aus Amerika und Ähnliches. Das alles hat aber nichts mit Erfolg zu tun. Wer darauf hofft, verfällt wieder dem Erfolgskiller Nummer zwei, dem Zufall.

Mit Schicksalsgläubigkeit meine ich das Verharren von Menschen in der eigenen Komfortzone aus dem Glauben heraus, das Leben sei sowieso vorherbestimmt. Diese Ansicht ist eine sehr bequeme Ausrede und der beste Grund, nicht selbst aktiv werden zu müssen. Sätze wie »Wenn die Zeit richtig dafür ist, dann wird es von alleine passieren« rechtfertigen diese Haltung noch. Einer meiner Klienten gebrauchte diese Ausrede beispielsweise, als er auf Anraten seines Arztes dringend mit dem Rauchen aufhören sollte. Seit Jahren schon plagten

ihn Schmerzen in der Brust und Atemprobleme, doch trotzdem beharrte er darauf, dass der richtige Zeitpunkt zum Aufhören noch nicht gekommen sei. Mittlerweile ist er an Lungenkrebs gestorben. Das ist kein Schicksal, das ist Dummheit, auch wenn das hart klingt. Das Schicksal ist nicht berechenbar und es kommt nicht dann, wenn wir es erwarten. Das darf jedoch kein Grund sein, einfach abzuwarten und sich den Umständen des Lebens hinzugeben. Ihr Schicksal können Sie nicht beeinflussen, wohl aber Ihr Leben.

Tipp: Bitte stellen Sie sich einmal vor, Sie hätten einen Zauberstab. Wenn Sie damit alles in Ihrem Leben nach Belieben ändern könnten, wo würden Sie beginnen? Was können Sie sofort unternehmen, um Kontrolle über die Situationen Ihres Lebens zu gewinnen, die Sie frustrieren? Was *werden* Sie sofort unternehmen?

Wenn Sie die Lust verlässt

Wir alle kennen Tage, an denen so gar nichts gelingen will. Am liebsten würde man im Bett bleiben und sich die Decke über den Kopf ziehen. Sogar Kleinigkeiten fallen einem schwer und das ganze Elend dieser Welt scheint auf den eigenen Schultern zu lasten. Jeder kennt diese Phasen der

Niedergeschlagenheit und Demotivation, wenn Antriebslosigkeit sich mit Schwermut verbündet und man sich traurig fühlt, obwohl es einem – rein rational gesehen – eigentlich gut geht. Scheinbar grundlos hat unser mentales Betriebssystem den Gute-Laune-Schalter auf Standby geschaltet und unsere positiven Gedanken in ein dunkles Zimmer verbannt. In diesem Moment wird eine Art Warnprogramm unseres Gehirns aktiv, weil dieses sich überfordert fühlt. Ähnlich einem Anti-Viren-Programm auf einem Computer hat Ihr Gehirn eine Störung entdeckt, die es jetzt zu analysieren beginnt. Häufig wissen wir, welche Ursachen dafür verantwortlich sind, aber wir haben uns durch Verdrängung davor geschützt. Dieser Verdrängungsmechanismus hat zweifelsohne Vorteile, denn manche unserer schlechten Stimmungen vergehen von alleine und auch einige Probleme erledigen sich von selbst. Wenn aber negative Gefühle von uns Besitz ergreifen, ist es Zeit, etwas dagegen zu tun.

Woher kommen solche Gefühle? Verlust und die daraus resultierende Trauer könnten beispielsweise Gründe dafür sein. Oder aber die Erkenntnis, die eigenen Ziele zu hoch gesteckt zu haben und an den eigenen Ansprüchen zu scheitern. Vielleicht sind Sie auch enttäuscht über all das, was Sie bisher erreicht haben, oder Sie trauern einer verpassten Chance nach. Was immer es auch sein mag: Wenn die Kräfte nachlassen, ist es an der Zeit zu handeln. Zu viele negative Gedanken und schlechte Gefühle können ein seltsames Eigenleben entwickeln. Dann wissen wir gar nicht mehr, warum es uns schlecht geht. Viele nehmen diesen Zustand einfach als gegeben hin. »Da kann man nichts machen« ist in dieser Situation ein häufig verwendeter Satz.

In einer solchen Phase haben wir unser eigenes Leben nicht mehr im Griff. Viele bezeichnen diesen Zustand als Depression und gehen deshalb zum Arzt. Fühlen Sie sich länger als zehn Tage lust- und wertlos und finden Sie keine Freude mehr an Ihrem Leben, sollten Sie unbedingt einen Experten aufsuchen. Je länger Sie damit warten, desto länger dauert auch die Behandlung. Durch unterschiedliche therapeutische und pharmakologische Maßnahmen sind Depressionen heute gut heilbar.

AKTIV WERDEN HEISST DAS GEBOT DER STUNDE

Ist die Phase der Lustlosigkeit nicht krankheitsbedingt, so gibt es diverse Wege, die Sie beschreiten können, um aus dieser Lethargie wieder herauszukommen. Eine sehr effektive Möglichkeit besteht darin, aktiv zu werden. Beschäftigen Sie sich mit etwas Angenehmem, um auf andere Gedanken zu kommen. Finden Sie heraus, was Ihnen guttut, und vermeiden Sie auf jeden Fall Inaktivität.

Eine weitere Möglichkeit, den grauen Schleier von seinem Gemüt zu ziehen, ist, Sport zu treiben. Halten Sie es vielleicht mit Winston Churchill, dem Whisky und Zigarren als einzige Sportarten genügten? Dann verpassen Sie etwas. Denn mehr als 60 verschiedene Befragungen in den USA und Europa erwiesen, dass Menschen, die Sport treiben, sich besser fühlen. Sie leiden seltener unter schlechter Laune, haben weniger

Lebensängste, sind selbstbewusster und empfinden sich selbst als attraktiver.

Sind das nicht viele gute Gründe dafür, sich sportlich zu betätigen? Gemeinsam mit mehreren Klienten habe ich getestet, wie sich Sport auf negative Gefühle auswirkt. Dabei stellte ich fest, dass Sport zweifellos die Stimmung hebt. Manche meiner Klienten reagierten mit Kopfschütteln, wenn ich auf die Schilderung ihrer Sorgen nur schlicht antwortete: »Super, dann gehen wir jetzt erst mal eine Runde Tennis spielen.« Aber das Ergebnis überzeugte sie – auch wenn es einiges an Überwindung für den Klienten und Überredungskunst meinerseits bedurfte. Außerdem fördert sportliche Betätigung die Neubildung und das Wachstum von Neuronen. Damit wirkt sie sich positiv auf die Gehirnleistung aus.

Negative Gefühle können sehr leicht erzeugt werden. In zahlreichen Studien wurde dies mit einfachen Mitteln bei den Probanden nachgewiesen: Schwere klassische Musik, dazu regelmäßige Katastrophenmeldungen aus den Nachrichtenredaktionen und ein abgedunkeltes Zimmer reichen aus. Der positive Umkehrschluss liegt nahe, denn wenn ein solches Experiment mit negativen Gefühlen gelingt, muss es auch mit positiven zum Erfolg führen. Ebenso wie die negativen sind auch die positiven Gefühle abhängig von der Umgebung, den Informationen, die man bekommt, den Menschen, mit denen man sich beschäftigt, und dem Lebensziel, welches man als sinnvoll erachtet. Somit lässt sich eine positive Einstellung bewusst erlernen.

Tipp: Hier ein erprobter Weg, wie man sich schnell wieder in gute Stimmung bringen kann: Speichern Sie Ihre Lieblingslieder auf Ihrem MP3-Player oder nehmen Sie die Lieder auf und hören Sie sie an, wenn es Ihnen nicht gut geht. Oder schreiben Sie in Ihr Erfolgsbuch motivierende Zitate, wie Sie sie beispielsweise in diesem Buch finden, und lesen Sie sie bei Bedarf durch. Denn wie sagte schon Voltaire: »Eine Sammlung von Sprichwörtern kann eine Apotheke sein, in der man Arznei für viel Ärger findet.«

ALLES EINE FRAGE DER PERSPEKTIVE

Ein weiteres bewährtes Rezept gegen negative Stimmung besteht darin, seinen momentanen Zustand aus einer anderen Perspektive zu betrachten und somit mehr Objektivität zu erlangen. Selten sind es nämlich die Ereignisse selbst, die einem die Laune verderben, sondern vielmehr die Bewertung des vermeintlichen Desasters.

Während eines Sommerurlaubs schlief ich am Pool ein und holte mir einen höllischen Sonnenbrand. Natürlich ärgerte ich mich über meine Unachtsamkeit, vor allem weil mich Freunde für den nächsten Tag zum Wasserskifahren eingeladen hatten. Da ich mir den Spaß am nächsten Tag nicht entgehen lassen wollte, versorgte ich meinen Sonnenbrand und blieb den Rest des Tages im Schatten. Obwohl ich am nächsten Tag starke Schmerzen hatte, als ich mir einen Neopren-Anzug überzog, war ich den ganzen Tag trotz Sonnenbrands bester Laune. Am nächsten Tag wollten wir wieder zum Wasserskifahren gehen. Leider wachte ich mit einem schmerzenden rechten Knie auf. Der Schmerz war nicht besonders heftig, nur unangenehm. Da ich schon früher einmal Schwierigkeiten mit diesem Knie gehabt hatte, machte ich mir nun ernsthafte Sorgen. Sofort fiel meine Stimmung auf den Tiefpunkt. Konnte ich mit diesem Knie überhaupt fahren? Wie hoch war das Risiko, dass es noch schlimmer würde? Schweren Herzens sagte ich das Wasserskifahren ab. Ich dachte über meinen Ärger nach und stellte fest, wie groß die Diskrepanz meiner emotionalen Verfassung zwischen dem relativ geringen Schmerz des Knies und den deutlich größeren Schmerzen des Sonnenbrandes war. Die Schmerzen am Rücken hatten mir nicht die Laune verderben können. Die weitaus geringeren Schmerzen in meinem Knie hatten mich jedoch sehr stark beeinflusst. Woher kommt dieser extreme Unterschied?

Dies ist eine Frage der Wahrnehmung und der Perspektive. Während ich wusste, dass der Sonnenbrand ohne weitere Schäden vergehen würde, war ich mir bei meinem Knie nicht sicher. Auf diese Weise konzentrierte ich meine gesamte Aufmerksamkeit auf diesen kleinen Schmerz und erhob ihn damit zum großen Problem. Das Beispiel zeigt, dass es nicht unbedingt darauf ankommt, was passiert, sondern wie man darauf reagiert. So sagte schon Epiktet: »Nicht die Dinge selbst beunruhigen uns, sondern die Meinungen, die wir von den Dingen haben.«

Im Raum des Denkens ist zwischen Reiz und Reaktion sehr viel Platz für Wahlmöglichkeiten. Jeder kann für sich selbst entscheiden, welche Reaktion und damit auch zum großen Teil welches Gefühl er in sich hervorruft. Die Frage ist, wie viel Zeit man sich zwischen dem Ereignis selbst und dem Reiz und der Reaktion darauf lässt. Selbst wenn man spontan enttäuscht, niedergeschlagen oder wütend ist, hat man danach immer noch die Möglichkeit, die Situation neu zu bewerten und seine Aufmerksamkeitsrichtung umzulenken.

Ein weiterer Beweis für den Einfluss unserer Wahrnehmungsrichtung ist unsere Reaktion auf Krankheit: Ich habe festgestellt, dass viele kranke Menschen, welche die Aussicht auf Heilung haben, glücklicher und zufriedener sind als Menschen, die vollkommen gesund sind. Das kommt daher, dass Menschen, die beispielsweise eine Grippe haben, sich auf den Prozess der Heilung konzentrieren. Sie richten ihre Aufmerksamkeit darauf, wieder gesund zu werden. Wenn es ihnen dann Tag für Tag besser geht, freuen sie sich über ihre Genesung. In diesem Moment konzentrieren sie ihre Kräfte auf sich und eine positive Zukunft, was wiederum ein positives Gefühl auslöst.

Wer, meinen Sie, ist glücklicher: derjenige Mensch, der zwei Millionen im Lotto gewonnen hat, oder derjenige, der bei einem Unfall sein Bein verloren hat? Auf den ersten Blick eine ziemlich törichte Frage, denn wie könnte jemand, der sein Bein verliert, darüber glücklich sein? Wissenschaftlich gesehen ist die Antwort gar nicht logisch, denn das Glücksgefühl hängt tatsächlich von der Lebenseinstellung der einzelnen Person ab. In zahlreichen Studien wurde festgestellt, dass der Grad der Zufriedenheit oder des Glücks keineswegs vom Kontostand abhängig ist. Viele Lottomillionäre haben beispielsweise schon nach kurzer Zeit ihren Gewinn ausgegeben und sind weniger glücklich als zuvor. Dem gegenüber stehen viele Unfallopfer, die schwere Verletzungen davongetragen haben, aber glücklich darüber sind, überhaupt noch zu leben. In einem solchen Fall bekommen die Themen Glück und Erfolg eine ganz neue Dimension. Das bestätigt die folgende Glücksdefinition einer Frau, Ende 50, die eine schwere Herzoperation hinter sich hat. Sie beschreibt Glück so:

»Glück ist Alltag. Plötzlich erkennst du, was für ein Wunder es ist zu schlafen, ohne schwere Träume aufzuwachen, mit heilen Knochen, die Sonne zu sehen, sie auf der Haut zu fühlen, Auto zu fahren, sogar die verhassten Besprechungen in der Arbeit sind auf einmal ein königliches Vergnügen, selbst der Ärger mit dem Chef, den Mitarbeitern, bekommt ein ganz anderes Gesicht, gehört einfach dazu, ist Leben. Wir denken immer, im Urlaub zu sein ist Glück, der erste Ferientag oder ein Lottogewinn. Aber in Wahrheit ist schon der ganz normale Alltag Glück. Man muss es nur am eigenen Leib erfahren haben.«

Es ist also eine Frage der Bewertung, wie man sein Leben und dessen Ereignisse betrachtet. Amerikanische Wissenschaftler haben zudem in Langzeitstudien nachgewiesen, dass Menschen enorm anpassungsfähig sind, wenn es um ihr Schicksal geht. Unabhängig davon, ob eine Millionenerbschaft oder ein schwerer Unfall das Leben verändert hat: Wenn der frischgebackene Millionär vorher ein Pessimist war, wird er es bleiben. Bestenfalls verändert sich die Art der Sorgen. Auf der anderen Seite kann ein positiv eingestellter Mensch seinem Leben auch nach einem Schicksalsschlag noch etwas abgewinnen und das Beste daraus machen.

Tipp: Durch eine geschickte Änderung der Perspektive lässt sich viel erreichen, zum Beispiel so: Ein schlauer Mönch wusste, dass ihm sein Abt nie erlauben würde, beim Beten zu rauchen. Er fand die Lösung des Problems in einer anderen Interpretation der Situation: Er fragte den Abt, ob er beim Rauchen beten dürfe – was ihm gerne gewährt wurde.

EINE LEKTION FÜRS LEBEN

Als kleiner Junge brachte mir meine Großmutter auf sehr einfache, aber effektive

Weise bei, mein Leben zu schätzen und positiv zu sehen. Wenn ich einmal einen dieser Tage hatte, an denen ich unausstehlich, trotzig oder unzufrieden mit meinem Spielzeug war, dann nahm sie mich bei der Hand und wir spazierten in ein Heim für taubstumme Kinder. Sie hatte mir einen Rucksack mit meinen Spielsachen gepackt, allerdings hat sie mich nie gezwungen, etwas von diesen Dingen zu verschenken. Sie wollte nur, dass ich mit den Kindern dort spielte. Mein erster Besuch in diesem Heim fand unter vehementem Protest meinerseits statt. Ich hatte schlichtweg Angst, denn ich wusste ja nicht, wie ich mit Kindern spielen sollte, die weder reden noch hören konnten. Doch schon nach kurzer Zeit war ich so in das gemeinsame Spielen vertieft, dass ich gar nicht merkte, dass meine Mitspieler dieses Handicap hatten. Ich kam mit einem leeren Rucksack und sehr glücklich nach Hause.

Diese Übung exerzierte meine Großmutter zweimal mit mir durch. Danach hatte ich meine Lektion gelernt und verstanden. Später besuchte ich so oft wie nur möglich meine neuen Freunde, um mit ihnen zu spielen. Ich genoss es, dort zu sein, anderen eine Freude zu bereiten, und vor allen Dingen spürte ich, dass ich mich besser fühlte, wenn es anderen gut ging.

Nicht nur für dieses Erlebnis bin ich meiner Großmutter dankbar. Sie hat mir außerdem beigebracht, wie einfach man die Perspektive in seinem Leben ändern

kann, um es wieder richtig schätzen zu lernen. Einen wichtigen Teil meines Menschenbildes und meiner Lebensplanung verdanke ich dieser frühen Erkenntnis. Erst später verstand ich, wie weise meine Großmutter gehandelt hatte.

EMOTIONEN KONTROLLIEREN

Unser Auslöser für negative Gefühle wird durch die Imaginationskraft unseres Denkens ausgelöst. Auf diese inneren Bilder springen unsere Einstellungen und unser Verhalten genauso an, als wären es reale Auslöser. Das bedeutet, für unsere Gefühle spielt es keine Rolle, ob die Situation real oder imaginiert ist, gefühlt wird das, was gedacht wird, und umgekehrt.

Negative Emotionen entstehen durch die Konzentration auf negative Symptome, wie zum Beispiel Schmerz. Sie wissen ja bereits, dass wir negativen Gefühlen deutlich mehr Aufmerksamkeit schenken als positiven. Wenn wir negative Ereignisse auch noch geistig in die Zukunft transportieren, dann wachsen in der Regel sowohl die Probleme als auch die negativen Emotionen. Diese Fähigkeit, das Negative in die Zukunft zu transformieren, ist eine nützliche Eigenschaft, wenn man sich zum Beispiel die negativen Konsequenzen einer Handlung (Rauchen, übermäßiger Alkoholgenuss, zu schnelles Autofahren etc.) vor Augen führt. Andererseits führt es zu übersteigerten Emotionen, wenn daraus katastrophenartige Zukunftsvisionen werden.

Viele Menschen sind der Meinung, dass es wichtig ist, negativen Gefühlen ein Ventil zu geben und sie ans Tageslicht zu befördern; sich also am besten einmal wieder richtig Luft zu verschaffen oder seinen Tränen freien Lauf zu lassen. Wenn man in einem solchen Moment einen Menschen an seiner Seite hat, der einem die Tränen der Trauer oder Verzweiflung trocknet, hilft das ungemein. Geteiltes Leid ist halbes Leid, so sagt man, und es tut gut, seine negativen Erlebnisse einem nahestehenden Menschen anzuvertrauen. Anders verhält es sich nach einer Kritik unseres Partners an der eigenen Person. Schlimmstenfalls wird die Kommunikation unterbrochen und damit auch die Lösung des Problems unmöglich. Mit dieser Reaktion werden die negativen Gefühle verstärkt und unnötig Barrieren aufgebaut. Wir steigern uns in den Ärger noch mehr hinein, anstatt ihn aufzulösen. Wir ärgern uns nicht nur über unseren Partner, sondern auch über unsere eigene Reaktion auf seine Kritik. Darauf wiederum reagiert der Partner negativ, sodass ein negativer Kreislauf von schlechten Gefühlen beginnt, an dessen Ende Einsamkeit und Verzweiflung stehen.

Das muss nicht sein, denn es ist möglich, Emotionen in dem Moment ihrer Entste-

Übung:

Denken Sie an ein Ereignis, das Ihnen negative Emotionen bereitet hat, und beantworten Sie schriftlich die folgenden Fragen: Wie war meine Reaktion darauf? Welcher war der emotionale Auslöser für meine Reaktion (zum Beispiel Schmerz, Wut, Enttäuschung, Aggression etc.)? Welche Bedeutung hatte dieses Ereignis für mein weiteres Leben? Wie hätte ich aus der heutigen Sicht noch reagieren können? Wäre mein emotionaler Zustand dadurch besser geworden? Wenn nein, versuchen Sie, alle möglichen Perspektiven einzunehmen, die eine bessere emotionale Verfassung ermöglicht hätten. Wenn ja, überlegen Sie sich, woran es zu diesem Zeitpunkt gelegen hat, dass Ihnen diese Wahlmöglichkeit nicht zur Verfügung stand. Überlegen Sie sich nun eine spezielle Situation in der Zukunft. Denken Sie an eine negative Situation, beispielsweise einen Streit mit Ihrem Kollegen oder Vorgesetzten. Spielen Sie diese Situation im Kopf durch. Überlegen Sie nun, wie viele unterschiedliche Reaktionsmöglichkeiten Sie auf Angriffe oder Aggressionen haben. Suchen Sie sich die aus, bei der Sie sich am besten fühlen. Haben Sie eine bessere Alternative zu Ihrem bisherigen Verhalten gefunden, gibt es keinen Grund, an der hinderlichen, alten Reaktion festzuhalten. Lassen Sie sie gehen, sie hat ausgedient.

hung zu kontrollieren und damit auch die Reaktion darauf zu verändern. Versuchen Sie es und ich verspreche Ihnen, mit einigem Training werden Sie lernen, negative Emotionen gar nicht erst aufkommen zu lassen. Dies gelingt Ihnen durch die bewusste Bewertung dessen, was in dieser Situation gerade geschieht, denn Sie haben die Freiheit, Ihre Gefühle zu einem hohen Grad selbst zu bestimmen:

Beispielsweise können Sie die Perspektive, den Standpunkt wechseln, indem Sie versuchen, Ihre eigene Situation wie von außen wahrzunehmen, und sich dadurch in eine so genannte Metaposition bringen. Dadurch gelingt es Ihnen, negativen Ereignissen weniger Bedeutung beizumessen und mehr Gelassenheit zu gewinnen.

Sie haben auf jeden Reiz unterschiedliche Reaktionsmöglichkeiten – dessen sollten Sie sich bewusst werden. Daher ist es wichtig, zwischen dem Reiz und der Reaktion Zeit vergehen zu lassen, dass heißt, keinesfalls im Affekt zu handeln. Dazu können Sie sich zum Beispiel angewöhnen, in einer kritischen Situation langsam rückwärts von fünf bis eins zu zählen und dann zu überlegen, wie Sie am besten reagieren. Allein schon durch die Zeit, die Sie dafür benötigen, wird sich der auslösende Moment verändern. Nehmen wir als Beispiel einen Arbeitskollegen, der Sie durch dumme Bemerkungen immer wieder zur Weißglut bringt. Er erwartet die Reaktion, die er von Ihnen kennt. Aus diesem Grund lässt er ja diese Bemerkungen fallen. Wenn Sie nicht erwartungsgemäß reagieren, wird er verunsichert. Nutzen Sie diese Zeit, um sich zu beruhigen und eine angemessene Reaktion zu überlegen.

Den eigenen Maßstab finden

Wer seine eigenen Maßstäbe nicht kennt, ist gezwungen, denen anderer zu folgen. Die neidvollen Blicke und schmähenden Kommentare, wenn es um das neue Auto eines Nachbarn oder den Karrieresprung eines Kollegen geht, sind hierfür gute Beispiele. Neid ist ein ausgesprochen schlechter Ratgeber, wenn wir auf der Suche nach unserem Lebenserfolg sind. Was Schadenfreude so unwiderstehlich macht, ist der Vergleich des Unglücks von anderen mit unserem eigenen Glück. Kommen wir dabei besser weg als der andere, hebt dies unwillkürlich unsere Stimmung. Das wurde durch psychologische Experimente nachgewiesen. Natürlich fällt es nicht schwer, Menschen zu finden, denen es schlechter geht als uns selbst. Ebenso treffen wir aber auch Menschen, die mehr haben, als wir jemals besitzen werden. Das betrifft vor allem die materiellen Dinge.

In der Evolutionsforschung wird Neid als ein festes Programm unserer Überlebensstrategie bezeichnet. Offensichtlich reichte es in Urzeiten nicht, nur gut zu sein. Um zu überleben, musste man der Beste sein. Aus diesem Grund achteten unsere Vorfahren sehr genau darauf, wer besser war oder mehr besaß als man selbst. Heutzutage ist dieses Programm nicht nur überholt – es wirkt in höchstem Maße kontraproduktiv. Dem Neider bringt es keinerlei Gewinn, sondern nur Frustration.

Das zeigt, dass wir nach Maßstäben bewerten, die nicht nur ungerecht, sondern vor allem unklug sind. Was genau passiert, wenn wir bewerten? Vergleiche anzustellen ist ein fataler Fehler, denn sie haben nichts damit zu tun, sich Vorbilder für sein Leben zu suchen. Im Gegenteil, Vorbilder sind wichtig und können unser Leben bereichern. Vielleicht ist dem Menschen der Neid ja tatsächlich angeboren. Aber mit etwas Anstrengung kann er diese Missgunst dazu nutzen, die eigenen tatsächlichen Bedürfnisse zu erkennen, anstatt sich den Normen anderer zu unterwerfen.

Die manische Jagd nach Status, Besitz und Anerkennung zahlt sich also keineswegs aus. Sobald die ehrgeizigen Ziele erreicht sind, tun sich neue Defizite auf. Ob eine labile Psyche die Ursache oder Wirkung dieses Drangs ist, kann abschließend nicht beurteilt werden. Unter dieser Prämisse stellt sich jedoch die Frage, ob es sinnvoll ist, den Preis der Freiheit einzutauschen gegen Macht und Reichtum. Jemand, der keine eigenen Maßstäbe gefunden hat, wird kaum Zufriedenheit finden. Wer sich seine Mitmenschen zu sehr zum Vorbild macht, wird selten ein Original. Den richtigen Weg für sich selbst zu finden – darum geht es und das bewirkt, dass man glücklich und zufrieden wird. Das beweist folgendes Beispiel:

Ganz alleine, nur mit Marschgepäck ausgestattet, hat eine 61-jährige Britin zu Fuß mehr als 32 000 Kilometer zurückgelegt. Die Mutter zweier Kinder und Großmutter zweier Enkel machte sich 2003 auf den Weg. Sie bekam unterwegs 29 Heiratsanträge, hat 45 Paar Schuhe durchgelaufen und war viereinhalb Jahre unterwegs. Ihre Reise führte sie quer durch Europa, Sibirien, die USA, Kanada, Grönland und Island. Sie lernte viele Menschen kennen und wurde oft nach Kräften unterstützt. Doch sie hat die Verantwortung für die Erreichung ihres Ziels nie den anderen überlassen und ist unbeirrt ihren Weg gegangen.

Gehen auch Sie Ihren Weg zum Erfolg unabhängig von der Meinung der anderen. Wie Sie sich dazu Ihren persönlichen Wegweiser erarbeiten, lesen Sie im zweiten Teil dieses Buches.

Persönlichkeit beginnt, wo der Vergleich aufhört.

(KARL LAGERFELD)

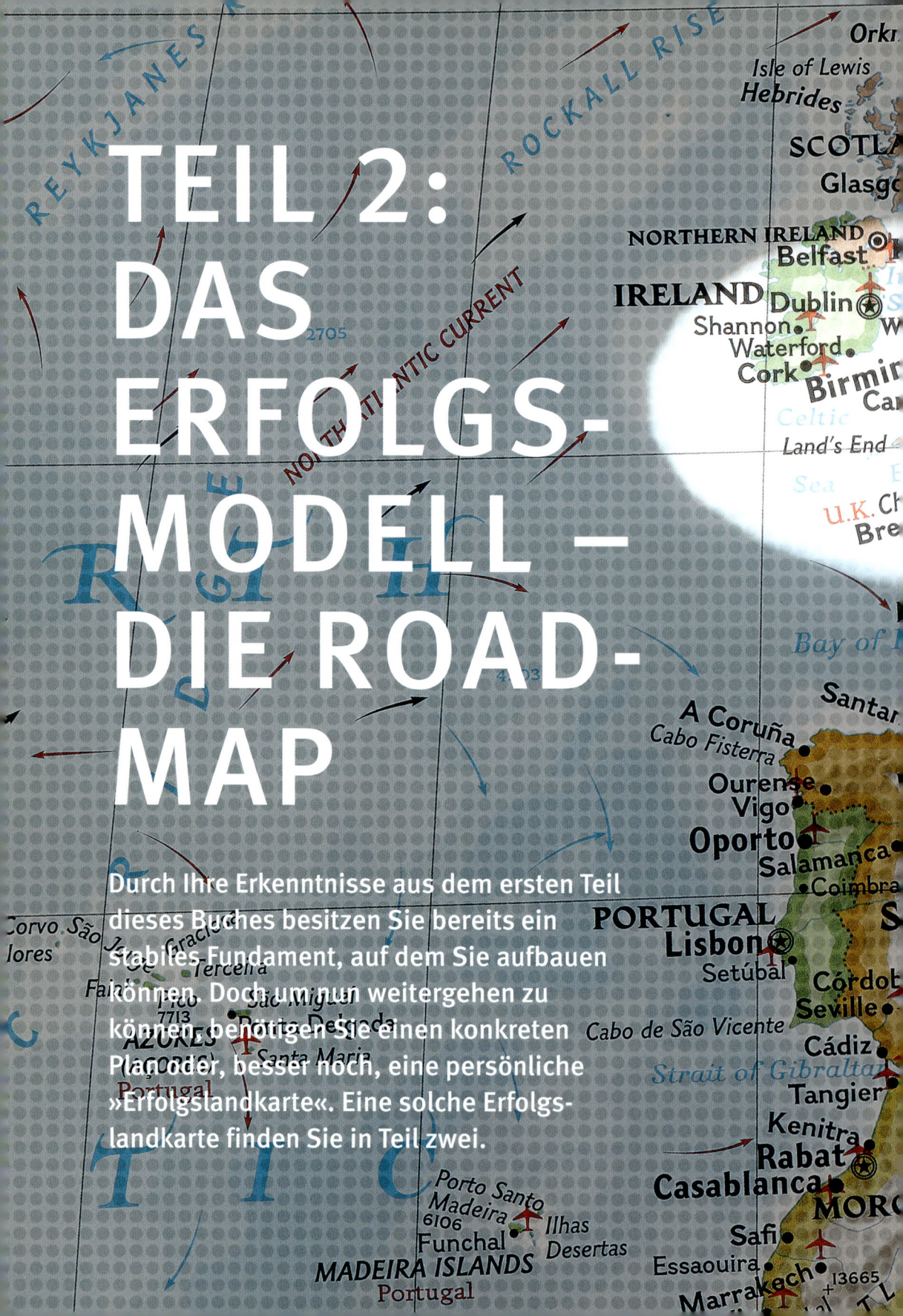

TEIL 2: DAS ERFOLGS- MODELL – DIE ROAD- MAP

Durch Ihre Erkenntnisse aus dem ersten Teil dieses Buches besitzen Sie bereits ein stabiles Fundament, auf dem Sie aufbauen können. Doch um nun weitergehen zu können, benötigen Sie einen konkreten Plan oder, besser noch, eine persönliche »Erfolgslandkarte«. Eine solche Erfolgs- landkarte finden Sie in Teil zwei.

Haugesund
Skien
Stavanger
Kristiansand
Skagerrak
Dundee
Edinburgh
Amsterdam
Leeds
ENGLAND
BELGIUM
Calais
Brussels
Cherbourg
Paris
FRANCE
Geneva
Lyon
Limoges
Mt. Blanc
Turin
Toulouse
Marseille
Genoa
Pisa
Pyrenees
Nice
Corsica
Ajaccio
ANDORRA
Barcelona
Zaragoza
Sardinia
Balearic Is.
Palma
Majorca
Cagliari
Palermo
Murcia
Cartagena
Annaba
Bizerte
Algiers
Tunis
Constantine
MALTA
Oran
Sétif
Batna
Sfax
Melilla
Oujda
Djelfa
Biskra
TUNISIA
Gabes
Laghouat
Tripoli
Touggourt
Ghardaïa
Ouargla
+3176
TRIPOLITANIA
Béchar
Grand Erg Occidental
El Golea
Erg Oriental
Ghadāmis
Surt
G. of Sidra

Mutig ein neues Ziel anstreben

Welche Vision, welche Ziele wollen Sie künftig anstreben? Wie muss Ihr Weg zum Erfolg beschaffen sein, damit Sie auch dort ankommen, wo Sie hinwollen? Mit welchen Hindernissen müssen Sie rechnen? Um diese Fragen geht es in den folgenden Kapiteln.

Die Entwicklung Ihrer persönlichen Erfolgslandkarte

Das hier vorgestellte Erfolgsmodell begleitet Ihren Weg zum Lebenserfolg in sieben Schritten. Es ist das Ergebnis meiner analytischen Arbeit mit Menschen, die ihren persönlichen Lebenserfolg bereits erreicht haben. Dazu habe ich mehr als 2000 Personen aus unterschiedlichen Berufsgruppen, in unterschiedlichen Ländern und mit unterschiedlichem sozialem und intellektuellem Hintergrund interviewt. Viele herausragende Persönlichkeiten aus den verschiedensten Bereichen haben mir hierbei mit großer Offenheit und Vertrauen ihre Lebensgeschichte und ihre Erfolgsmodelle offenbart. Alle meine Interviewpartner hatten eines gemeinsam: Sie lebten nach ihren eigenen Maßstäben. Sie wünschten sich kein zweites Leben, um dann alles anders zu machen. Ganz bewusst haben sie sich dem Leben gestellt und aus ihren Möglichkeiten das Beste gemacht. Dabei hatten viele von ihnen mit Rückschlägen zu kämpfen, denn sie haben nicht immer die richtige Wahl getroffen und mussten Entscheidungen revidieren – doch der Erfolg gab ihnen am Ende Recht.

Nach dem Prinzip der Logik muss auf einen Schritt immer ein nächster folgen, der näher zum Ziel führt. Trotzdem kann es vorkommen, dass Sie eventuell den zweiten Schritt vor den ersten setzen müssen, um Ihrem Ziel näher zu kommen. Finden Sie einfach Ihren eigenen Weg, mit den Inhalten der ROADMAP zu arbeiten – Kapitel für Kapitel. Ich habe die Erfahrung gemacht, dass besonders die unangenehmen Themen diejenigen sind, die den wunden Punkt eines Menschen treffen. Deren Bearbeitung wird Sie zwar nicht am

> **Wenn es einen Glauben gibt, der Berge versetzen kann, so ist es der Glaube an die eigene Kraft.**
>
> (MARIE VON EBNER-ESCHENBACH)

schnellsten, aber am intensivsten weiterbringen.

Was ist nun die ROADMAP? Aus der Analyse der unterschiedlichen Vorgehensweisen erfolgreicher Menschen habe ich, wie bereits erwähnt, sieben Schritte extrahiert, die alle meine Interviewpartner identisch durchgeführt haben. Diese Schritte lassen sich aus den einzelnen Buchstaben des Wortes »ROADMAP« ableiten. Die ROADMAP zeigt Ihnen den Weg, der Sie zuverlässig zu Ihren Erfolgszielen hinführt:

- **Realismus** bei der Zielfindung. Alle meine Gesprächspartner waren sehr realistisch, wenn es darum ging, ihre Fähigkeiten und Möglichkeiten einzuschätzen. Sie gaben sich keinen Tagträumen hin, sondern überprüften ihre Stärken und Begrenzungen bei der Planung ihrer Ziele.

- **Organisation** der Vorgehensweise zur Zielerreichung. Das richtige Timing und die Organisation des Weges zum Ziel waren zwei der entscheidenden Erfolgsfaktoren aller Interviewpartner.

- **Autonomie** bei der Planung und Durchführung. Alle meine Gesprächspartner haben darauf geachtet, ihre Ziele nicht von anderen Menschen oder Umständen abhängig zu machen, fanden jedoch Unterstützung bei Experten oder Fremden.

- **Denken verändern.** Die Bereitschaft, das eigene Denken und Verhalten zu verändern, ist unabdingbar, um seine Ziele zu erreichen. Flexibilität im Denken und Handeln schafft Freiräume für neue Ideen.

- **Manifestieren** neu erlernter Fähigkeiten. Manifestieren bedeutet in diesem Zusammenhang, nicht aufgeben, wenn etwas nicht auf Anhieb funktioniert. Üben durch Wiederholen und sich nicht vom Ziel abbringen lassen, das sind zwei der wichtigsten Eigenschaften erfolgreicher Menschen.

- **Auswirkungen abwägen.** Wenn Sie Ihr Leben verändern, hat das Konsequenzen. Diese müssen im Vorfeld bedacht werden, um sich vor unangenehmen Überraschungen zu schützen.

- **Perfektionieren,** so heißt der letzte Schritt auf Ihrem Weg zum Erfolg. Erfolgreiche Menschen perfektionieren einmal erlernte Fähigkeiten, die zum Erfolg geführt haben, immer wieder aufs Neue. Sie hören nicht auf, ständig an sich zu arbeiten und sich neue, herausfordernde Ziele zu setzen.

Wie wichtig eine persönliche Erfolgslandkarte im Leben ist, merken Sie im übertragenen Sinn, wenn Sie sich in einer fremden Stadt befinden und eine bestimmte Adresse suchen. Viele Menschen verhalten sich so, als suchten sie mit einem Stadtplan von London den Englischen Garten in München. Leider gibt es keine Lebenslandkarten zu kaufen. Jedes Leben ist individuell – keine Karte gleicht der anderen. Aus diesem Grund müssen wir unsere eigene Lebenslandkarte schreiben.

Die Aufgaben, Fragen und Übungen auf den folgenden Seiten werden Ihnen dabei helfen, Ihre persönliche Lebenslandkarte zu entwickeln. Vielleicht kommen Ihnen manche meiner Übungen seltsam vor; probieren Sie sie trotzdem aus. Selbst in der Wissenschaft ist das Modell »Versuch und Irrtum« der einzige Weg, um Erkenntnis zu gewinnen. Am Ende des Buches finden Sie wichtige Punkte zusammengefasst, sodass Sie daraus Ihre eigene Erfolgslandkarte entwickeln können.

R = Realismus

Der erste Schritt bei der Erstellung Ihrer persönlichen Erfolgslandkarte ist das Suchen und Finden von realistischen Zielen. Dazu zählt auch die richtige Bewertung Ihrer aktuellen Situation. Wo ist der Ausgangspunkt für Ihren künftigen Erfolgsweg? Und wohin soll Sie Ihr Erfolgsweg führen? Näheres hierzu lesen Sie im folgenden Kapitel.

Wie finden Sie Ihre Ziele?

Viele Menschen schätzen die Wichtigkeit von Zielen im Leben nicht hoch genug ein. Wenn Kinder in einer ziellosen Umgebung aufwachsen, etwa weil die Eltern selbst keine Ziele besitzen und dem Kind darin kein Vorbild sein können, werden aus ihnen unter Umständen auch ziellose Erwachsene. Sehen Sie sich einmal in Ihrer Familie, Ihrem Bekannten- und Freundeskreis um: Wie viele dieser Menschen haben Ziele? Und wie viele davon haben einen Plan, wie sie diese Ziele erreichen wollen? Fragen Sie nach, wenn Sie es genau wissen möchten. Ich bin mir ziemlich sicher, dass Sie die Antworten überraschen werden. Der Grund für die weit verbreitete Ziellosigkeit ist, dass viele Menschen einfach gar nicht wissen, wie man sich Ziele setzt und wie man diese anschließend verwirklicht. Sie kennen keine Strategie oder Methode und leben zwischen Wunsch und Traum. Auf die Frage nach Lebenszielen höre ich sehr häufig allgemeine Aussagen wie »Ich möchte glücklich sein« oder »Ich möchte eine Menge Geld verdienen«. Das jedoch sind keine echten Ziele, sondern bestenfalls Wünsche, die unweigerlich zur Frustration führen, da sie unkonkret und daher unrealistisch sind.

Am Beginn meiner Arbeit mit Klienten steht grundsätzlich die Frage nach dem Ziel. Damit treffe ich bei den meisten Menschen auch punktgenau den Kern des Problems: Viele von ihnen haben, wenn überhaupt, nur schwammige und ungenaue Ziele. Und das Schlimmste daran ist, dass die meisten ihrer Ziele nicht realis-

> **Wer den Hafen nicht kennt, für den ist kein Wind ein günstiger.**
>
> (SENECA)

tisch sind, sondern nur Träumereien und keine Visionen. Prinzipiell ist gegen Träumereien zwar nichts zu sagen, aber wenn es um Ihr Leben geht, sollten Sie mehr tun, als nur zu träumen.

Dass Träume in Erfüllung gehen, wenn man nur lange und intensiv genug daran glaubt – davon mögen vielleicht die Anhänger des positiven Denkens überzeugt sein. Doch so einfach ist es nicht. Menschen, die nach dieser Strategie vorgehen, bleiben nur Träumer. Sie werden nie Visionäre.

Worin besteht der Unterschied zwischen einer Vision und einem Traum? Eine Vision ergreift Besitz von einem Menschen und aktiviert all seine Energie. Ein Traum ist dagegen nur eine angenehme Vorstellung von dem, wie es sein könnte. Die Bedeutung des Wortes »Vision« wird klar, wenn Sie sich den Ursprung des Wortes anschauen. Vision kommt vom lateinischen

Wort »videre« (»sehen«) und bedeutet nichts anderes als ein inneres Bild. Eine Vision haben heißt also ein Bild haben – ein inneres Bild von etwas Zukünftigem, das es zu verwirklichen gilt. Eine Vision erzeugt ein klares Bild vom Ziel – sie lässt sich auf- und beschreiben. Dadurch ist sie plan- und strukturierbar – oder anders gesagt: Sie ist umsetzbar. Ein Traum hingegen bleibt immer unklar, schwer zu fassen und baut auf vielen Wünschen und Hoffnungen auf. Wie Sie Ihre persönliche Vision entwickeln, lesen Sie im folgenden Kapitel. Doch zunächst beschäftigen wir uns mit dem Ausgangspunkt, von dem aus Sie Ihre zukünftige Erfolgsstrategie erstellen können.

Wo ist Ihr Ausgangspunkt?

Um den Weg zu Ihrem Ziel zu finden, bitte ich Sie, sich Folgendes vorzustellen: Sie sind in einer fremden Stadt, sagen wir Mailand, und wollen zum Mailänder Dom. Sie haben einen Stadtplan, auf dem der Dom eingezeichnet ist, und wissen also, wo Ihr Ziel liegt – doch wie Sie dahin kommen, das finden Sie nur heraus, wenn Sie auch wissen, wo Ihr derzeitiger Standort ist.

Bei der Beantwortung der Frage nach Ihrem Ausgangspunkt hilft Ihnen die folgende Aufgabe. Sie ist nicht angenehm, vielleicht werden Sie sie sogar abschreckend finden und Sie werden sich innerlich dagegen sträuben. Diese Reaktionen sind vollkommen normal. Trotzdem ist gerade

> **Der effektivste Weg, um den Wert der Zukunft zu sichern, ist, sich der Gegenwart mutig und konstruktiv zu stellen.**
> (ROLLO MAY)

diese Aufgabe beziehungsweise Übung sehr effektiv, um an Ihre wahren Ziele zu kommen. Sie gliedert sich in drei Teile. Versuchen Sie bitte, diese so intensiv wie möglich zu erleben.

AUFGABE – TEIL 1:

Bitte suchen Sie sich einen Raum, in dem Sie völlig ungestört sind. Sie brauchen absolute Ruhe und Konzentration. Es geht bei dieser Aufgabe darum, innere Bilder zu erzeugen, sehr intensive Bilder, die Sie an den Kern Ihres Selbst führen werden. Lassen Sie sich dafür auch genügend Zeit. Wenn es beim ersten Mal nicht funktioniert, wiederholen Sie die Übung so oft, bis Sie am Ziel sind.

Legen oder setzen Sie sich zunächst bequem hin. Schließen Sie die Augen und stellen Sie sich folgende Situation vor: Einer der wichtigsten Momente in Ihrem Leben findet statt, vielleicht der wichtigste überhaupt. Stellen Sie sich nun einen Raum vor, der groß genug ist, dass alle Menschen, die Ihnen wichtig sind, hineinpassen. Das Licht leuchtet durch die Fenster und taucht den Raum in sanfte Töne. Leise Musik spielt im Hintergrund Ihre Lieblingsstücke, die Sie ausgewählt haben. An den Wänden hängen eindrucksvolle Bilder und Ihre Gäste blicken erwartungsvoll auf das Podium, das sich an der Stirnseite des Raumes befindet. Sie selbst stehen heute im Mittelpunkt und alle Anwesenden sind festlich gekleidet. Auf dem Podium steht ein mit Ihren Lieblingsblumen geschmückter Tisch. Kerzen verströmen einen angenehmen Duft. Auf dem mit Blumen geschmückten Tisch steht eine große Kiste aus Holz. Sie bildet den Mittelpunkt des Geschehens. In der Kiste liegen Sie – es ist Ihre Beerdigung. Vor Ihrem Tod haben Sie ein Tonband aufgenommen, auf dem Sie den trauernden Gästen von Ihrem Leben erzählen. Es war ein erfülltes und glückliches Leben, das zwar nicht immer einfach verlief, aber Sie haben es gemeistert. Bitte stellen Sie sich vor, wie das Band läuft und Sie Ihre eigene Stimme hören, wie Sie Ihre Lebensgeschichte erzählen.

- Was soll diese Geschichte beinhalten?

- Was haben Sie zum Beispiel getan, um Ihr Leben zu meistern?

- Wie haben Sie es geschafft, auch bei stürmischer See den eigenen Kurs zu halten und Ihrer Karte zu folgen?

- Was würden Sie gerne über Ihr Leben sagen, wenn es einmal vorbei ist?

Überlegen Sie sich die einzelnen Punkte in Ruhe und halten Sie sie vor Ihrem inneren Auge fest. Wenn Sie mit der Übung fertig sind, beginnt der zweite Teil der Aufgabe.

AUFGABE – TEIL 2:

Wahrscheinlich fühlen Sie sich nach dem ersten Übungsteil etwas niedergeschlagen oder leer. Das ist normal, denn niemand setzt sich gerne mit seinem eigenen Tod auseinander. Doch die Erkenntnisse, die Sie dadurch gewonnen haben, können für Ihr weiteres Leben entscheidend sein. Setzen Sie die Übung nun folgendermaßen fort:

Schreiben Sie den Text für Ihre Trauerrede, die an Ihrem Begräbnis vorgelesen werden soll. Das Positive daran ist: Wenn Sie diesen Text einmal geschrieben haben, brauchen Sie nur noch Ihre Pläne umzusetzen, denn jetzt haben Sie die Grundlage dafür geschaffen. Denken Sie beim Schreiben Ihrer Rede an folgende Fragen:

- Welches Leben habe ich geführt?
- Welche privaten und beruflichen Ziele habe ich erreicht?
- Wie habe ich es geschafft, bis ins hohe Alter fit und gesund zu bleiben?
- Wofür habe ich meine Energie eingesetzt?
- Wer war ich und was habe ich hinterlassen?

AUFGABE – TEIL 3:

Stellen Sie sich vor, Sie hätten die Chance, Ihr Leben noch einmal zu leben – zwar nicht von Geburt an, aber genau vom heutigen Tag an. Die Voraussetzung ist lediglich, dass Sie nun einen genauen Plan für Ihr Leben verfolgen. Beantworten Sie bitte folgende Fragen schriftlich:

- Welche Art von Leben will ich?
- Welches ist mein Hauptziel im Leben?
- Wie kann ich es erreichen?
- Wer oder was könnte mich daran hindern?
- Wie kann ich diese Hinderungsgründe ausschalten?
- Was hält mich davon ab, heute noch damit zu beginnen?

- Wie kann ich sicherstellen, dass ich jeden Tag an meinen Lebenszielen arbeite?

Wenn Sie diese Fragen beantwortet haben, sind Sie Ihrem persönlichen Erfolgsziel schon ein großes Stück näher gekommen. Wir werden diese Ziele im Laufe unserer Arbeit einer Realitätsprüfung unterziehen. Dabei wird es u. a. um die Frage gehen, ob Ihre Ziele realistisch in Bezug auf Ihre persönlichen Fähigkeiten und Anforderungen sind. Wahrscheinlich werden sich dann einige Ihrer Ziele verändern und neue hinzukommen. Stellen wir uns aber zunächst den Fragen: »Was ist Realität?« und »Welchen Einfluss hat Ihre persönliche Realität auf Ihre Ziele?«.

Ihre persönliche Realität bestimmt Ihre Ziele

Haben Sie sich schon einmal Gedanken über Ihre Realität gemacht? Ich meine Ihre persönliche, nicht die objektive Realität. Denn Letztere gibt es nicht, sie ist nur eine Illusion. Wir sehen nicht mit den Augen, riechen nicht mit der Nase, hören nicht mit den Ohren, sondern tun all dies mit dem Gehirn. Das Auge zum Beispiel nimmt nur Reize in Form von elektromagnetischen Wellen von der Außenwelt auf. Diese werden von der Netzhaut in elektrische Impulse übersetzt, die wiederum über einen Umweg in den visuellen Kortex der hinteren Hirnrinde gelangen. Dort entsteht das Bild unserer Außenwelt. Wenn diese Hirnregion nach einem Unfall verletzt ist, erblindet ein Mensch, obwohl das Auge völlig intakt ist.

Gewöhnen Sie sich an den Gedanken, dass Sie zur Realität keinen wirklichen Zugang haben. Wozu Sie aber Zugang haben, ist die Rekonstruktion der Realität. Das Gute daran ist, dass Sie dadurch die Möglichkeit haben, Ihre Realität selbst zu gestalten. Aus Ihrer Wahrnehmung, Ihrer Sicht der Dinge, Ihren Werten und Glaubenssätzen, Ihrer Erziehung und nicht zuletzt aus Ihren Erfahrungen bauen Sie sich Ihre individuelle Realität. Das ist auch gut so, denn sie macht Sie zu dem, was Sie sind.

Aber gibt es denn gar nichts, das wirklich real ist? Doch, Ihre persönliche Realität ist absolut real. Aber sie ist und bleibt eben Ihre persönliche Realität und diese ist mit keiner anderen vergleichbar.

Da Sie Ihre Realität selbst erschaffen können, haben Sie grundsätzlich auch die Wahl zu entscheiden, ob Ihr Glas halb voll oder halb leer ist. Es gibt Menschen, welche die Welt im Grundsatz als positiv wahrnehmen. Obwohl sie tagtäglich mit negativen Informationen konfrontiert werden, verspüren sie ein tiefes Vertrauen in das Gute im Menschen. Diese Personen haben keineswegs den Bezug zur Wirklichkeit verloren, sondern sie leben nur ihre eigene Realität. Andere Menschen wiederum warten nur darauf, bis die nächste Katastrophe eintritt. Wichtig ist nun, zu welcher Gruppe Sie sich zählen möchten. Sie besitzen die Wahlfreiheit, jetzt und hier zu entscheiden, die Dinge von nun an optimistischer zu sehen. Der berühmte spanische Clown Charlie Rivel formulierte diesen Umstand so: »Der Optimist hat nicht weniger oft Unrecht als der Pessimist, aber er lebt fröhlicher.«

Je nach Ihrer Einstellung werden Ihnen also mögliche Ziele ganz unterschiedlich als realistisch erscheinen.

ERFOLGSBASIS: MESSBARE ZIELE

Wenn es um die Definition von Realität geht, geben uns die Naturwissenschaftler eine Hilfestellung. Für sie ist Realität nur dann vorhanden, wenn sie messbar ist. Ein Liter Wasser ist für uns alle ein Liter Wasser. Die Maßeinheit ist genormt und damit zur allgemeinen Realität bestimmt. Schwieriger wird es, wenn es um den Geschmack von Wasser geht. Hier bekommen wir Hilfe von der Psychologie. In der Psychologie sind zwei Ordnungen von Realitäten vertreten, die für uns nachvollziehbar und plausibel sind. Es gibt eine Realität der ersten und eine der zweiten Ordnung. Die Realität der ersten Ordnung ist messbar, siehe das Beispiel vom Liter Wasser. Wenn es dagegen um den Geschmack von Wasser geht, befinden wir uns in der Realität der zweiten Ordnung. Wir interpretieren und teilen unsere Meinung mit, haben aber dabei die Ebene der messbaren Realität verlassen.

Im Bezug auf unsere Ziele im Leben bedeutet Messbarkeit zugleich Planbarkeit. Je messbarer ein Ziel wird, desto besser können Sie planen, strukturieren und kontrollieren. Ihre Ziele sollten also möglichst alle der messbaren Realität unterliegen. Nehmen wir zum Beispiel unser Einkommen. Daran können wir sehr genau messen, ob wir unser Ziel erreicht haben. Ob 5000 Euro viel oder wenig sind, hängt wiederum von der Realität der zweiten Ordnung ab. Sind Sie ein Spitzenverdiener, dann wird Ihnen diese Summe nicht außergewöhnlich hoch erscheinen, für die meisten Menschen jedoch sind 5000 Euro sehr viel Geld.

Sie fragen sich nun vielleicht, wie Sie ein Ziel wie »Viel Glück und Zufriedenheit« messbar machen sollen? Auch dieses Ziel kann zur messbaren Realität gehören. Sie müssen sich nur einige Fragen stellen, um es umzuformulieren. Was soll Sie glücklich machen? Kinder, Hobbys oder Freunde? Was müssen Sie wann dafür tun? Mit solchen Fragen werden wir uns unter dem Punkt »Organisation« näher auseinandersetzen.

DAS RECHTE MASS BEI DER ZIELFINDUNG

Alles ist veränderbar – in einem realistischen Rahmen. Dieser Rahmen wird durch äußere Faktoren wie Alter oder Finanzen, aber auch durch die Fähigkeiten oder das Temperament definiert. Überzogene Erwartungen sind der Hauptgrund, wenn gute Vorsätze scheitern. Dazu gehört auch der Glaube, dass eine Veränderung mit einem Schlag sämtliche Lebensprobleme löst. Wer gleichzeitig mehrere Hauptziele in Angriff nimmt, scheitert ebenfalls mit großer Sicherheit – das belegen Studien.

Unsere eigenen Fähigkeiten, die zur Verfügung stehenden Ressourcen und die äußeren Umstände realistisch einschätzen zu können bildet die Voraussetzung für jeden Erfolg. Wenn Sie beispielsweise einen

Urlaub planen, dann haben Sie Wochen oder sogar schon Monate vorher ein Ziel und einen genauen Plan. Sie haben Ihr Urlaubsziel sorgfältig ausgewählt – schließlich handelt es sich um die wertvollste Zeit des Jahres. Sie wissen, wann Sie am Flughafen sein werden, haben sich ein kulturelles oder sportliches Programm für die Tage zusammengestellt, haben sich über die landesspezifischen Eigenheiten informiert und all das mit in Ihre Planung aufgenommen. Nur wenn es um das eigene Leben und den persönlichen Erfolg geht, dann fehlt vielen Menschen jeglicher Plan.

Realistische (Zwischen-)Ziele und die Bereitschaft, zu lernen und sich zu verändern, bilden außerdem die Voraussetzung für Ihren Erfolg. Damit meine ich, dass Sie Ihre Fähigkeiten, Fertigkeiten und Talente richtig einzuschätzen lernen. Es ist nicht sinnvoll, sich auf eine Karriere als Jockey vorzubereiten, wenn Sie zwei Meter groß sind. Ebenso wird aus Ihnen kein Basketball-Profi, wenn Ihre Körpergröße unter einem Meter neunzig liegt. Für viele meiner Klienten ist diese Aufgabe schon eine enorme Herausforderung, an der sie mehrere Tage arbeiten. Um erfolgreich zu werden, brauchen Sie aber neben der notwendigen Disziplin auch die realistische Einschätzung der eigenen Stärken und Begrenzungen. Holen Sie sich dafür Feedback von Menschen ein, denen Sie vertrauen. Hören Sie sich an, wie diese Menschen Ihre Fähigkeiten und Begabungen, aber auch Ihre

Schwächen einschätzen. Vielleicht wird Sie dies anfangs verunsichern, aber mit der Zeit klärt sich der Nebel und Sie werden die Anregungen zu schätzen wissen.

FÜHREN SIE EINEN REALITÄTS-CHECK DURCH

Warum ist das Thema Realität für unseren Lebenserfolg so wichtig? Weil es uns bewusst macht, dass es nicht um richtig oder falsch, sondern um glücklich oder unglücklich zu sein geht. Sie sollen dafür Ihre eigenen Maßstäbe im Leben finden, sonst sind Sie gezwungen, sich an denen zu orientieren, die andere Ihnen vorgeben. Erfinden Sie sich selbst, Ihre eigene Realität! Sie haben dies bereits getan und in einigen Punkten die richtige, in anderen eine falsche Wahl getroffen? Das ist vollkommen normal und auch in Ordnung. Nun stehen Sie vor der Aufgabe, sich mit Ihrer Realität auseinanderzusetzen und selbst zu bestimmen, wie Sie Ihr Leben gestalten möchten. Trauen Sie sich, lassen Sie sich darauf ein, Ihre momentane Realität zum Besseren zu verändern!

Greifen Sie nun zu Ihrem persönlichen Erfolgsbuch, um die folgenden Fragen zu beantworten. Schreiben Sie sich die Antworten auf. Nutzen Sie die Fragen als Überschriften für Ihre Antworten. Also zum Beispiel bei Frage 1: »Mein Lebenserfolg ist …« Mit dieser Aufgabe beginnen Sie jetzt mit der Grundlagenarbeit für Ihre Lebenslandkarte. Wundern Sie sich bitte nicht, dass sich einige Fragen wiederholen. Dies dient dem Zweck der absoluten Sicherheit und ständigen Überprüfung Ihrer Lebensziele unter den unterschiedlichen Aspekten, die für Ihre Lebenslandkarte notwendig sind.

1. Woran bewerte ich meinen Lebenserfolg? (Nennen Sie bitte mindestens drei Faktoren, zum Beispiel Karriere, Familie, soziale Kontakte …)
2. Wie viele und welche Faktoren sind davon in der Realität erster Ordnung zu finden?
3. Wie realistisch waren meine Lebenspläne bisher?
4. Wie viele meiner Ziele habe ich bisher erreicht? Warum und wie habe ich sie erreicht?
5. Wie viele meiner Ziele waren aus heutiger Sicht nicht realistisch?
6. Welche Ziele habe ich nicht erreicht und woran lag es?
7. Wie kann ich meine künftigen Ziele realistisch planen?
8. Hat sich meine Realität, meine Wahrnehmung der Welt und der eigenen Person, in den letzten fünf Jahren verändert?
9. Haben eher die negativen oder eher die positiven Aspekte meines Lebens zugenommen?
10. Aufgrund welcher Erfahrungen oder Erkenntnisse ist dies geschehen?
11. Wie viele davon gehörten zur Realität erster Ordnung?
12. Was schließe ich daraus?
13. Was bedeutet das für mich in Bezug auf meine neue Lebensplanung?
14. Welche Fähigkeiten besitze ich? Worin bin ich sogar besonders gut?
15. Welche Fähigkeiten benötige ich, um meine Ziele zu erreichen?
16. Wie, wann und wo kann ich mir diese Fähigkeiten aneignen?
17. Wo sind meine Begrenzungen?
18. Wie wirken sich die Begrenzungen auf meine Ziele aus?
19. Wie werde ich damit umgehen?
20. Wie realistisch sind meine Ziele unter diesen Voraussetzungen?

Bitte nehmen Sie sich jetzt noch etwas Zeit und schauen Sie Ihre Antworten an. Analysieren Sie abschließend, welche Ziele realistisch waren und welche nicht.

Selbsttest zum Kapitel »Realismus«

Bitte kreisen Sie nachstehende Aussagen nach folgenden Kriterien ein:

0 = Stimmt nicht   1 = Stimmt selten   2 = Stimmt manchmal   3 = Stimmt immer

Ich habe eine klare Vorstellung davon, wie mein Leben aussehen soll.	0	1	2	3
In der Vergangenheit habe ich die meisten meiner wichtigen Ziele erreicht.	0	1	2	3
Meine Erfahrung ist, dass ich mich sehr realistisch einschätzen kann.	0	1	2	3
Durchsetzungskraft ist eine meiner wichtigsten Stärken.	0	1	2	3
Ich bin ein sehr akribischer Mensch und achte auf Details.	0	1	2	3
Meinen Kontostand kenne ich zu jeder Zeit.	0	1	2	3
Es ist für mich wichtig, messbare Ergebnisse zu erzielen.	0	1	2	3
Ich glaube nicht an den Zufall.	0	1	2	3
Ich weiß, was ich mir in meiner Rente leisten kann.	0	1	2	3
Sicherheit spielt eine wichtige Rolle in meinem Leben. Sowohl finanziell als auch in anderen Bereichen.	0	1	2	3
Menschen, die an das Schicksal glauben, glauben nicht an sich selbst.	0	1	2	3
Ohne klare Ziele kann kein Leben erfolgreich werden.	0	1	2	3

Auswertung:

0–17 Sie lassen das Leben gerne auf sich zukommen. Werden Sie präzise in Ihren Wünschen und Aufgaben, die zum Ziel führen. Achten Sie auf messbare Ziele.

18–24 Sie versuchen, realistische Ziele zu finden, und benötigen dazu eine Methode. Für Sie ist es wichtig, Ihre Ziele schriftlich zu fixieren und genau zu überprüfen, wie realistisch sie sind.

25–30 Sie wissen, wie wichtig realistische Ziele sind, und müssen vor allem darauf achten, sich nicht zu viele Ziele auf einmal zu setzen. Achten Sie auf Prioritäten und auf deren Einhaltung. Lesen Sie dazu den nächsten Buchabschnitt.

31–36 Sie arbeiten an realistischen Zielen und deren Einhaltung. Überschätzen und überfordern Sie sich nicht. Achten Sie auf Pausen und seien Sie nicht so streng mit sich selbst. Lernen Sie, dass auch Niederlagen einen wertvollen Beitrag zu ihrer Lebensplanung leisten.

O = Organisation

Dieser Abschnitt zeigt Ihnen, wie Sie systematisch die Grundlage dafür schaffen, dass Sie Ihre Ziele auch verwirklichen können.

Disziplin ist alles

Sich selbst zu organisieren braucht ein hohes Maß an Disziplin. Disziplin bedeutet Unterordnung und ist nicht gerade besonders beliebt. Wer will sich schon gerne unterordnen? Dabei stellt sich jedoch die Frage, wem oder was man sich unterordnet. Jeder Mensch ordnet sich in gewisser Weise unter – sei es den Gewohnheiten, den Glaubenssätzen oder den Anforderungen, die das Leben an ihn stellt. Also keine Angst vor Disziplin! In unserem Zusammenhang bedeutet Disziplin, dass wir uns unserem Lebenserfolg unterordnen. Erfolg kommt nicht von alleine. Eine gewisse Hartnäckigkeit und Kontinuität müssen Sie an den Tag legen, wenn Sie erfolgreich sein wollen. Jeder neue Versuch birgt auch die Gefahr des Scheiterns in sich und das wiederum die Chance der Weiterentwicklung. Geben Sie also nicht auf, nur weil Sie das Gefühl haben festzustecken. Eine gutes Zeitmanagement sowie die Fähigkeit, Prioritäten richtig zu setzen und sich an seine eigenen Vorgaben zu halten, sind wichtige Meilensteine auf dem Weg zum Erfolg.

Die meisten Menschen hören auf, an ihren Zielen zu arbeiten, kurz bevor sie diese erreichen. Das liegt daran, dass es umso schwieriger wird, je näher man an sein Ziel gelangt. Wenn Sie sich beispielsweise entschließen, einen Marathon zu laufen, dann werden Sie mit dem richtigen Training in kurzer Zeit gute Ergebnisse erzielen. Von einem schlechten zu einem durchschnittlichen Läufer zu werden bedeutet keine

> **Eine Stunde konzentrierter Arbeit hilft mehr, deine Lebensfreude anzufachen, deinen Schwermut zu überwinden und dein Schiff wieder flottzumachen, als ein Monat dumpfen Brütens.**
>
> (BENJAMIN FRANKLIN)

große Anstrengung. Wenn Sie jedoch das erste Mal gegen die Uhr laufen, werden Sie feststellen, wie weit Sie noch vom Ziel entfernt sind. Angenommen, Sie möchten die 42 Kilometer in drei Stunden und dreißig Minuten laufen, dann wird es anspruchsvoll. Die Zeit von drei Stunden und fünfundvierzig Minuten auf drei Stunden dreißig zu verbessern kostet Sie mehr Anstrengung als das ganze Training davor. Das ist auch der Moment, an dem die meisten Menschen aufgeben. Die Anstrengung ist größer als die Motivation, das Ziel zu erreichen. Wenn Sie erfolgreich werden wollen, sind also Ausdauer und Disziplin gefragt.

Tipp: Eine strategische Lebensplanung sollte circa fünf Jahre umfassen. Das ist natürlich eine lange Zeit, aber bedenken Sie, wie schnell die letzten fünf Jahre Ihres Lebens vergangen sind.

Das Problem mit der Zeit

Der wichtigste Faktor in Bezug auf die Messbarkeit unserer Ziele ist der Faktor Zeit. An ihm können Sie erkennen, ob Sie sich selbst über- oder unterschätzt haben. Er zeigt Ihnen zum Beispiel auch, ob Sie sich zu viele Ziele gesetzt haben. Auch wie viele Ziele Sie sich setzen, entscheiden Sie selbst. Die Erfahrung zeigt, dass ein klares Erfolgsziel, unterteilt in Zwischenziele, schon sehr anspruchsvoll ist. Wenn Sie mehrere Erfolgsziele definiert haben, dann müssen Sie jedes einzelne dieser Beurteilung unterziehen – selbst dann, wenn das eine vom anderen abhängig ist.

Jedes Meisterwerk braucht seine Zeit, aber Zeit haben und sich Zeit nehmen sind zwei unterschiedliche Dinge. Viele Menschen beklagen sich darüber, zu wenig Zeit für die eigenen Belange zu haben. Dabei sind ihre Tage von unzähligen Aktivitäten gefüllt. Fakt ist: Ob beruflich oder privat, Zeit ist immer da. Die Frage ist nur, wofür sie genutzt wird. Schon Goethe hat dieses Problem erkannt und gesagt: »Wir haben genug Zeit, wenn wir sie nur richtig verwenden.«

Zeit ist eine Realität der ersten Ordnung, sie ist messbar. Leider ist sie auch unwiederbringlich. Verlorene Zeit kann nicht aufgeholt werden und die Verschwendung von Zeit gehört zu den größten Fehlentwicklungen unserer Gesellschaft. Wir sind in einem Paradoxon gefangen, denn einerseits wird das Angebot an Möglichkeiten, seine Zeit zu verbringen, immer größer und andererseits fällt bei der Fülle von Möglichkeiten die Auswahl immer schwerer. Wir geraten in Stress, sind überfordert von den unzähligen Optionen. Es ist eigenartig, dass so viele Menschen ihre Zeit trotzdem »totschlagen«. Im übertragenen Sinn schlagen sie damit auch ihr Leben tot. Der erste Schritt für einen sinnvollen Umgang mit der Zeit besteht darin herauszufinden, wofür Sie diese verwenden. Im zweiten Schritt müssen Sie klären, wofür Sie sie gerne verwenden möchten. Bei Schritt drei finden Sie heraus, wofür Sie Ihre Zeit verwenden müssen, um Ihre Ziele zu erreichen. Dazu eine kleine Geschichte:

Stellen Sie sich vor, Sie haben einen Eimer, der voll ist mit großen Steinen. Es passt kein großer Stein mehr hinein. Ist der Eimer aber tatsächlich voll? Nein, denn mit vielen Kieselsteinen lassen sich noch die Zwischenräume ausfüllen. Ist der Eimer jetzt voll? Immer noch nicht, denn es passt noch eine Menge Sand zwischen die großen Steine und Kiesel. Ihr Eimer scheint nun bis zum Rand gefüllt, aber ist er auch wirklich voll? Nein, Sie können immer noch Wasser hinzugeben. Erst danach haben Sie den Eimer wirklich gefüllt. Was soll Ihnen diese Metapher sagen? Stellen Sie sich vor, die großen Steine, Kiesel, Sand und das Wasser stehen für die Aufgaben, die Sie im Leben erledigen möchten. Die Frage ist, welches sind die großen Steine in Ihrem Leben? Es geht also darum, was in Ihrem Leben wirklich wichtig ist. Füllen Sie den Eimer zu Beginn mit Sand und dann mit Kieselsteinen, haben nur noch wenige große Steine Platz. Viele Menschen haben zuviel »Füllmaterial« in ihren Lebenseimer hineingepackt und bringen daher die großen, wichtigen Steine nicht mehr unter. Sie beklagen sich über den vollen Eimer, dabei haben sie ihn nur falsch gefüllt. Das Gute ist aber, dass jederzeit die Möglichkeit besteht, den Eimer wieder auszuleeren und ihn neu zu füllen. Je länger wir uns damit allerdings Zeit lassen, desto weniger Lebenszeit bleibt uns übrig. Gewöhnen Sie sich deshalb erst gar nicht an den falsch gefüllten Eimer, sondern schütten Sie ihn sofort aus und sortieren Sie Ihre Aufgaben und Prioritäten neu. Die wirklich großen Steine haben Vorrang und benötigen mehr Zeit und Aufmerksamkeit als die Kiesel. Nehmen Sie sich nicht zu viel auf einmal vor, denn wer alles gleichzeitig erledigen will, macht selten alles richtig.

AUFGABE:

Beantworten Sie bitte schriftlich die folgenden Fragen:

- Welches sind die »großen Steine« in meinem Leben?
- Worauf würde ich mich konzentrieren, wenn ich nur drei meiner Lebensziele umsetzen könnte?
- In welcher Reihenfolge, der Wichtigkeit nach geordnet, würde ich diese Ziele umsetzen?
- Was erscheint mir an meinem wichtigsten Ziel attraktiver als an den anderen beiden Zielen?
- Ist mein Hauptziel ein ständiger Prozess oder ist es irgendwann abgeschlossen?
- Arbeite ich bereits an diesem Ziel, wie lange und mit welchem Erfolg?
- Wie sieht es mit den anderen beiden Zielen aus?
- Kann mich jemand, außer ich selbst, von meiner Zielerreichung abhalten, und wenn ja, wie kann ich diesen Einfluss vermeiden?

Zur Vertiefung werden wir im Folgenden näher auf die in den Fragen angesprochenen Themen eingehen.

Schritt für Schritt zur Zielfindung

Wer weiß denn schon, was morgen ist? Diese Frage stellen viele, wenn ich mit Seminarteilnehmern oder Klienten an ihrer Zukunftsplanung arbeite. Dabei ist ihnen noch nicht klar, dass sie ja permanent ihre Zukunft gestalten. So erschaffen sie auch bei jeder Vorstellung, jedem Gedanken an das Morgen einen Teil ihrer Zukunft. Wir Menschen haben das einmalige Glück zu bestimmen, was morgen ist. Das unterscheidet uns von allen anderen Lebewesen auf diesem Planeten. Wenn wir unsere Zukunft planen, sollten wir auch die vorgelagerten Aktivitäten planen, denn sie bilden die Grundlage für das eintretende Ergebnis. Und genau hier befindet sich der Haken: Es ist nicht sinnvoll, sich auf ein Ziel zu konzentrieren, dabei aber die Aktivitäten und einzelnen Schritte, die dort hinführen, nicht zu planen. Getreu dem Leitsatz aus der Zen-Philosophie bildet auch hier der Weg das Ziel. Indem wir planen, können wir verlässliche Prognosen schaffen. Das Ziel erreichen wir nur, wenn wir unsere Energie in die richtigen Maßnahmen zum richtigen Zeitpunkt investieren.

Schritt	Maßnahme	Erledigt
1	Überlegen Sie sich genau, was Sie wollen.	
2	Schreiben Sie Ihr Ziel beziehungsweise Ihre Ziele konkret und deutlich formuliert auf.	
3	Setzen Sie sich eine Frist. Wenn das Ziel groß und komplex ist, planen Sie Etappenziele ein.	
4	Erstellen Sie eine Liste von allen Aktivitäten und Personen, die der Erreichung Ihres Ziels förderlich sein könnten.	
5	Ordnen Sie Ihre Liste nach Prioritäten und legen Sie eine zeitliche Abfolge fest. Was muss erreicht sein, bevor etwas anderes getan werden kann?	
6	Beginnen Sie sofort mit der Durchführung Ihres Plans. Zögern Sie nicht.	
7	Tun Sie jeden Tag etwas (egal wie unbedeutend), das Sie Ihrem Ziel näher bringt.	

Gleichgültig wie Ihre Ziele aussehen, Sie werden sie nur erreichen, wenn Sie Ihren Erfolg sorgfältig planen. Stellen Sie sich Ihren Erfolg wie den Gipfel eines Berges vor, den Sie besteigen möchten. Beim Bergsteigen laufen Sie ja auch nicht einfach drauflos, sondern überlegen sich erst einmal genau, welcher Weg der beste ist, welche Ausrüstung Sie benötigen und welche Etappenziele Sie sich setzen. Als Allererstes sollten Sie sich eine Karte besorgen, den Weg markieren, die Schwierigkeiten einschätzen und einen sorgfältigen Plan ausarbeiten, um den Gipfel zu erklimmen. Darum lassen Sie uns nun gemeinsam genauso eine Karte für den Weg zu Ihrem Ziel entwerfen.

Die folgende Vorgehensweise für die Festlegung und Erreichung von Zielen ist einfach, wirkungsvoll und bewährt.

BESTIMMUNG DER HAUPTZIELE

Wie finden Sie die Hauptziele in Ihrem Leben, die »großen Steine«? Ein ganz großer Stein ist Ihre Vision. Eine Vision ist das, was Sie bewegt, etwas an Ihrem bisherigen Leben zu ändern. Zugleich ist Ihre Vision das, worauf Sie sich freuen können, wenn Sie sie zu Ihrer neuen Realität gemacht haben. Die Grundlage einer Vision bildet das unbedingte Wollen und das Bewusstsein, keinen Zweifel zu haben, dass das Vorhaben auch gelingen wird. Visionen sind für erfolgreiche Menschen die Grundlage von Motivation und Lebensqualität.

Als meine Klientin Margarete Schmitt ihr

BWL-Studium abschloss, war für sie klar, dass sie sich selbstständig machen wollte. Ihre Vision war eine eigene Unternehmensberatung. Sie sah sich selbst in einem schönen Büro sitzen und für eine hochkarätige Klientel tätig werden. Obwohl Margarete ihr Examen nicht gerade glänzend machte, gelang es ihr, innerhalb von sechs Jahren ihr Ziel zu verwirklichen. Sie residierte tatsächlich in einem exklusiven Büro, hatte zehn Mitarbeiter und war als Unternehmensberaterin sehr gefragt. Außerdem hatte sie in der Zwischenzeit geheiratet. Margarete erreichte ihr Ziel in einem Zeitrahmen und Umfang, für den andere unter vergleichbaren Bedingungen wesentlich länger brauchen. Welches war ihr Erfolgsgeheimnis? Die Antwort lautet schlicht und eindeutig: Margarete hatte eine Vision!

Häufig werden die Begriffe »Ziele« und »Visionen« austauschbar verwendet, was zu Verwirrung führen kann. Nachfolgend soll unter Vision das Hauptziel verstanden werden, das Sie derzeit anstreben. Das können beispielsweise übergeordnete Wünsche, Vorstellungen und Ideen für Ihre Zukunft sein. Bei den anderen Zielen geht es dagegen um konkrete Teilschritte auf dem Weg zu Ihrer Vision.

Visionen sind Vorstellungsbilder im geistigen Raum. Dabei zeigt die Erfahrung: Je stärker das Vorstellungsbild ist, desto stärker ist seine Anziehungskraft. Je klarer Sie also Ihre Vision vor Augen haben, desto größer ist die Wahrscheinlichkeit, dass Sie

sie auch verwirklichen und die richtigen Mittel und Wege dazu finden. Eine der vorrangigsten Aufgaben für Ihre Zukunft besteht nun darin, dass Sie für sich persönlich eine Vision sowie entsprechende Ziele entwickeln, die ganz Ihren eigenen Wünschen und Präferenzen entsprechen.

Bitte suchen Sie sich einen Raum, in dem Sie völlig ungestört sind. Sie brauchen nun Zeit, absolute Ruhe und Konzentration.

Schritt 1: Nehmen Sie Ihr Erfolgsbuch zur Hand und schreiben Sie an den oberen Rand einer leeren Seite: »Meine Vision/Ziele«. Jetzt beschäftigen Sie sich mit der Frage: »Wo werde ich in fünf Jahren stehen?« Stellen Sie sich vor, dass fünf Jahre vergangen sind und dass Ihr Leben nun in jeder Hinsicht perfekt ist. Alle Ihre Ziele sind verwirklicht, alle Ihre Probleme sind gelöst und Sie führen das Leben Ihrer Träume. Stellen Sie sich vor, Ihr Einkommen, Ihre Beziehungen, Ihr Familienleben, Ihr Gesundheitszustand, Ihr Beruf und Ihre Karriere sind in jeder Hinsicht ideal. Was würden Sie tun? Mit wem wären Sie zusammen? Mit wem nicht (mehr)? Wie würden Ihr Lebensstil und Ihre Familie aussehen? Wie sieht Ihr Zuhause aus, Ihre mentale und körperliche Fitness? Beschreiben Sie die Vision Ihrer selbst, indem Sie alles, was Sie sich in Ihren kühnsten Träumen ausmalen, in Ihre Liste aufnehmen.

Schritt 2: Jetzt setzen Sie Prioritäten. Überlegen Sie, welche Ziele Ihr Leben verändern würden und Ihnen daher am wichtigsten sind. Geben Sie ihnen die Priorität A. Als Nächstes folgen die Dinge, die zwar nicht lebensverändernd, aber immer noch wichtig sind. Das sind Ihre B-Ziele. Die dritte Gruppe sind diejenigen Ziele, die Ihnen zwar erstrebenswert erscheinen, die Sie aber nicht mit Leidenschaft verfolgen. Das ist die Kategorie C. Nun fassen Sie alle Ihre A-Ziele auf einer eigenen Seite in Ihrem Erfolgsbuch zusammen. Fragen Sie sich: »Welches Ziel auf dieser Liste hätte die stärksten Auswirkungen auf mein Leben, wenn ich es erreichte?« Das ist A-1. Das nächstwichtige Ziel ist A-2 usw., bis Sie alle Ihre A-Ziele nach Priorität geordnet haben.

Ihr A-1-Ziel sollte Ihr »klares Hauptziel« sein, Ihre Vision, die Sie realisieren wollen. Die Wahl Ihres A-1-Ziels ist der Ausgangspunkt für die Entwicklung Ihrer persönlichen Lebensstrategie und zugleich Ihre Vision, der Sie Ihre anderen Ziele unterordnen.

Schritt 3: Hinterfragen Sie Ihre entwickelten Visionen in größeren Zeitabständen. Damit aus Ihrer Vision mehr wird als eine bloße Absichtserklärung, ist es wichtig, dass Sie sie immer wieder weiterentwickeln und verbessern. Visionen können sich wandeln und Ihre noch so klare, ehrliche Entscheidung von heute darf Ihnen morgen nicht zum Korsett werden. Ihre Vision wird Ihnen als Maßstab und Orientierung dienen, doch niemand kann und soll Sie daran hindern, Ihren Kurs zu verändern. Prüfen Sie, welche Motive hinter Ihrer Vision stehen, welche Bedürfnisse und Werte sie abdeckt und ob diese noch Gültigkeit haben. Nur durch ein solch ständiges Bemühen um Weiterentwicklung und Verbesserung wird Ihre Vision zu einem soliden Fundament Ihrer persönlichen Strategie.

Tipp: Wenn Sie Ihre Vision entwickeln, dann überlegen Sie sich auch sorgfältig die Gewinne, die Sie persönlich daraus ziehen werden, wenn Sie Ihre Vision verwirklicht haben. Ein Beispiel: Sie sind Raucher und haben die Vision, in einem halben Jahr ein rauchfreies Leben zu führen. Der Gewinn ist etwas, das sich automatisch mit einem rauchfreien Leben einstellen wird. Notieren Sie, worin für Sie die Vorteile eines rauchfreien Lebens liegen. Nennen Sie als Gewinn nicht die vermiedenen Nachteile, sondern formulieren Sie Ihre Gewinne positiv, zum Beispiel: »Ich möchte jeden Dienstag mit meiner Freundin eine halbe Stunde am Abend joggen gehen und mich freuen, dass ich dafür genug Puste habe.«

ÜBERSICHT: VISIONEN, ZIELE, AKTIVITÄTEN

Anschließend finden Sie zur Veranschaulichung eine Übersicht, wie aus einer Vision Ziele und Aktivitäten abgeleitet werden können.

Vision	Ziel/Teilziel	Maßnahmen	Termin
Ich habe eine Familie, die eine wirkliche Gemeinschaft ist	Werte weitergeben	Werte wie Höflichkeit und Respekt vorleben	Immer
		Im Umgang miteinander respektvoll sein	Immer
	Zeit für Partner nehmen	Mit dem Partner ins Kino gehen, obwohl man eigentlich müde ist	Beim nächsten guten Film
	Mehr Zeit für die Kinder haben	Sich dem Kind jeden Tag mindestens eine halbe Stunde widmen und dies zum Ritual machen	Täglich zwischen 15 und 17 Uhr, je nach Stundenplan
	Verantwortung übernehmen	Ängste und Sorgen der Kinder ernst nehmen	Immer
	Eigene Interessen ansprechen	Nach der Arbeit sagen, dass man ein bisschen Zeit für sich braucht	So oft wie nötig
	Den Kindern Grenzen setzen	Bei den Kindern Nein sagen, wenn man Nein sagen möchte, und dabei auch konsequent sein	Nach Bedarf

Vision	Ziel/Teilziel	Maßnahmen	Termin
Ich tue etwas für die Allgemeinheit	Ehrenamt übernehmen	Bereich auswählen, z. B. Hilfsdienst wie Rotes Kreuz, Mitarbeit in der Sozialarbeit, Mitarbeit in der Jugendarbeit, Schöffe; Näheres z. B. unter www.ehrenamtsportal.de	Am Montag der kommenden Woche mit Recherchen beginnen
	Im eigenen Umfeld aktiver werden	Mitarbeit im Elternbeirat der Schule	Beim nächsten Treffen des Elternbeirats Absicht ansprechen (morgen genauen Termin klären)
		Aktive Rolle im Verein übernehmen	Bei der nächsten Vereinssitzung am 25.5. klären
	Ein öffentliches Amt übernehmen	Um Amt des Bürgermeisters bewerben	Voraussetzungen klären am kommenden Dienstag bei Sitzung
Ich bin ein positiver Mensch	Das eigene Denken gezielt verändern	Den Blick bewusst auf die eigenen Stärken richten	Ab sofort
		Gedanken filtern – bei ersten Anzeichen von Grübeleien und Selbstzweifeln gleich fragen: Tut mir dieser Gedanke gut, gibt er mir Energie und Kraft?	Sofort bei Bedarf
		Öfter etwas wagen – z. B. bei Party fremde Menschen ansprechen	Training gleich am kommenden Samstag auf Party von Christine
	Den Umgang mit Menschen meiden, die mich in die Negativspirale hineinziehen	Im Kollegenkreis nicht mehr auf das Gejammer eingehen	Ab morgen mit anderen Personen beim Mittagessen sitzen

→

Vision	Ziel/Teilziel	Maßnahmen	Termin
Ich bin Chef in meiner Abteilung	Stellvertreter werden bis zum Jahresende	Die Initiative ergreifen und dem Chef sagen, dass ich mehr Verantwortung übernehmen will	Beim nächsten Chefgespräch am 10.2.
		Übernommene Aufgaben schnell und gut erledigen	Ab sofort
		Auf Ausflüchte und Schuldzuweisungen verzichten	Ab sofort

DIE STRATEGIE DER VIER SCHRITTE ZUR ZIELFINDUNG

Wenn Sie Ihre einzelnen Ziele planen, dann empfiehlt es sich, anhand von vier Schritten vorzugehen. Ihre Ziele müssen wie folgt sein:

1. Konkret
2. Ausgewogen
3. Terminiert
4. In Etappen aufgeteilt

1. Konkrete Ziele

Nehmen wir an, Sie wünschen sich, reich zu sein. Das ist ein ziemlich unkonkretes und auch ein recht relatives Ziel. Wie bemessen Sie Reichtum und wann werden Sie dieses Ziel denn erreicht haben? Wenn Sie 5000 Euro im Monat verdienen oder wenn Sie eine Million auf Ihrem Konto haben? Ein konkret formuliertes Ziel lautet dagegen: »Ich verdiene mit meiner Tätigkeit 2000 Euro.«

Nehmen wir ein weiteres Beispiel: Viele von uns nehmen sich immer wieder vor, mehr Sport zu treiben – um der Gesundheit willen und vielleicht auch aus Eitelkeit. Solange Sie dieses Ziel allgemein formulieren, »Ich will mehr Sport machen«, garantiere ich Ihnen, dass Sie nicht häufiger oder intensiver Sport treiben werden als bisher. Wenn Sie sich aber konkret vornehmen, dreimal die Woche schwimmen zu gehen, werden Sie immer genau wissen, ob Sie sich mit Ihrem Handeln im Rahmen Ihrer Zielvorgaben bewegen. Noch besser ist es, wenn Sie sich verpflichten, montags, mittwochs und freitags zum Schwimmen zu gehen, und das in Ihren Kalender eintragen. Dann wird Selbstverpflichtung eine Tat.

Schauen Sie sich jetzt die Liste mit Ihren Zielen an und überprüfen Sie, ob Sie diese so konkret notiert haben, wie ich es eben erklärt habe. Wenn nicht, nehmen Sie sich noch einmal die Zeit, Ihre Ziele so zu formulieren, dass sich daraus für Sie bereits jetzt eine Handlungsanweisung ergibt.

- Schreiben Sie Ihre Ziele konkret und in der Ich-Form in Ihr Erfolgsbuch. Beispiel: »Ich höre mit dem Rauchen auf« statt »Ich **möchte** mit dem Rauchen aufhören«. Ihre Ziele stellen somit einen Entschluss dar, den Sie gefasst haben, und nicht nur einen frommen Wunsch, der irgendwann in Erfüllung gehen soll. Formulieren Sie also Ihr Ziel so, als wäre es schon erreicht.

- Der nächste Schritt ist, dass Sie sich einen Termin setzen und sich verpflichten, den Zeitpunkt zu bestimmen, wann Sie damit anfangen. Beispiel: Sie haben den Wunsch, besser Englisch sprechen zu können. Ihren Wunsch sollten Sie nun mit einem realistischen Ziel und Terminplan unterfüttern. Das hieße dann: Ich hole mir in den nächsten 14 Tagen das Programm der Volkshochschule, belege im Winter einen Kurs und mache im Frühjahr eine Woche Sprachurlaub.

2. Ausgewogene Ziele

Wenn Sie sich jetzt beispielweise vornehmen, während der Woche jeden Tag zwei Stunden zu schwimmen, Sie vorher aber so gut wie gar keinen Sport getrieben haben,

werden Sie mit Sicherheit innerhalb kürzester Zeit frustriert aufgeben. Der Grund dafür ist, dass Sie Ihr eigenes Ziel überfordert. Wenn Sie sich dagegen vornehmen, einmal im Monat ein bisschen im Becken zu plantschen, werden Sie wahrscheinlich kein Erfolgserlebnis haben und sich langweilen. In diesem Fall unterfordert Sie Ihr eigenes Ziel.

Ausgewogene Ziele sind weder über- noch unterfordernd! Diese Regel wird von der Flow-Theorie des Psychologen Mihaly Csikszentmihalyi bestätigt, die Sie ja bereits kennengelernt haben (vgl. hierzu den Abschnitt »Macht Erfolg glücklich?« im ersten Teil dieses Buches).

· ·

Fragen Sie sich selbst:

- Wie viel Zeit am Tag/in der Woche/ im Monat widme ich der Umsetzung des jeweiligen Ziels?

- Überfordere bzw. unterfordere ich mich mit der Anzahl meiner Ziele?

- Wie wichtig sind mir die einzelnen Ziele, welche sind mir wichtiger, welche unwichtiger? Erstellen Sie eine Prioritätenliste.

· ·

Tipp: Solange wir nicht ganz konkret wissen, was wir erreichen möchten, lässt sich auch nicht abschätzen, wie nahe oder wie fern wir dem Ziel noch sind. In dieser Situation ist es wichtig, die richtigen Prioritäten zu setzen. Beginnen Sie besser mit einem kleinen Ziel, einer kleinen Veränderung, zum Beispiel einmal in der Woche zum Sport zu gehen oder sich mit Freunden zum Essen zu treffen. Wenn Sie das geschafft haben, dann können Sie größere Ziele ins Auge fassen. Aber auch dort gilt es, die Prioritäten zu beachten. Alles, was wichtig und dringend ist, kommt zuerst, danach die Ziele, die wichtig, aber nicht dringend sind. An dritter Stelle folgen nun die Ziele, die dringend sind, aber nicht wichtig.

AUFGABE:

- Bitte beantworten Sie nun in Ihrem Erfolgsbuch zu jedem Ihrer Ziele folgende Frage: Bis wann will ich mein Ziel erreicht haben? Bitte schreiben Sie für jedes Ziel einen eigenen Aktionsplan. Der Aktionsplan beinhaltet die Antworten auf die Fragen, was, wann, wie und mit welchem Ziel Sie die Aktivität ausführen.

- Schreiben Sie jedes Zwischenziel in Ihren Kalender sowie die Aktionen, die zu den Zwischenzielen führen sollen.

- Ist es unter dieser zeitlichen Planung realistisch, die Ziele zu erreichen, oder nehme ich mir zu viel vor?

3. Termine planen

Wer sich keine Termine setzt, läuft leicht Gefahr, alles auf morgen zu verschieben. Analysieren Sie darum Ihr Ziel genau und versuchen Sie abzuschätzen, wie lange Sie für die Umsetzung brauchen. Nur so wird es Ihnen möglich sein, Ihre Ressourcen und Kapazitäten sinnvoll einzuteilen. Tragen Sie alle Termine in Ihren Kalender ein.

4. Etappenziele festlegen

Das richtige Timing ist für eine erfolgreiche Planung unumgänglich. Hilfreich ist es deshalb, wenn Sie Ihr Erfolgsziel in Zwischenziele einteilen. Datieren Sie jedes Zwischenziel und überprüfen Sie Ihre Zwischenziele regelmäßig. Wenn Sie ein Zwischenziel nicht erreichen, dann verändert sich Ihre komplette Planung. Denken Sie daran, wenn Sie sich Zwischenziele setzen. Planen Sie Pufferzeiten und Pausen ein, andernfalls besteht die Gefahr, dass Sie sich überfordern. Das hätte zur Folge, dass Sie die Motivation verlieren und schlimmstenfalls in Ihren alten Trott zurückfallen. Gehen Sie bitte in kleinen Schritten voran, denn auch die längste Reise beginnt mit dem ersten Schritt. Belohnen Sie sich für erreichte Zwischenziele.

Kommen wir zu diesem Thema noch einmal auf unseren Bergsteiger zurück: Wenn er eine Tour plant, wird er auch mit Unwegsamkeiten rechnen. Gerade bei einer längeren Tour wird er sich Etappenziele setzen und sich vorher gut überlegen, wo er auf dem Weg Pause machen kann und welche Hütten ihm ein Nachtlager bieten. Auf dem Weg zum Gipfel kann sich einiges ändern: Das Wetter kann unverhofft schlechter werden, der Weg kann schwerer sein als vorher angenommen etc. So verhält es sich auch mit Ihrem Weg zum Erfolg: Sie benötigen Etappenziele, um gegebenenfalls die Planung zu korrigieren, neue Energien zu tanken und zu überprüfen, ob der Weg noch der richtige ist.

AUFGABE:

Beantworten Sie bitte folgende Fragen schriftlich:

- Habe ich meine Etappenziele so klein wie möglich geplant und nicht vergessen, jedes Etappenziel mit einem Termin zu versehen?

- Woran werde ich erkennen, dass ich meine Etappenziele erreicht habe?

- Wie werde ich vorgehen, wenn ich eines der Etappenziele nicht erreiche?

- Welches Zeitplansystem passt am besten zu meiner Persönlichkeit? (Besonders denjenigen, die gerne mit Post-its arbeiten, sei empfohlen, sich ein Zeitplansystem zuzulegen. Lebensplanungen auf kleinen gelben Zetteln haben noch nie funktioniert.)

Beispiel:

Nachfolgend finden Sie zur Veranschaulichung unserer Vier-Schritte-Strategie ein Fallbeispiel: Angenommen, Sie haben die Vision, ein langes, gesundes Leben zu führen. Daraus ist in Schritt eins das konkrete Ziel geworden: »Ich möchte jeden Tag Rad fahren.« Im nächsten Schritt, der Bestimmung von ausgewogenen Zielen, haben Sie das Ziel im Hinblick auf den notwendigen Zeiteinsatz überprüft. Vielleicht ist aus der Erkenntnis, dass Sie mit dem geplanten Zeiteinsatz überfordert sein könnten, das Ziel geworden: »Ich fahre in Zukunft pro Woche zweimal eine Stunde Rad.« Nun legen Sie konkrete Termine fest; zum Beispiel planen Sie, jeden Mittwoch und Freitag von 15 bis 16 Uhr Rad zu fahren. Ein Etappenziel könnte so aussehen, dass Sie im Anfangsstadium zunächst einmal einen Monat lang nur jeden Mittwoch eine Stunde Rad fahren. Im nächsten Monat steigern Sie sich von Woche zu Woche, bis Sie Ihr Ziel erreicht haben.

Zusätzliche Übung:

Stellen Sie sich vor, Sie haben Ihr Ziel bereits erreicht. Nun rechnen Sie von diesem Zeitpunkt aus rückwärts, vom erreichten Ziel bis heute. Gehen Sie Jahr für Jahr, Monat für Monat, Tag für Tag durch und überprüfen Sie auf diese Weise Ihre Planung.

Diese Aufgabe benötigt sehr viel Disziplin und Zeit, doch sie stellt eine sehr gute Möglichkeit dar, die eigene Zeitplanung zu überprüfen. Wenn Sie erst einmal unterwegs sind, ist es mit viel mehr Aufwand verbunden, die Ziele zu korrigieren. Erfolgreich zu sein heißt, sich auf das Wesentliche zu konzentrieren und manchmal auch zu verzichten. Pläne, mit denen wir alles auf einmal erreichen wollen, sind zum Scheitern verurteilt. Alles, was uns am Vorankommen hindert, müssen wir ausschließen.

Maßnahmen zur Zielerreichung

Wenn Sie Ziele und Zwischenziele bestimmt haben, müssen Sie Aktionen planen, mit denen Sie Ihre Ziele verwirklichen wollen.

Angenommen, Sie haben sich das Ziel gesetzt: »Ich ernähre mich gesünder.« Dann würde eine konkrete Maßnahme lauten: »Vollkornbrot statt Weißbrot essen.« Erstellen Sie in Ihrem Erfolgsbuch eine Maßnahmen- und Aktivitätenliste. Im vorhergehenden Fallbeispiel mit dem Ziel, zweimal in der Woche eine Stunde Rad zu fahren, könnten die Maßnahmen etwa so aussehen, dass Sie am Mittwoch eine Stunde mit Ihrem Tourenrad auf ebenem Gelände trainieren und freitags mit Ihrem Moutainbike eine Tour unternehmen.

Aktivitätenliste

Gesunde Ernährung
Zum Frühstück Vollkornbrot mit Frischkäse
Jeden Tag eine Schüssel Salat
Jeden Tag ein Apfel
Zwei Wochen Heilfasten

Ausreichend Bewegung
Zweimal in der Woche eine Stunde Rad fahren

Eingerostete Fahrräder wieder in Schwung bringen
Jeden Mittwoch eine Stunde mit dem Tourenrad
Jeden Freitag eine Stunde mit dem Mountainbike
Tourenplaner besorgen
Freunde fragen, ob sie mitkommen
Evtl. einem Radfahrerclub anschließen

Nun geht es um die Auswahl und die Bestimmung der Reihenfolge zur Umsetzung Ihrer Aktivitäten. Die Fragen lauten »Was mache ich zuerst?« und »Was mache ich wann?«. Bei der Beantwortung dieser Fragen hilft Ihnen ein Maßnahmen-/Aktionsplan, der wie folgt aussehen könnte:

Ziel: Ich nehme bis zum Jahresende fünf Kilo ab

Priorität-Nr.	Aktivität	Kurze Erläuterung	Termin	Zeit-aufwand	Kont-rolle
1	Kein Abendbrot	Kleiner Joghurt ist erlaubt	Täglich abends		
2	Täglich einen Apfel essen		Gleich heute 3 Kilo besorgen		
3	Abnehmkurs bei der Hausärztin	Bei der Ärztin in der Praxis	Anmeldung 10.1.	2 Std./ Woche	
4	Vortrag über gesunde Ernährung bei der Volkshochschule	Findet in den Räumen der VHS statt	12. Februar	3-mal 2 Stunden pro Woche	

VORBEREITUNG – DIE UNUMGÄNGLICHE ERFOLGSBEDINGUNG

Sehr erfolgreiche Menschen zeichnen sich immer dadurch aus, dass sie sich für die Vorbereitung viel mehr Zeit nehmen als der Durchschnitt. Weniger ernsthafte Menschen hingegen versuchen oft zu bluffen oder zu »improvisieren«. Deswegen ist es sehr wichtig, dass Sie Ihre Hausaufgaben machen, denn ansonsten werden Sie unweigerlich über die Details stolpern.

Große Erfolge werden oft dadurch vereitelt, dass Details übersehen wurden. Eine kleine Ungenauigkeit kann ein großes Projekt zu Fall bringen. Aktiv zu werden, ohne die Details und ihre möglichen Folgen zu durchdenken, ist wohl die Ursache für die meisten Fehler im Leben. Dabei muss natürlich die Umkehrung dieser Aussage genauso gelten: Handeln, dem genaues Nachdenken und gründliche Planung vorhergehen, ist die Ursache praktisch aller Erfolge.

Das bedeutet nicht, dass man automatisch erfolgreich ist, wenn man gründlich im Voraus plant.

Aber es bedeutet, dass man fast unweigerlich scheitert, wenn man es nicht tut. Sie kennen doch Murphys Gesetz: »Was schieflaufen kann, wird auf jeden Fall schieflaufen. Von allen möglichen Dingen, die schieflaufen können, wird das Schlimmste zum ärgsten Zeitpunkt passieren und am meisten kosten.«

AUFGABE:

Gehen Sie in Gedanken Ihre Aktivitäten durch, die Sie geplant haben. Denken Sie schriftlich. Schreiben Sie Ihre Aufgaben in allen Einzelheiten auf und gehen Sie Ihre Notizen sorgfältig durch. Was haben Sie möglicherweise übersehen?

Selbsttest zum Kapitel »Organisation«

Bitte kreisen Sie die jeweilige Zahl ein, zu der Sie sagen:

0 = Stimmt nicht   1 = Stimmt selten   2 = Stimmt manchmal   3 = Stimmt immer

Wenn ich mir ein Ziel setze, dann habe ich auch den Weg dahin genau geplant.	0	1	2	3
Ich schreibe meine Vorhaben in ein Zeitplanbuch.	0	1	2	3
Ein Einkaufszettel ist im Supermarkt immer mit dabei.	0	1	2	3
Meine Urlaube sind schon weit im Voraus geplant.	0	1	2	3
In der Arbeit werde ich wegen meiner guten Organisation geschätzt.	0	1	2	3
Ich bin sehr pünktlich.	0	1	2	3
In meinem Kühlschrank ist immer genug, um Gäste zu bewirten.	0	1	2	3
Wichtige Termine, Ziele und Pläne schreibe ich mir auf.	0	1	2	3
Ich habe noch nie einen wichtigen Termin vergessen.	0	1	2	3
Unordnung ist mir ein Gräuel.	0	1	2	3
Mein Schreibtisch und mein Kleiderschrank sind immer aufgeräumt.	0	1	2	3
Ich weiß schon am Vorabend, welche beruflichen und privaten Aufgaben ich erledigen muss.	0	1	2	3

Auswertung:

0–17 Sie gehen davon aus, dass sich die meisten Dinge im Leben von selbst ergeben. Achten Sie mehr darauf, wie Sie Ihre Zeit verbringen, und beginnen Sie damit, Ihre Zukunft zu planen. Für Sie ist wichtig, ein Zeitplanungssystem zu nutzen und Prioritäten zu setzen.

18–24 Die wichtigsten Weichen haben Sie gestellt. Achten Sie nun darauf, dass Sie sich nicht zu viele Ziele setzen. Konzentrieren Sie sich auf das Wesentliche und lassen Sie sich nicht ablenken.

25–30 Sie haben Organisationstalent und wissen, wie man ein Projekt zum Ziel bringt. Für Ihre Lebensplanung benötigen Sie nun Zeit, um sich zu fokussieren und Ihre wichtigsten Ziele im Leben herauszuarbeiten.

31–36 Sie sind sehr genau und überprüfen Ihre Pläne bis ins letzte Detail. Dabei kann das Große und Ganze aus dem Blickfeld verschwinden. Stellen Sie sich auf Veränderungen ein und üben Sie, flexibel zu reagieren. Das kann auch bedeuten, Pläne zu ändern oder sie nicht in der vorgegebenen Zeit zu realisieren.

A = Autonom sein

Im folgenden Abschnitt geht es um Unabhängigkeit und Eigenverantwortung bei der Planung und Erreichung Ihrer Ziele. Dabei soll Autonomie nicht mit Einsamkeit oder gar Rücksichtslosigkeit gleichgesetzt werden. Autonom sein bedeutet vielmehr, dass wir unsere Eigenverantwortung annehmen und sie nicht auf andere Menschen übertragen.

Verantwortung übernehmen

Der Begriff der Autonomie stammt aus dem Griechischen (»autonomia«) und bedeutet, sich selbst Gesetze zu geben. Heute drücken wir mit Autonomie Selbstständigkeit, Entscheidungsfreiheit und Unabhängigkeit aus. Autonom zu sein bedeutet, eigenverantwortlich zu handeln und sich weitestgehend den Einflüssen zu entziehen, die hinderlich sind. Selbstverständlich heißt das nicht, dass wir unsere Lebensziele nur alleine verwirklichen können – im Gegenteil, es gibt keine größere Hilfe als die von Menschen, die uns unterstützen.

Häufig formulieren wir unsere Ziele unbewusst unter Einbeziehung anderer Menschen. Damit gibt man einen Teil der Verantwortung für das Gelingen der eigenen Pläne an andere ab. Man begibt sich in eine Abhängigkeit, die man selbst nicht beeinflussen oder korrigieren kann. Besser ist es, die eigenen Ziele unabhängig von anderen zu erreichen. Das bedeutet nicht, dass wir uns nicht unterstützen lassen wollen. Natürlich nehmen wir jede ehrlich gemeinte Hilfe gerne an. Die Grundlage für Ihren Lebenserfolg ist aber, dass Sie in der Lage sind, die volle Verantwortung für Ihr Ziel und den Weg dahin zu übernehmen.

Genauso verhält es sich, wenn Sie Ihre Zielerreichung von der Reaktion anderer Menschen abhängig machen oder sich in den Wettkampf mit ihnen begeben. Wenn Sie also beispielsweise als Ihr persönliches Ziel formulieren, dass Sie der beste Tennis-

> **Fordere viel von dir selbst und erwarte wenig von anderen. So bleibt dir mancher Ärger erspart.**
> (KONFUZIUS)

spieler in Ihrem Verein werden wollen, dann ist das in Ordnung. Wenn Sie, um dieses Ziel zu erreichen, nur eine Trainingsstunde pro Woche aufbringen, während einige andere Spieler, die wahrscheinlich dasselbe Ziel verfolgen, jeden Tag trainieren, ist dieses Ziel unrealistisch. Im schlimmsten Fall frustriert Sie das so, dass Ihnen der Sport keinen Spaß mehr macht. Je unabhängiger Sie Ihre Ziele von der Reaktion der Umwelt definieren können, desto mehr Kontrolle haben Sie darüber. Es geht im Leben nicht darum, immer der Beste zu sein, sondern Spaß daran zu haben.

Wer wird Sie bei Ihren Zielen unterstützen?

Ich habe mir angewöhnt, um die Weihnachtszeit eine innere Inventur durchzuführen. Dazu ziehe ich mich zurück und schreibe mir die Dinge auf, die ich im Laufe des Jahres angesammelt habe. Selten gehören dazu materielle Güter, es geht mir eher um Gewohnheiten, Erkenntnisse, Erfahrungen, die ich sammeln durfte, und natürlich auch um Menschen, denen ich begegnet bin. Anhand meiner Notizen überlege ich mir, wer in meinem Leben an Bedeutung gewonnen hat, aber auch, von wem ich mich entfernt habe. Anders als im Geschäftsleben, wo es hauptsächlich darum geht, ein gutes Netzwerk an wichtigen Menschen aufzubauen, um seine geschäftlichen Kontakte zu erweitern, versuche ich, mein Freundschaftsnetzwerk aufgrund meiner Gefühle zu überprüfen: Wen habe ich vernachlässigt? Welches sind die wirklichen Gründe, warum ich jemanden als Freund schätze? Wem habe ich etwas zu verdanken und wie habe ich es diesem Menschen gezeigt? Habe ich den Menschen, die mir etwas bedeuten, genügend Wertschätzung und Dank entgegengebracht? Wie habe ich mich gegenüber den für mich wichtigen Menschen verhalten? Vermute ich, dass jemand meine Freundschaft nur aus beruflichen Gründen zu nutzen versucht? Von wem möchte ich mich trennen und aus welchen Gründen? Alle diese Fragen beschäftigen mich circa eine Woche lang. Danach habe ich einen

Man muss immer wieder mit Leuten rechnen, auf die man nicht zählen kann.
(HANS-HERMANN KERSTEN)

Plan, nach dem ich die in dieser Zeit gewonnen Erkenntnisse umsetzen kann.

Einen meiner mittlerweile ältesten Freunde lernte ich auf eine außergewöhnliche Art kennen, denn er war Teilnehmer in einem meiner Seminare. Nach den drei Tagen, die das Seminar gedauert hatte, kam er zu mir und sagte: »Ich würde gerne Ihr Freund sein.« Diese Aussage war ausgesprochen direkt und ich kam nicht umhin zu fragen, warum er das wollte. Seine Antwort war so einfach wie entwaffnend. »Ich habe das Gefühl, dass Sie ein guter Mensch sind.« Zuerst fand ich diese Aussage naiv, aber ich konnte die Ernsthaftigkeit seiner Worte spüren. Im Anschluss setzten wir uns noch auf einen Kaffee zusammen und vereinbarten, uns ab und zu gegenseitig per E-Mail auf dem Laufenden zu halten. Bei meiner nächsten inneren Inventur stellte ich fest, dass er mir regelmäßig geschrieben und ich nur sehr selten geantwortet hatte. Daher beschloss ich, diesen Menschen nun auf meiner Prioritätenliste nach oben zu setzen. Nach und nach lernten wir uns besser kennen und es entwickelte sich tatsächlich eine sehr intensive Freundschaft. Mittlerweile haben wir sogar ein kleines Ritual entwickelt, indem wir uns ab und zu treffen und an einer Mole im Hamburger Hafen sitzen. Dabei philosophieren wir über das Leben und er nennt unsere Gespräche immer »dummes Zeug daherreden«. Es gibt nicht viele Menschen, die mir so ans Herz gewachsen sind und auf die ich mich so sehr verlassen kann.

Ich erzähle Ihnen diese Geschichte, weil es sicher auch in Ihrem Leben Menschen gibt, die Sie schätzen und denen Sie zu wenig Aufmerksamkeit schenken. Auf der anderen Seite haben Sie wahrscheinlich auch mit Menschen zu tun, die nicht wirklich im Mittelpunkt Ihres Interesses stehen. Im Beruf ist dies oft unausweichlich, aber wir müssen ja nicht mit jedem Menschen

AUFGABE:

Beantworten Sie bitte schriftlich folgende Fragen:

- Wer wird mich in meinen Zielen unterstützen?

- Bei welchen Menschen bin ich mir nicht sicher, dass sie mir bei meinen Zielen hilfreich zur Seite stehen?

- Wer wird mich bei der Zielerreichung behindern?

- Wen wünsche ich mir als Coach oder Helfer?

- Was werde ich tun, um diese Person auf meine Seite zu bekommen?

Freundschaft schließen, mit dem wir beruflich in Kontakt stehen. In der Zeit, die Sie gerne in angenehmer Gesellschaft verbringen, sollten Sie sich bewusst werden, wer zu dieser Gesellschaft gehört.

Haben Sie schon ein eigenes Netzwerk?

Beziehungen sind heute das A und O für den Erfolg. Wer viele Anknüpfungspunkte zu Bekannten, Freunden, Kollegen etc. besitzt, der hat im richtigen Moment oft den passenden Kontakt – und damit den

Schlüssel zum Erfolg. Mit Beziehungen können Sie manches Erfolgsziel leichter und schneller erreichen als auf dem »normalen« Weg.

Bevor Sie mit dem Aufbau eines Beziehungsnetzes anfangen, sollten Sie sich überlegen, wozu Sie das tun.

Hierzu ein plakatives Beispiel: Wer Grabsteine verkauft, dem ist mit einem Netzwerk von Hebammen wenig geholfen. Wer Windeln mit eingebautem Thermometer verkauft, der hat mit den Hebammen ein Traumnetzwerk. Am besten schauen Sie sich die Liste Ihrer Ziele an und überlegen, wie viel davon realistisch mit Networking erreichbar ist.

Wenn Sie sich ein Beziehungsnetzwerk aufbauen wollen, dann beginnen Sie die Suche nach potenziellen Netzwerkmitgliedern mit folgenden Fragen:

- Wer kann mir in welcher Situation helfen?
- Wie kann er/sie mir helfen?

AUFGABE:

Definieren Sie Ihre Zielgruppe:

- Was kennzeichnet Menschen, die Sie in Ihrem Netzwerk haben wollen?
- Überlegen Sie, was diese Personen wie und wann für Sie tun könnten.
- Überlegen Sie, was Sie zu bieten haben, damit man gerne ab und zu etwas für Sie in der gewünschten Weise tut. Welche Mittel können Sie zur Kontaktpflege einsetzen?

- Wann brauche ich die Hilfe?
- Was kann ich als Gegenleistung bieten?

Entantworten Sie sich

Ein erfolgreiches Leben zu führen – so viel ist sicher – ist keineswegs von der Herkunft oder der Genetik abhängig. Es hat viel mehr damit zu tun, wie Sie bei der Erreichung Ihrer Ziele vorgehen. Übernehmen Sie die Verantwortung für Ihr Leben und sind Ihre Glaubenssätze unterstützend für Ihr Ziel? Wenn Sie Erfolg zum Beispiel an monetärem Reichtum festmachen, dann haben es Kinder reicher Eltern sicher einfacher, erfolgreich zu werden. Er oder sie ist

in diesem Sinn erfolgreich geboren, nicht erfolgreich geworden. Man kann auch sagen, dieser Mensch hat Glück gehabt; ob er damit glücklich ist, steht auf einem anderen Blatt.

Lebenserfolg kann außerdem nicht stattfinden, wenn Sie Ihr privates und berufliches Leben trennen. Schließlich ist Ihr Leben ja ein einziges Leben und nicht zwei. Menschen, die dies versuchen, werden nie wirklich zufrieden sein. Sehen Sie Ihr

Leben als ganzheitlich, alles andere wäre Selbstbetrug. Dabei geht es nicht darum, jeden Tag 24 Stunden Spaß zu haben. Natürlich gehören Kompromisse dazu, die Frage ist nur, wie viele Kompromisse nötig sind und wie wir mit ihnen klarkommen. Letztlich zahlen wir alle einen gewissen Preis, wenn wir Entscheidungen treffen. Die Frage ist nur, wie hoch er ist und ob wir bereit sind, ihn voll zu bezahlen. Dabei spielt es eine große Rolle, wie eigenverantwortlich wir mit unserem Leben umgehen. Verantwortung für unser eigenes Leben zu übernehmen ist nämlich die Haupteigenschaft, die wir benötigen, um erfolgreich zu werden.

Überlegen Sie, wie viel Verantwortung Sie in Ihrem Leben bisher auf sich genommen haben, zum Beispiel in der Familie, im Beruf, im Freundeskreis oder als Mitglied eines Vereins. Wie sieht es mit Ihrer Selbstverantwortung aus? Viele Menschen sind für alle anderen da, doch sind Sie auch für sich selbst da? Denken Sie manchmal darüber nach, dass Sie auch etwas mehr für sich selbst tun sollten? Wenn ja, dann gehören Sie zur Mehrheit. Ich habe festgestellt, dass die meisten Menschen sehr viel Verantwortung übernehmen und dann feststellen, dass ihnen keine Zeit mehr für sich selbst bleibt. Die Frage ist: Haben Sie Ihr Leben im Griff oder hat es Sie im Griff? Leben Sie oder werden Sie gelebt? Gibt es etwas Wichtigeres als Ihr Leben?

Als Antwort auf diese Fragen hört man oft die Rechtfertigung, dass es die Umstände seien, die einen davon abhalten, mehr auf

> **Jedermann kann unglücklich sein, aber sich unglücklich zu machen muss gelernt werden, und zu diesem Zwecke reicht eine Erfahrung mit ein paar persönlichen Schicksalsschlägen einfach nicht aus.**
> (PAUL WATZLAWICK)

sich selbst zu achten. Wer aber hat diese Umstände zu verantworten? Niemand hat Sie gezwungen, etwas zu tun, Sie haben es freiwillig getan. Keine Sorge, ich möchte Sie nicht auf einen Ego-Trip führen. Im Gegenteil. Aber es ist wichtig, dass Sie Ihr Leben in den Mittelpunkt stellen. Denn nur wenn Sie das tun, werden Sie in der Lage sein, auch den Menschen in Ihrem Umfeld ein guter Ratgeber und Freund zu sein. Ich wünsche mir, dass Sie sich von unnötigen Verpflichtungen frei machen und dafür mehr Verantwortung für sich selbst übernehmen. Trauen Sie sich, sich selbst in den Mittelpunkt Ihres Lebens zu stellen!

Dies könnte sich zum Beispiel darin äußern, dass Sie mehr Wert auf Ihre eigene Gesundheit und Ihr Wohlbefinden legen. Wann waren Sie das letzte Mal beim ärztlichen Check-up? Haben Sie die in Ihrem Alter sinnvollen Vorsorgeuntersuchungen hinter sich gebracht? Treiben Sie regelmäßig Sport und halten Sie sich fit? Wie sieht es mit Ihren Blutwerten aus? Ich weiß, diese Fragen sind lästig. Noch lästiger sind aber die Folgen einer übersehenen Krankheit. Das Eigenartige an dieser Situation ist, dass Sie das alles längst wissen und sich völlig darüber im Klaren sind, dass ein regelmäßiger Arztbesuch das Risiko einer Erkrankung deutlich senkt. Sie wissen ebenfalls, dass Sport gesund ist und Sie sich gesünder ernähren sollten. Wenn Sie rauchen, kennen Sie auch diese Risiken. Und ich weiß, dass Sie wissen, dass alle Ausreden, die Sie haben, nur eines sind – nämlich Ausreden. Seltsam nur, dass intelligente Menschen wie Sie bereit sind, einen so hohen Preis für diese Ausflüchte zu bezahlen: der Preis ist Ihr Leben.

AUFGABE:

- Schreiben Sie bitte auf, für wen und was Sie alles verantwortlich sind und wie viel Zeit Sie dafür in etwa aufwenden.

- Schreiben Sie nun auf, wie viel Zeit Ihnen bleibt, um die für Sie wichtigen Dinge zu tun.

- Schreiben Sie alle Dinge auf, die Sie gerne für sich tun würden.

- Vergleichen Sie die beiden Listen und fragen Sie sich, welche der Verantwortungen, die Sie für andere übernehmen, Sie abgeben können und an wen.

- Welche Verantwortungen wollen Sie gar nicht mehr?

- Was wird Ihnen fehlen, wenn Sie einige Ihrer Verantwortlichkeiten abgegeben haben?

Selbsttest zum Kapitel »Autonomie«

Bitte kreisen Sie die jeweilige Zahl ein, zu der Sie sagen:

0 = Stimmt nicht   1 = Stimmt selten   2 = Stimmt manchmal   3 = Stimmt immer

Unabhängigkeit ist für mich sehr wichtig.	0	1	2	3
Wenn ich keine Lust habe, Freunde oder Bekannte zu treffen, sage ich ihnen ohne schlechtes Gewissen ab.	0	1	2	3
Bei der Kleidungsauswahl lasse ich mich nicht beeinflussen.	0	1	2	3
Wenn ich essen gehe, probiere ich gerne unbekannte Gerichte.	0	1	2	3
Ich werde oft um Rat gebeten.	0	1	2	3
Ich nehme Rücksicht, achte aber darauf, dass diese nicht zur Selbstaufgabe führt.	0	1	2	3
Wichtige Entscheidungen treffe ich am Ende alleine.	0	1	2	3
Ich finde, dass Kinder möglichst früh lernen sollten, eigene Entscheidungen zu treffen.	0	1	2	3
Im Beruf ist es mir wichtig, eigenverantwortlich arbeiten zu können.	0	1	2	3
Ich genieße es, ab und zu alleine zu sein.	0	1	2	3
Ich finde, dass zu viele Menschen sich nach Trends und Moden richten.	0	1	2	3
In einer Partnerschaft müssen beide Parteien ihren Freiraum haben.	0	1	2	3

Auswertung:

0–17 Da Sie viel Wert darauf legen, es möglichst vielen Menschen in Ihrer Umgebung recht zu machen, sind Sie sehr beliebt. Trauen Sie sich öfter, mal Nein zu sagen, und nehmen Sie sich mehr Zeit für Ihre Bedürfnisse.

18–24 Sie meiden Konflikte, indem Sie ihnen ausweichen. Statt nachzugeben, sollten Sie Ihre Standpunkte vertreten, auch wenn dies zu emotionalen Spannungen führen kann. Sie können nur dann erfolgreich mit diesem Buch arbeiten, wenn Sie sich mehr auf Ihre Belange konzentrieren.

25–30 Sie sind weitestgehend unabhängig, wenn es um die Planung Ihres Lebens geht. Vergessen Sie nicht, rechtzeitig mit den für Sie wichtigen Personen über Ihre Ideen zu sprechen und sie mit einzubeziehen.

31–36 Unabhängigkeit ist ein wichtiger Wert in Ihrem Leben. Entscheidungen treffen Sie prinzipiell alleine und benötigen nur selten Rat. Bedenken Sie, dass andere Menschen von Ihren Entscheidungen betroffen sind. Informieren Sie diese über Ihre Pläne und gleichen Sie die gegenseitigen Interessen ab.

D = Denken verändern

Das Beste spielt sich im Kopf ab, nirgendwo sonst – so heißt es. Die Kraft der Gedanken ist enorm. Was Sie mit Ihren Gedanken bewegen können und wo sie Ihnen möglicherweise Hürden auf Ihrem Erfolgsweg aufstellen, ist Thema dieses Kapitels.

Der Anfang einer neuen Realität

Die aus meiner Sicht größte Gabe der Menschheit ist die Fähigkeit, aus einem Gedanken eine neue Realität zu schaffen. Jeder technologische, medizinische, philosophische oder architektonische Fortschritt begann als Vision oder Idee. Diese Gedanken besaßen schöpferische Kraft und die Menschen, die diese in die Welt setzten, haben lediglich einen Schritt mehr getan als die meisten anderen: den entscheidenden Schritt, denn sie haben ihre Gedanken so lange verändert, bis sie eine Lösung gefunden haben. Wen wundert es da, dass eine der wichtigsten Fähigkeiten, die ich bei erfolgreichen Menschen entdeckt habe, die Fähigkeit ist, das eigene Denken zu verändern.

Erfolg hat ganz offensichtlich damit zu tun, seine Gedanken zu beherrschen und sich nicht von ihnen beherrschen zu lassen. Wenn Sie spüren, dass es eine bessere Alternative gibt, werden Sie nicht an Entscheidungen festhalten. Lern- und Veränderungsbereitschaft sind Eigenschaften, die man bei erfolgreichen Menschen überdurchschnittlich oft antrifft. Es scheint, als sei diese Flexibilität im Denken eine der herausragenden Eigenschaften, wenn es darum geht, das Bestmögliche aus der jeweiligen Situation herauszuholen. Erfolgreiche Menschen drehen ihr Fähnchen nicht nach dem Wind, im Gegenteil: Sie

Außergewöhnliches wurde immer nur von Menschen geleistet, die zu glauben wagten, dass irgendetwas in ihrem Innern den Umständen gewachsen sei.
(BRUCE BARTON)

ändern ihre Denkrichtung vielmehr in der Art und Weise, dass sie immer das optimale Ergebnis erzielen. Niederlagen sind für diese Leute Lernerfahrungen und negative Gedanken bekommen keinen Raum, sich zu entfalten.

Die Energie wird lieber dort eingesetzt, wo sie den größtmöglichen Erfolg verspricht. Das Wort Scheitern kommt in ihrem Wortschatz nicht (mehr) vor und sie nehmen jede Niederlage als Chance, sich zu verbessern. Dies kann man auch an ihrer Kommunikation erkennen. Erfolgreiche Menschen sind in Gesprächen häufig auf das Ziel und die Zukunft konzentriert, erfolglose Menschen hingegen sprechen meistens über ihre Vergangenheit und das, was sie nicht wollten.

Die Kraft der Gedanken

Wir sind, was wir denken, und wir denken, was wir sind. So simpel dieser Satz auch sein mag, so besitzt er doch enorme Auswirkungen auf unsere Befindlichkeit. Das Denken besteht aus einem permanenten Prozess von inneren Dialogen und Selbstgesprächen. Diese inneren Selbstgespräche dienen dazu, den Alltag zu organisieren, Probleme zu lösen oder sich über bestimmte Situationen klar zu werden. Dabei steuern Ihre Gedanken Ihre Gefühle – diese wiederum formen Ihre Einstellung. Durch Ihr Verhalten drücken Sie diese aus. Man kann auch sagen, die Umwelt verhält sich Ihnen gegenüber so, wie Sie sich fühlen.

Wenn Sie denken, die Menschen seien schlecht, werden Sie dies auch in Ihrem Verhalten ausdrücken und es darf Sie nicht wundern, wenn in Ihrer Wahrnehmung die Welt dann wirklich nur noch aus schlechten Menschen besteht. Schließlich erwarten Sie ja nichts anderes. Sind Sie hingegen der Meinung, die Menschen seien grundsätzlich gut, werden Sie von Ihrer Umwelt auch entsprechende Signale erhalten.

Machen Sie doch einmal ein Experiment. Stellen Sie sich vor: Alle verachten mich. Niemand wird so gehasst wie ich. Erfüllt von diesem Gedanken gehen Sie auf die Straße. Sie werden sehen – es stimmt, was Sie denken.

Der englische Wissenschaftler Sir Francis Galton hat dieses Experiment zum ersten Mal ausprobiert. Als er mit der beschriebenen negativen Selbsteinschätzung spazieren ging, geschah allerhand, was ihm bisher noch nie passiert war. Man wandte sich deutlich von ihm ab, rief ihm Schimpfworte nach, ja pöbelte ihn geradezu an. Das Experiment beweist: Negative Gedanken verursachen stets negative Reaktionen. Aber umgekehrt stimmt es natürlich ebenso: Positive Gedanken verursachen positive Reaktionen!

Einstellung und Verhalten beeinflussen sich gegenseitig, und wenn Sie etwas ändern wollen, können Sie das nur, indem Sie Ihre Einstellung aktiv verändern. Das klingt zwar einfach, ist es aber nicht. Wer schafft es schon, sich selbst positiv zu konditionieren, wenn er schlecht gelaunt ist? Es gibt tatsächlich solche Menschen und einen stelle ich Ihnen jetzt vor:

Während meiner Trainings für die Lufthansa habe ich einige Piloten kennengelernt. Eines Tages nahm mich einer von ihnen mit seinem Porsche vom Flughafen mit in das Trainingscenter. Voller Vertrauen setzte ich mich in den Sportwagen, denn ich war mir sicher, ein Pilot muss auch ein guter Autofahrer sein. Wie Recht ich damit hatte, stellte ich fest, als uns bei 240 Stundenkilometern plötzlich ein LKW in die Spur fuhr. Die Reaktion des Piloten war so präzise und schnell, dass ich gar nicht mitbekam, dass wir in diesem Moment einem schweren Unfall nur um Haaresbreite entgangen waren. Als ich meinen Fahrer fragte, ob er sich denn gar nicht über den LKW-Fahrer aufrege, meinte er: »Wissen Sie, ich bin von Natur aus ein sehr cholerischer Mensch. Würde ich mich jetzt ärgern, dann würde ich den LKW-Fahrer wahrscheinlich aus dem Wagen ziehen und ihn verprügeln. Da wir aber jetzt ein Seminar haben und ich pünktlich mit Ihnen dort sein möchte, habe ich beschlossen, mich erst heute Abend darüber zu ärgern. Ich habe jetzt einfach keine Zeit dazu.« Ich fand diese Aussage enorm. Er beschloss einfach, seinen Ärger auf später zu verschieben. Erstaunlich ist, dass es wirklich funktioniert – ich habe es selbst versucht. Das Beste daran ist, dass einem, wenn man dann endlich die Zeit hat, sich zu ärgern, der Anlass meist nicht mehr so wichtig erscheint. Hier bewahrheitet sich, dass es sich bei emotional geladenen Situationen empfiehlt, erst einmal eine Nacht darüber zu schlafen.

Gedanken und damit Gefühle lassen sich also aktiv beeinflussen. Das bedeutet aber nicht, dass Sie ab heute jeglichen Ärger kontrollieren sollen. Es geht vielmehr darum zu erkennen, dass Sie gezielt Macht über Ihre Gedanken ausüben können, wenn Sie dies wollen, und bewusst entscheiden, wann Sie es tun wollen.

Die Gedanken und die Einstellung des Einzelnen zu sich selbst und zu anderen beeinflussen auch die Wahrnehmung. Diese Wahrnehmung ist selektiv, das bedeutet, sie ist immer auf das ausgerichtet, was für Sie gerade wichtig ist. Nehmen wir an, Sie gehen alleine auf eine Party. Dann werden Sie beim Betreten des Raumes unwillkürlich erst einmal Ausschau halten, ob Sie ein bekanntes Gesicht entdecken. Sind Sie hingegen sehr hungrig, wird das Buffet Ihre volle Aufmerksamkeit beanspruchen. Ebenso verhält es sich im Nachhinein: Fragt man unterschiedliche Personen am folgenden Tag, wie die Party war, so erhält man ganz unterschiedliche Aussagen. Wenn man dort keine Bekannten angetroffen hat, kann es sein, dass die Party als langweilig empfunden wird. War reichlich zu essen da und man war selbst sehr hungrig, wird man die Party eher als gelungen bezeichnen. Genauso verhält es sich mit jedem Tag Ihres Lebens. Es kommt lediglich darauf an, worauf Sie Ihre Aufmerksamkeit lenken.

In diesem Sinne könnten Sie also ab sofort beschließen, Ihre Gedanken zu ändern, und schon würde die Welt zu einem besseren Ort. Wäre es jedoch so einfach, seine Gedanken zu ändern, dann würden es die meisten Menschen tun. Bevor Sie sich nun an die Arbeit machen, um Ihre Gedanken zu ändern, müssen wir erst einmal feststellen, welche Muster bei Ihnen vorhanden sind.

AUFGABE:

Bitte beantworten Sie schriftlich die folgenden Fragen:

- Welche Gedanken und Meinungen habe ich über mich selbst?

- Habe ich limitierende Gedanken, die mich einschränken? Wenn ja, welche?

- Welche Auswirkungen haben diese limitierenden Gedanken auf mein Denken und somit auch auf mein Handeln?

- Wodurch halte ich diese limitierenden Gedanken über mich aufrecht und bestätige sie?

Die Macht der Glaubenssätze

Wir alle halten uns gerne an Experten – besonders dann, wenn es sich um wichtige Themen handelt. Sobald jemand einen weißen Kittel trägt und sich ein Stethoskop umhängt, wird er als Arzt identifiziert. Durch sein Aussehen signalisiert er Kompetenz und diese wird von uns automatisch mit Vertrauen belohnt. Die ersten Autoritätspersonen in unserem Leben waren unsere Eltern. Wir haben gelernt, dass sie einen enormen Einfluss auf unser Wohlbefinden ausüben. Dabei haben wir zwei sehr unterschiedliche Verhaltensweisen unserer Eltern erfahren, die sich eigentlich diametral gegenüber stehen: Auf der einen Seite vermittelten sie uns Liebe, Wärme und Zärtlichkeit, andererseits bestraften sie uns durch Strenge oder Liebesentzug, wenn wir in unserem Verhalten nicht dem entsprachen, was sie von uns erwarteten. Also haben wir uns angewöhnt, so gut wie möglich den Anforderungen unserer Eltern nachzukommen. Zumindest in den ersten Lebensjahren konnten wir damit ganz gut leben. Später wurde dies schwieriger, denn die Autorität der Eltern schwand und wir gewannen selbst Autorität über unser Leben. Dabei kam es unweigerlich zu Konflikten mit dem elterlichen Autoritätsanspruch. Spätestens in der Schule tauchten zusätzlich neue Autoritäten auf: Lehrer, Mitschüler, Idole aus dem öffentlichen Leben, Schauspieler oder Musiker. Im Erwachsenenleben suchen wir uns dann Autoritäten, wenn wir auf so genanntes Expertenwissen zurückgreifen wollen. Nun ersetzen Ärzte, Anwälte und Vorgesetzte die Autoritäten der Kindheit und Jugend.

Doch was ist dabei aus unserer eigenen Autorität geworden? Damit meine ich die Autorität, selbst zu bestimmen, was für uns richtig und wichtig oder falsch und nutzlos ist?

ÜBERPRÜFEN SIE IHRE AUTORITÄT

Denken Sie bitte darüber nach, welche Autoritäten Ihnen in welchem Kontext und zu welcher Zeit etwas beigebracht haben. Woher wissen Sie, wo Ihre Stärken und Ihre Talente liegen? Wer hat Ihnen gesagt, was Sie können und was Sie besser lassen sollten? Wer kann bestimmen, ob Sie eine Führungspersönlichkeit oder ein Mitläufer sind? Oder anders formuliert: Woher wissen Sie, welche Fähigkeiten in Ihnen stecken?

Aus der Erfahrung, werden Sie antworten und Sie haben damit zum Teil auch Recht. Aber haben Sie sich schon einmal überlegt, wie diese Erfahrungen zustande gekommen sind? Sie sind das Ergebnis Ihrer Aktivitäten. Diese werden wiederum durch Ihre Einstellung zu sich selbst gesteuert. Wenn man Ihnen als Kind eingeredet hat, dass Sie kein Talent für Ballsportarten haben, werden Sie sich wahrscheinlich auch später nicht im Tennisclub anmelden oder den Ehrgeiz entwickeln, professionell Fußball zu spielen. Die Autoritäten, die Ihnen beigebracht haben, was und wer Sie sind, leben unbewusst in Ihnen weiter. Sie manifestieren sich in Form von Glaubenssätzen.

Glaubenssätze haben einen so starken Einfluss auf Ihren Lebenserfolg, dass wir uns

AUFGABE:

Bitte überlegen Sie sich folgende Fragen:

- Welche Glaubenssätze in Bezug auf Menschen habe ich?
- Sind Menschen für mich von Grund auf eher gut oder eher schlecht?
- Wie sehe ich die Welt, in der wir heute leben? Als feindlichen oder freundlichen Ort?
- Welche Botschaften habe ich von meinen Eltern mit auf den Lebensweg bekommen?
- Welche dieser Botschaften haben sich bei mir heute als Glaubenssatz manifestiert?
- Gibt es Situationen, in denen mir diese Glaubenssätze hilfreich sein können?
- In welchen Situationen wirken sie sich hinderlich auf meine Entwicklung aus?

im Folgenden ausführlicher damit beschäftigen wollen.

WEG VON LIMITIERENDEN HIN ZU UNTERSTÜTZENDEN GLAUBENS-SÄTZEN

Das unterschiedliche Verhalten von Menschen hat viel mit ihren Glaubenssätzen zu tun. Denn die Glaubenssätze steuern ihre Einstellung zu sich und zu ihrer Umwelt.

Sie wirken als Helfer oder Verhinderer, je nachdem ob sie von einer notwendigen Veränderung abhalten oder ob sie diese fördern. Glaubenssätze bestimmen, was wir uns zutrauen und was nicht, und können so unterstützende oder hemmende Auswirkungen auf unser Leben haben. Menschen sind oft durch einengende Glaubenssätze und die daraus folgenden Verhaltensmuster blockiert. Dabei wirken solche Glaubenssätze wie Befehle, denen wir unbewusst folgen. Das kann jedoch nur geschehen, weil wir uns völlig mit ihnen identifizieren. Das heißt, wir glauben beispielsweise nicht nur daran, etwas nicht zu können, sondern sind uns sogar gewiss, dass uns die Fähigkeiten dazu fehlen.

Tatsächlich repräsentieren Glaubenssätze aber nicht die Wahrheit, sondern ein Abbild unserer inneren Einstellung. Die Überprüfung von Glaubenssätzen ist eine lohnende Angelegenheit, da sie uns dabei hilft, unsere Engpässe zu erkennen. Meine Erfahrung ist, dass sich die meisten Menschen viel zu wenig zutrauen. Lassen Sie uns daher anschauen, was Sie tatsächlich über sich denken und welche Glaubenssätze Ihnen bei der Erreichung Ihrer Ziele hilfreich sein können und welche hinderlich sind. Nur wenn Sie ehrlich zu sich sind, werden Sie mit diesem Kapitel erfolgreich Ihrem Ziel näher kommen.

In dem Wort Glaubenssatz findet sich schon der Schlüssel zur Lösung: Glauben! Wir glauben unbewusst an eine bestimmte limitierende oder förderliche Eigenschaft. Das bedeutet, wir wissen nicht genau darüber Bescheid, sonst würde man die Glaubenssätze ja Wissenssätze nennen. Wenn ein Kind von seinen Eltern viel positives Feedback erhält, wird es unterstützt, Neues auszuprobieren. Es verwundert daher nicht, dass aus ihm ein selbstbewusster Erwachsener wird, ein Mensch, der sich etwas zutraut. Im Gegensatz dazu wird aus dem Kind, dem permanent eingeredet wurde, wie unfähig und schlecht es sei, sicher kein selbstsicherer Erwachsener.

Viele Glaubenssätze sind Ihnen schon in Ihrer Kindheit mitgegeben worden. In Ihrem Verhalten spiegeln Sie beispielsweise sehr häufig die Glaubenssätze Ihrer Eltern und Ihres sozialen Umfeldes wider. In der Regel werden diese Glaubenssätze aber nie auf ihren tatsächlichen Stellenwert im aktuellen Leben eines Menschen hin überprüft. Sie wirken wie eine innere Schnur, an der wir durchs Leben gezogen werden. Damit Sie die Auswirkungen solcher Glaubenssätze verstehen lernen, stelle ich typischen Eltern-Botschaften den daraus resultierenden Glaubenssatz gegenüber. Limitierende Glaubenssätze klingen so:

- ■ »Gib dich mit dem zufrieden, was du hast.« (Es gibt andere, denen es noch schlechter geht.)
- ■ »Dafür hast du kein Talent.« (Das kann ich nicht.)
- ■ »Geh lieber auf Nummer sicher.« (Ich gehe besser kein Risiko ein.)

- »Du wirst niemals erfolgreich sein.« (Ich bin nicht gut genug.)
- »Trau niemandem über den Weg.« (Alle wollen mich nur ausnutzen.)

Wenn Sie diese Glaubenssätze nicht ersetzen, so werden Sie auch als erwachsener Mensch noch daran festhalten. Dies wird dann auch Ihr Handeln beeinflussen.

Schauen wir uns unterstützende Glaubenssätze an. Hier einige Beispiele:

- »Glaube an dich.« (Ich kann alles erreichen, wenn ich will.)
- »Du bist ein wertvoller Mensch.« (Ich stehe zu dem, was ich bin.)
- »Trau dich, du schaffst das!« (Ich fühle mich stark genug.)
- »Du bist talentiert.« (Ich habe Optionen im Leben.)

Eine der schwierigsten Aufgaben auf Ihrem Weg zum Erfolg wartet nun auf Sie: die Eliminierung und Umformulierung Ihrer einschränkenden Glaubenssätze. Diese Aufgabe ist deshalb so anspruchsvoll, weil Sie sich Ihrer limitierenden Glaubenssätze erst bewusst werden müssen, um sie dann durch hilfreiche zu ersetzen. Gehen Sie davon aus, dass Ihnen diese Glaubenssätze nicht schaden wollten. Sie hatten sicher einmal eine positive Absicht, zum Beispiel, Sie vor etwas zu schützen. Doch bevor Sie die positive Kraft limitierender Glaubenssätze kennenlernen, müssen Sie diese zuerst einmal identifizieren.

Übung:

Diese Übung soll Ihnen dabei helfen herauszufinden, wie Sie über sich selbst denken – und zwar nicht allgemein, sondern bezogen auf bestimmte Themen in Ihrem Leben. Dazu ergänzen Sie bitte folgende Satzanfänge:

- Menschen sind grundsätzlich …
- Ich bin grundsätzlich …
- Mein Körper ist …
- Mein Aussehen ist …
- Ich finde mich …
- Freundschaft ist …
- Liebe ist …
- Meine Beziehung ist …
- Meine Arbeit ist …
- Sexualität ist für mich …
- Mein Leben ist …
- Ich bin …
- Ich werde nie … sein
- Ich kann nicht …
- Für mich gibt es …
- Meine Eltern sind …
- Ich wünsche mir …

Durch diese Übung will ich Ihnen klarmachen, welche limitierenden Verallgemeinerungen sich in Ihren Gedanken verbergen. Überprüfen Sie, wie viele Ihrer Ergänzungen negative Formulierungen beinhalten.

Bei der nächsten Aufgabe geht es darum, Ihre individuellen limitierenden Glaubenssätze in positive umzuwandeln oder sie ganz auszuschalten.

Für diese Arbeit brauchen Sie Ruhe und Geduld. Nehmen Sie sich bitte die Zeit, um wirklich sorgfältig und gewissenhaft vorgehen zu können.

AUFGABE:

- Schreiben Sie als Erstes alle limitierenden Glaubenssätze, die Ihnen einfallen, in Ihr Erfolgsbuch. Es werden im Laufe der Arbeit noch einige dazukommen, das ist nicht weiter schlimm. Nehmen Sie sich dafür bitte Zeit und suchen Sie sich einen Ort, an dem Sie ungestört sind.

- Denken Sie darüber nach, wer Ihnen den jeweiligen Glaubenssatz mit auf Ihren Lebensweg gegeben hat. Auch wenn das für Sie jetzt etwas seltsam klingen mag – bedanken Sie sich im Geiste bei dieser Person. Gehen Sie davon aus, dass sie es gut mit Ihnen gemeint hat oder keine Alternative kannte, Sie zu beraten.

- Achten Sie auf Ihre Gefühle, während Sie die Glaubenssätze aufschreiben. Fühlen Sie sich unwohl dabei? Wahrscheinlich – aber Sie werden sich wundern, welche positive Kraft hinter diesen Glaubenssätzen steckt, wenn man sie erst einmal erkannt hat.

- Der nächste Schritt ist, die positive Absicht hinter den limitierenden Glaubenssätzen aufzudecken. Angenommen, einer Ihrer limitierenden Glaubenssätze lautet: »Sei mit dem zufrieden, was du hast.« Die positive

Absicht hinter diesem Glaubenssatz ist, Sie vor Enttäuschungen zu bewahren. Enttäuschungen, die daher kommen können, dass Sie sich zu viel vornehmen und dann scheitern. Der limitierende Glaubenssatz versucht Sie also zu schützen. Nehmen wir nun außerdem an, Sie finden heraus, dass dieser Glaubenssatz von Ihrer Mutter stammt. Bedanken Sie sich im Geiste für die positive Absicht hinter dem Glaubenssatz. Die positive Absicht zu würdigen ist ein wichtiger Aspekt, denn es ist der Prozess der inneren Aussöhnung, der den Abschied leicht macht. Solange Sie mit diesem Glaubenssatz im »Streit« sind, beschäftigt er Sie und bündelt zu viel Energie.

- Haben Sie gelernt, dass die Absicht dahinter Ihnen nicht schaden wollte, können Sie Ihren limitierenden Glaubenssatz ohne Groll ziehen lassen. Wenn Sie glauben, Sie brauchen ihn wieder, weil Sie etwas über die Stränge schlagen, wissen Sie, dass er immer abrufbereit ist.

- Ersetzen Sie als Nächstes den Glaubenssatz, sodass er keine Limitierungen mehr enthält, sondern Sie in

Ihrem Vorhaben erfolgreich zu sein unterstützt. Das könnte nun wie folgt klingen: »Ich strebe nach mehr und gebe mich erst zufrieden, wenn ich mein Ziel erreicht habe.« Wie klingt dieser Glaubenssatz für Sie? Glauben Sie, dass ein Mensch, der mit diesem Glaubenssatz auf das Leben zugeht, erfolgreicher sein wird als derjenige, der mit unserem einschränkenden Glaubenssatz lebt?

- Nachdem Sie alle Ihre limitierenden Glaubenssätze aufgeschrieben und die positive Absicht dahinter identifiziert haben, ersetzen Sie jetzt bitte alle einzeln durch unterstützende Glaubenssätze.

- Wahrscheinlich werden Sie sich jetzt fragen, wie Sie die unterstützenden Glaubenssätze tatsächlich zu den Ihrigen machen können. Aufschreiben ist ja relativ einfach, aber danach leben? Zeit und Geduld bilden den Schlüssel zu Ihrem Erfolg. Überlegen Sie, wie lange Sie schon mit Ihren limitierenden Glaubenssätzen leben mussten.

Erwarten Sie nicht, dass Sie sich von heute auf morgen ändern. Veränderungen, vor allem bei etwas so Verankertem wie Glaubenssätzen, benötigen Zeit. Nehmen Sie sich daher jeden Tag einen Ihrer neuen, unterstützenden Glaubenssätze vor und wiederholen Sie diesen immer wieder im Geiste. Ähnlich einem Mantra, das Ihre Konzentration voll auf sich selbst lenkt. Am effektivsten wirkt diese Selbstsuggestion am Abend, bevor Sie einschlafen.

- Schreiben Sie nun ebenfalls Ihre unterstützenden Glaubenssätze auf, die Sie mitbringen. Entdecken Sie auch hier die positive Absicht, die dahintersteckt, und würdigen Sie sie.

- Zählen Sie die limitierenden Glaubenssätze und vergleichen Sie diese mit den unterstützenden. Von welchen hatten Sie mehr? Denken Sie darüber nach, welche Auswirkungen dieses Verhältnis auf Ihr bisheriges Leben hatte.

Verallgemeinerungen und Referenzen

Verallgemeinerungen bilden die Grundlage für Glaubenssätze. Wenn Sie jemandem Ihr Vertrauen schenken und es enttäuscht wird, verallgemeinert Ihr Gehirn diese Information. Das bedeutet, Ihr Gehirn nimmt dieses Ereignis stellvertretend für viele andere Ereignisse. Es denkt sich nicht: »Ich bin zwar von diesem speziellen Menschen hintergangen worden, aber das ist kein Grund, anderen Menschen nicht zu vertrauen«, sondern es generalisiert diese Information und sendet das Signal: Traue keinem Menschen, denn sie sind alle schlecht. Oder Sie haben beispielsweise eine Entscheidung getroffen, die sich als falsch herausgestellt hat – dann signalisiert Ihr Gehirn Ihnen, in Zukunft besser gar keine Entscheidungen mehr zu treffen, sondern den jeweiligen Zustand auf sich beruhen zu lassen. Damit schaffen Sie Referenzen, auf die Sie sich immer wieder beziehen können. Da das Gehirn alles tut, um Schmerz zu vermeiden und Lust zu empfinden, hindert es Sie auch daran, denselben Fehler ein weiteres Mal zu machen.

Wenn Sie kleine Kinder beobachten, stellen Sie fest, dass diese kontinuierlich so genannte Referenzerfahrungen herbeiführen, indem sie ihre Grenzen austesten. So wollen sie feststellen, was funktioniert und was nicht. Solche Referenzerfahrungen sind das ganze Leben hindurch wichtig, um zu wissen, was gut ist und was schädlich sein kann. Nur durch eigene Referenzerfahrungen entwickelt ein Mensch die Fähigkeit zu erkennen, welche Grenzen ihm das Leben setzt und wie er damit umgehen kann.

Die Funktion der Verallgemeinerung brauchen wir auch, um etwas Gelerntes auf unterschiedliche Bereiche anwenden zu können. Würde man zum Beispiel die Fähigkeit Rad zu fahren nicht generalisieren, könnten Sie nur mit dem Rad fahren, auf dem Sie es gelernt haben. Auf jedem neuen Rad müssten Sie wieder von vorne beginnen.

> **Die Zukunft hat viele Namen. Für die Schwachen ist sie das Unerreichbare, für die Furchtsamen ist sie das Unbekannte, für die Tapferen ist sie die Chance.**
>
> (VICTOR HUGO)

Eine negative Referenz besitzt positiven Charakter, wenn wir dadurch Schmerzen vermeiden. Sie versucht, uns zu schützen und vor negativen Erlebnissen zu bewahren. Es ist gut zu wissen, dass man nicht ein zweites Mal mit den Fingern in die Steckdose fassen darf. Dieses Erlebnis ist zwar schmerzhaft, aber positiv, da es sehr schnell konditioniert, dass die beiden Öffnungen in der Wand nicht für unsere Finger bestimmt sind.

Bei den gezeigten Beispielen handelt es sich um physische Referenzerfahrungen. In einem solchen Fall kann man auch schlimmste negative Referenzen verändern, bevor sie zu einem Glaubenssatz werden. Das zeigt folgendes Beispiel: Eine Freundin von mir ist Stuntfrau und verfügt daher über eine große körperliche Fitness. Sie ist es gewohnt, gefährliche Situationen und Risiken zu kalkulieren. Trotzdem hat sie im Laufe ihrer Karriere schon einige Verletzungen, auch Knochenbrüche, erlitten. In ihrer Freizeit ist sie leidenschaftliche Fallschirmspringerin und hat in ihrem Leben schon mehr als 1000 Sprünge hinter sich gebracht. Bei einem Sprung in Brasilien drehte sich plötzlich der Wind, eine Böe erwischte sie kurz vor der Landung und drückte sie in Richtung einer Hochspannungsleitung. Sie hatte keine Chance sich dagegen zu wehren. In diesem Augenblick, so erzählte sie mir, schloss sie mit ihrem Leben ab. Als sie die Hochspannungsleitung berührte, gab es einen Schlag, der ihren Körper wie ein heißes Eisen durchbohrte. Der Fallschirm verbrannte in wenigen Sekunden und sie stürzte zu Boden. Keiner der Beobachter dieses schrecklichen Unfalls glaubte, dass sie diesen Sturz überleben würde. Ihr Körper fiel aus 20 Metern dampfend zu Boden.

Als die junge Frau im Krankenhaus aufwachte, konnte sie sich an den Sturz nicht mehr erinnern. Das Einzige, was sie spürte, waren die unglaublichen Schmerzen. Ihre linke Körperhälfte war verbrannt, das Auge auf dieser Seite war durch die Hitze zerstört. Sie war verzweifelt, da sie nicht wusste, ob sie überleben würde. Die Ärzte sagten ihren Eltern, die Chancen stünden 50 zu 50 und ihre Überlebenschance wäre wohl davon abhängig, wie gut ihre psychische Verfassung sei. Als ich sie besuchte, nachdem sie aus der Intensivstation entlassen wurde, fand ich einen zutiefst dankbaren und optimistischen Menschen vor. In diesem Moment wusste sie, dass sie überleben würde. Sie erzählte mir von ihrem Erlebnis und bat mich, sie während der nächsten beiden Monate zu beraten. Von diesem Tag an arbeiteten wir drei Tage pro Woche an ihrer Zukunft.

Beeindruckt von ihrer Willensstärke beschloss ich, ihr anzubieten, gemeinsam wieder Fallschirm zu springen. Sie war sofort damit einverstanden und meinte, das hätte sie sowieso vorgehabt, aber noch niemandem erzählt. Sie hatte Angst, dass sie für verrückt erklärt würde. Wir arbeiteten sehr stark an ihren Glaubenssätzen und ich brachte ihr bei, den Unfall durch eine bestimmte Visualisierungstechnik nicht als negative Referenzerfahrung zu speichern. Die Gefahr, dass aus dem Negativerlebnis ein Glaubenssatz wird, der zum Beispiel »Ich werde nie wieder meinem Lieblingssport nachgehen können« lautet, war nach diesem Erlebnis sehr groß. Ziel dieser Technik ist, den Unfall so weit wie möglich von negativen Emotionen zu befreien.

Nach drei Monaten, am Tag ihrer Entlassung, warteten vor dem Krankenhaus ihre Freunde aus dem Fallschirmspringerclub. Gemeinsam ging es zum Flughafen und als wir aus dem Flugzeug sprangen, hatte ich sicher ein mulmigeres Gefühl als sie. Als wir uns am Boden wieder trafen, umarmte sie mich und bestätigte mir, sie sei nun wieder der glücklichste Mensch der Welt.

An diesem Beispiel können Sie sehen, was mit Willenskraft erreichbar ist und welche unglaubliche Kraft in uns steckt.

AUFGABE:

Bitte beantworten Sie wieder schriftlich die folgenden Fragen:

- Welche Referenzerlebnisse waren für mich in meiner Kindheit und Jugend prägend?

- Welche Referenzerlebnisse hatte ich während meines Erwachsenen-lebens?

- Welche Glaubenssätze sind daraus entstanden?

- Welche davon sind in welcher Situation hilfreich?

- Welche davon sind in welcher Situation hinderlich?

- Wie gehe ich mit den hinderlichen Glaubenssätzen in Zukunft um?

Sabotage-Strategie

Wie verhält es sich nun mit Referenzerfahrungen, die mit unserer eigenen Persönlichkeit zu tun haben? Pessimisten tendieren dazu, ihre negativen Erfahrungen zu verallgemeinern und sie auf andere Lebenssituationen zu übertragen. Aber da auch Pessimisten gerne Recht behalten, geraten sie durch dieses Verhalten in einen Abwärtsstrudel. Für Optimisten stellt sich die Situation wiederum ganz anders dar: »Pech gehabt«, heißt es dann. Oder: »Beim nächsten Mal wird es besser laufen.«

Wenn sich beispielsweise ein pessimistisch eingestellter Mensch bei einem Flirt einen Korb eingehandelt hat, kann sich dieses Referenzerlebnis bei ihm schnell als Glaubenssatz manifestieren. Passiert ihm dies in einer gewissen Regelmäßigkeit, würde jeder

Der Optimist sieht in jeder Schwierigkeit eine Gelegenheit. Der Pessimist sieht in jeder Gelegenheit eine Schwierigkeit.

(GÜNTER F. GROSS)

Außenstehende ihm den Rat geben, Alternativen zu seinem derzeitigen Vorgehen zu überlegen. Das aber kommt für den Pessimisten überhaupt nicht in Betracht, denn er ist überzeugt, unattraktiv und nicht liebenswert zu sein. Anstatt seine Methode beim Flirten zu verändern, nutzt er diese negativen Erfahrungen, um sich darin zu bestärken, dass er wirklich nicht interessant oder attraktiv genug ist. Aus diesem Glaubenssatz resultiert letztlich seine erfolglose Flirt-Strategie, mit der er auch in Zukunft erfolglos bleiben wird – was ihn wiederum nur in seinem Glaubenssatz bestätigt. Und obwohl es ihm dabei schlecht geht, fühlt er trotzdem eine unerklärliche Form der Genugtuung, denn er hat ja mit seiner Meinung über sich selbst Recht behalten.

Wie geht es nun weiter? Der Pessimist ist also der festen Überzeugung, niemals einen Menschen kennenzulernen, weil er nun mal so ist, wie er ist – unattraktiv und uninteressant. Mit dieser Einstellung geht er zum Beispiel auf eine Geburtstagsparty. Dort wird er von einem potenziellen Traumpartner angeflirtet, doch leider realisiert er dies überhaupt nicht. Er ist nämlich so stark seinem Glaubenssatz verhaftet, dass er noch so eindeutige Signale seines Gegenübers nicht erkennt. Es verhält sich ähnlich einer Antenne, die keine Verbindung zum Fernseher hat. Zwar sind die Wellen in der Luft, sie können aber nicht aufgefangen und verarbeitet werden.

Aus dieser Situation heraus generalisieren sich sein Selbstbild (das, was er über sich selbst denkt) und das Fremdbild (was, wie er glaubt, andere von ihm halten) zu einem festen Glaubenssatz, den er auch in andere Bereiche des Lebens überträgt. Zum Beispiel auf die nicht erfolgte Beförderung in seinem Job oder sein Unvermögen, andere Menschen von seiner Meinung oder seinen Ideen zu überzeugen.

Gibt es nicht? Ich habe das selbst bei einem meiner Bekannten erlebt. Als ich ihn bei einem gemeinsamen Abend darauf hinwies, dass er von der Bar aus heftigst angeflirtet wurde, meinte er nur lakonisch: »Die meint dich. Da sieht man mal wieder, dass du überhaupt keine Ahnung von Frauen hast!« Als ich die Dame ansprach, um ihr die Situation zu schildern, musste sie lachen. »Ich dachte, er interessiert sich überhaupt nicht für mich«, sagte sie. Ich stellte die beiden einander vor, doch war mein Bekannter offensichtlich immer noch in seinen negativen Glaubenssätzen gefangen, denn nach zehn Minuten war das Gespräch der beiden schon wieder beendet. Als ich ihn fragte, was passiert sei, antwortete er: »Na, was wohl. Das, was immer passiert. Ich habe sie offensichtlich gelangweilt und sie sucht sich nun einen spannenderen Gesprächspartner.«

Da ich dies kaum glauben konnte, ging ich noch einmal zu der Frau hin und erkundigte mich, was geschehen war und warum das Gespräch so kurz war. Sie meinte: »Na, Ihr Freund leidet ja wirklich unter starken Minderwertigkeitskomplexen. Es tut mir sehr leid, aber wenn sich jemand die ganze Zeit darüber auslässt, wie unattraktiv und uninteressant er sei, kann ich nicht erwarten, einen schönen Abend mit ihm zu verbringen.«

Mein Bekannter hatte eine perfekte Sabotage-Strategie entwickelt, um Recht zu behalten.

Sabotage-Strategien werden häufig genutzt, um allgemeine Gültigkeit für Glaubenssätze, Vorurteile und Verallgemeinerungen, bezogen auf die eigene Person, herzustellen. Sie können aber auch auf andere Menschen oder Situationen angewendet werden. Wenn Sie heute ein Vorurteil gegenüber einer bestimmten Gruppe von Menschen hegen, werden Sie dieses Vorurteil immer wieder bestätigen.

Sabotage-Strategien sind gelebte Vorurteile, die uns in unserem Leben und in unserer Entwicklung einschränken.

Die großen Ideen dieser Welt wären wohl niemals realisiert worden, wenn diejenigen, die sich daran versucht haben, mit einer Sabotage-Strategie nach dem Motto »Das hat noch nie funktioniert« gearbeitet hätten.

Eine weitere beliebte Sabotage-Strategie bilden zu hohe Erwartungen. Wenn Sie sich Ihre Ziele so hoch setzen, dass Sie sie nicht erreichen können, haben Sie das Scheitern programmiert.

....

Übung:

Wir alle haben Sabotage-Strategien entwickelt, wenn es darum geht, etwas nicht zu tun, obwohl wir es wollen. Wir reden uns ein, nicht gut, talentiert, klug oder attraktiv genug für diese Aufgabe zu sein. Eine Möglichkeit, dieses Schema aufzulösen, besteht in den folgenden Handlungsschritten:

1. Analysieren Sie Ihre Sabotage-Strategie

Überprüfen Sie Ihre limitierenden Glaubenssätze und stellen Sie fest, aus welcher Quelle sie stammen. Gibt es dazu ein Referenzerlebnis? Wenn ja, wie konnte es zu dieser Verallgemeinerung kommen und wie konnte in der Folge daraus ein Glaubenssatz werden? Überlegen Sie, wie Sie diesen Glaubenssatz für sich immer wieder bestätigen. Stellen Sie Schritt für Schritt fest, was Sie genau tun müssten, um bei einer bestimmten Problemstellung, hinter der ein negativer Glaubenssatz steckt, *nicht* erfolgreich zu sein. Schreiben Sie diese Vorgehens-

weise auf. Das Gegenteil davon könnte dann Ihre neue Erfolgsstrategie und somit die Lösung des Problems sein.

2. Schaffen Sie sich neue Optionen

Überlegen Sie sich ein völlig neues Verhaltensmuster und schreiben Sie dieses ebenfalls auf. Welche Fähigkeiten benötigen Sie, um diese Verhaltensänderung zu bewerkstelligen? Wo, wie oder durch wen können Sie diese Fähigkeiten lernen? Überlegen Sie, wann und wo Sie diese zum ersten Mal testen können.

3. Lernen Sie aus Ihren Fehlern

Sollten Sie damit nicht erfolgreich sein, entwickeln Sie weitere Alternativen. Gehen Sie dabei genauso vor. Diese Vorgehensweise habe ich mit einem sehr erfolgreichen Dirigenten geübt. Da er an internationalen Häusern dirigiert, hat er es sehr oft mit neuen Orchestern zu tun. Das Verhältnis zwischen Musikern und Dirigent ist nicht immer ent-

....

spannt, denn die klassische Rollenverteilung weist dem Dirigenten die Chefposition, dem Orchestermusiker die des Mitarbeiters zu. Dazu kommt, dass viele Orchester gewerkschaftlich organisiert sind und daher sehr genau festgelegte Pausen- und Ruhezeiten haben, die einer kreativen Arbeitsweise hinderlich sein können. Als er mich um eine Beratung bat, erzählte er mir, dass er sich schon mit seiner Rolle des Chefs, dem unterstellt wird, er würde sie ausbeuten, abgefunden hätte. Seine Meinung über die Orchestermusiker war ebenfalls nicht besonders gut: Er hielt sie für arbeitsscheu und zu wenig engagiert. Eine solche Voreingenommenheit ist der ideale Nährboden für Konflikte.

Wir analysierten zuerst sein Sabotage-Schema und stellten dabei fest, dass er diesen Glaubenssatz aus seiner eigenen Zeit als Orchestermusiker mitgebracht hatte. Durch den Rollenwechsel sah er sich nun bei der kleinsten Kritik an seiner Orchesterführung gleich persönlich infrage gestellt. Seine Reaktion hatte er ebenfalls von seinem damaligen Dirigenten gelernt, der mit äußerster Härte gegen jede Form von Kritik vorgegangen war. Eigentlich hätte er wissen müssen, dass sich dieses Vorgehen ausgesprochen kontraproduktiv auswirkt. Doch leider neigt der Mensch dazu, einmal Gelerntes unreflektiert zu wiederholen, anstatt etwas Neues auszuprobieren. Als er seine Sabotage-Strategie erkannt hatte, überlegte er sich eine neue Verhaltensweise

und entwickelte daraus die folgende Strategie:

1. Vor der ersten Probe mit einem neuen Orchester stelle ich mich selbst und meinen Werdegang dar. Ich vermittle dem Orchester, dass ich auch lange im Orchestergraben saß und meinen Dirigenten hasste. Dies tue ich mit Humor, um den Musikern zu zeigen, dass ich einer von ihnen bin und ihre Probleme verstehe.

2. Dann stelle ich Fragen, wie sie sich die Proben vorstellen und wie sie sich zeitlich arrangieren können. Ich baue einen »guten Draht« zum Orchester auf, indem ich die Musiker für besonders gute Leistungen belohne.

3. Ich lasse sie Teile des aufzuführenden Werkes alleine, ohne Anweisungen vom Pult aus, spielen und lobe die Punkte, die mir gefallen. Danach sage ich ihnen, woran ich mit ihnen arbeiten möchte.

4. In regelmäßigen Abständen hole ich mir das Einverständnis des Orchesters zu dieser Vorgehensweise ab und bedanke mich bei den Musikern für ihren Einsatz.

Mit diesem Konzept war der Dirigent sehr erfolgreich, er ging entspannter in die Proben und die Musiker schätzten seine Art, mit ihnen zu arbeiten. So entwickelte er sich von einem autoritären zu einem kooperativen und sozial kompetenten Dirigenten, dessen Erfolge seitdem noch größer wurden.

Unter uns: Es ist alles Manipulation

Die Statistik sagt, dass mehr als 50 Prozent der Leser eines Buches, das sie zu neuen Handlungen aktivieren möchte, etwa bei der Hälfte aufhören. Und obwohl Sie es bis hierhin geschafft haben, vermute ich, dass sich eine innere Unruhe, ein kleinerer oder großer Widerstand in Ihnen regt. Das ist normal und gehört dazu. Ein Einwand, der mir durchaus öfter begegnet, ist beispielsweise, dass diese vorgestellten »Tricks« nur den Menschen helfen können, die oberflächliche Probleme haben; die eigene Stimmung, das Verhalten oder sogar das Denken zu verändern kann doch gar nicht langfristig möglich sein.

Sollten Sie solche oder ähnliche Gedanken haben, ist das absolut verständlich. Fakt ist: Wenn Sie glauben, dass die »Tricks« bei Ihnen nicht funktionieren, werden sie auch nicht funktionieren und Sie werden auf jeden Fall Recht behalten. Vielleicht nutzen Sie die Inhalte des Buches am wirksamsten, wenn Sie zuerst Ihre kleineren »Problemchen« damit bearbeiten. Wenn Sie feststellen, dass die Methode funktioniert, können Sie sich an die tiefer liegenden Themen wagen.

Und es stimmt: Wir arbeiten tatsächlich mit »Tricks«, nämlich mit Manipulationen unseres Gehirns. Von Paul Watzlawick stammt die Aussage: »Man kann nicht nicht kommunizieren.« In Anlehnung an ihn behaupte ich: »Man kann nicht nicht manipulieren.« Die Frage ist, ob wir uns selbst bewusst und positiv manipulieren

> **Wenn ein Mensch etwas in seinem Leben verändern will und das immer wieder mit den gleichen Mitteln versucht, kann man ihn getrost als dumm betrachten.**
> (WERNER KATZENGRUBER)

wollen oder unbewusst von negativen Erfahrungen und Glaubenssätzen manipuliert und sabotiert werden. Denken Sie darüber nach, wie Sie in Ihrem Leben von anderen Menschen, Umständen, Meinungen etc. manipuliert wurden. Und überlegen Sie, wie Sie sich selbst manipulieren: Denken Sie an das leere Glas, das Sie während einer Veranstaltung 20 Minuten lang in der Hand halten, weil Sie nicht wissen, wohin damit. Erst wenn Sie einen anderen Gast sehen, der sein Glas zwischen den präsentierten Skulpturen deponiert, stellen Sie Ihres schnell daneben. Warum das eine Manipulation ist? Weil wir davon ausgehen, dass eine Handlung richtig ist, wenn viele Menschen diese ausführen. Das ist das Geheimnis von Trends. Wenn Sie eine kritische Masse an Menschen dazu bewegen, einen bestimmten Frisuren- oder Kleidungsstil zu adaptieren, so wird dieser plötzlich modern. Ebenso verhält es sich auch in anderen Lebensbereichen: Wenn Sie sich heute den Tanzstil der 1980er-Jahre ansehen, brechen Sie wahrscheinlich in Lachen aus. Hatten Sie in den 1960er-Jahren eine Tätowierung, wurden Sie von der Gesellschaft als Krimineller bezeichnet. Haben Sie heutzutage keine, sind Sie fast schon spießig.

Wir manipulieren uns selbst durch unser Streben nach innerer Konsistenz und Bestätigung. Sobald wir uns für oder gegen etwas entschieden haben, entsteht in uns eine innere Kraft, die uns zwingt, diese Entscheidung aufrechtzuerhalten – leider oft unabhängig davon, ob sie nun falsch oder richtig ist. Von dieser Meinung lassen wir uns nur schwer abbringen. Warum? Das Streben nach innerer Konsistenz ist für uns wichtig, da wir uns anderenfalls jeden Tag aufs Neue fragen müssten, ob wir den richtigen Job, den richtigen Partner und die richtigen Einstellungen haben.

Als Iwan Pawlow die Reiz-Reaktions-Konditionierung am Beispiel von Hunden entdeckte, bewies er damit, wie wir für Manipulation empfänglich sind. Das bedeutet einerseits, dass wir unsere Denkgewohnheiten verändern können, und andererseits, dass eintrainierte Denk- und Verhaltensmuster nur dann durch neue ersetzt werden können, wenn der neue Reiz stärker ist. In diesem Fall heißt das also, dass die Attraktivität und Wiederholungsfrequenz

sehr hoch sein müssen. Somit sind wir wieder beim Üben. Sie können Ihre Denkmuster verändern, das haben Sie schon oft genug bewiesen. Denn Ihrem Gehirn ist es letztendlich egal, ob es einen Pfad (Engramm) für positive oder für negative Muster bildet. Ihr Gehirn kann nämlich beides gleich gut und differenziert nicht. Also liegt es an Ihnen zu entscheiden, welche Reaktionen auf einen Reiz folgen.

Wie stark positive Emotionen das körperliche Befinden beeinflussen können, hat der Autor und Journalist Norman Cousins bewiesen. Er erkrankte an einer chronischen Entzündung der Wirbelsäule, der so genannten Spondylarthritis, die mit enormen Schmerzen verbunden ist. Seine Ärzte gaben seine Überlebenschance mit 1 zu 500 an. Nachdem er einige Berichte über den Einfluss von negativen Emotionen auf Krankheiten gelesen hatte, versuchte er den Umkehrschluss und befreite sich durch eine selbst verordnete Lachkur von der Krankheit. In seiner Autobiografie »Der Arzt in uns selbst« beschreibt er, wie er sich selbst jeden Tag durch das Lesen lustiger Bücher, durch Filme und Witze zum Lachen brachte. Seine subjektive Feststellung, dass seine Schmerzen nach zehn Minuten Lachen deutlich abnahmen, wurde durch medizinische Tests bestätigt. Cousins löste mit seiner Geschichte einen wahren Boom aus und gilt seitdem als Urvater der Entstehung der Gelotologie (Lachforschung), die heute als ordentliches wissenschaftliches

Gebiet anerkannt ist. 1990 verstarb Cousins an Herzversagen und überlebte damit die Prognose seiner Ärzte um 26 Jahre.

Sein Statement: »Eine medikamentöse Behandlung ist nicht immer erfolgreich, wohl aber der Glaube an Genesung.«

Die Macht der Gewohnheit

Der Mensch gewöhnt sich an alles – den meisten ist dieser Spruch wohl vertraut. Leider ist er wahr, denn wir gewöhnen uns auch an Lebenssituationen, die für uns nicht optimal sind. Wie alles auf dieser Welt hat auch dies zwei Seiten: Die gute Seite ist, dass sie uns in schwierigen Situationen hilft, schmerzhafte und grausame Erlebnisse auszuhalten.

Hierzu ein Beispiel: In meiner Jugend hatte ich einen Freund, dessen Vater das Konzentrationslager in Dachau überlebt hatte. Jakob hatte mir viel von seinem Vater und von den schrecklichen Erlebnissen, die dieser durchgemacht hatte, erzählt. Eines Tages lud er mich zum Abendessen ein, bei dieser Gelegenheit lernte ich seinen Vater kennen. Ich erwartete einen gebrochenen Mann und hatte Sorge, damit nicht richtig umgehen zu können. Stattdessen begegnete mir ein fröhlicher und offener älterer Herr. Von sich aus sprach er auch über seinen Aufenthalt im Konzentrationslager Dachau und sagte etwas, das ich niemals vergessen werde: »Bei allen unmenschlichen Grausamkeiten, die in dieser Zeit pas-

Der Beginn einer Gewohnheit ist wie ein unsichtbarer Faden. Aber jedes Mal, wenn wir die Verhaltensweise wiederholen, stärken wir den Strang, fügen ihm ein weiteres Fädchen hinzu, bis er zu einem dicken Kabel wird, das uns – unser Denken und Handeln – unabänderlich fesselt.

(ORISON SWETT MARDEN)

siert sind, hat sich unter der Oberfläche der inhaftierten Opfer etwas entwickelt, das man nur als zutiefst menschlich beschreiben kann. Ich hätte gerne auf diese Erfahrung verzichtet, aber sie hat mich auch einiges gelehrt. Die wichtigste Erkenntnis für uns alle war, dass wir mehr aushalten können, als wir uns in unseren schlimmsten Träumen vorstellen können. Wir haben Situationen als normal empfunden, die jedem, dem ich davon erzähle, das Blut in den Adern gefrieren lässt. Diese Gewöhnung an das Unglaubliche befähigte uns damals aber zu überleben und hat uns stark gemacht.«

Vielleicht haben Sie in Ihrem Leben auch Erfahrungen gemacht, bei denen Sie sich an etwas Schlimmes gewöhnen mussten, um damit umgehen zu können. Dafür ist diese Fähigkeit der Menschen sehr nützlich und wertvoll.

Betrachten wir jedoch die andere Seite, können wir feststellen, dass die Macht der Gewohnheit auch leicht zu einer Falle werden kann, aus der nur schwer zu entkommen ist. Wir gewöhnen uns an viele Dinge, die wir für unvermeidlich halten, wissen aber dabei ganz genau, dass es sich eigentlich um eine Ausrede handelt. Zugegeben, es ist wunderbar bequem, sich an einen Umstand zu gewöhnen, auch wenn dieser uns nicht weiterbringt. Was Sie jetzt sind, was Sie tun oder lassen, ist das Ergebnis Ihrer Gewohnheiten. Wenn Sie diese einfach beibehalten, werden Sie keine Veränderung erzielen, sondern sich weiterhin mit dem zufriedengeben müssen, was Sie bereits erreicht haben. Wenn Sie zum Beispiel lieber zu Hause auf dem Sofa liegen und Fast Food in sich hineinschaufeln, in Wirklichkeit aber abnehmen wollen, wird Ihnen nichts anderes übrig bleiben, als Ihre Gewohnheiten zu verändern. Einen anderen Weg gibt es nicht. Zwar bemüht sich die Pharmaindustrie mit Appetitzüglern und allerlei Chemie, Ihnen dies zu ermöglichen – bisher aber mit wenig Erfolg.

Wenn Menschen gefragt werden, warum sie jeden Tag zur Arbeit gehen, antworten über 80 Prozent, weil sie das müssen, um Geld zu verdienen. Wenn man die Statistik der Arbeitsunfähigkeitstage der Mitglieder einer deutschen Krankenkasse betrachtet, eröffnet sich ein erschreckendes Bild: In acht Jahren stiegen die Krankheitstage aufgrund psychischer Erkrankungen der Mitglieder um 69 Prozent.

Geld verdienen um jeden Preis? Was treibt die Menschen dazu, einen großen Teil ihres Lebens mit einer Tätigkeit zu verbringen, die ihnen keinen Spaß macht? Oft auch noch in einem Umfeld, in dem sie sich unwohl fühlen? Wahrscheinlich ist es die Macht der Gewohnheit, die Menschen dazu bringt, selbst bis zur vollkommenen psychischen Erschöpfung an etwas festzuhalten, anstatt neue Wege zu beschreiten. Hier wird die Gewohnheit zum gefährlichen Gegner – nicht nur, weil wir uns an Situationen gewöhnen, die wir gar nicht wollen, sondern auch wegen der verheerenden Folgen für die eigene Zukunft.

Stellen Sie sich vor, jemand geht jeden Tag in sein Büro, obwohl er dazu überhaupt keine Lust hat. Er versucht, die Zeit totzuschlagen – wertvolle Lebenszeit – und seine Arbeit so gut wie möglich zu erledigen. Trotzdem liegt es auf der Hand, dass einer solchen Person jegliche Motivation bei der Arbeit fehlen wird. Wie soll ihre berufliche Zukunft denn auch aussehen? In ihrem momentanen Unternehmen wird sie mit dieser Haltung kaum eine weitere Karriereperspektive aufbauen können und nimmt sich so also selbst die Chance weiterzukommen. Finden Sie das nicht traurig? Gibt es dafür überhaupt eine Ausrede?

Die Ursache für dieses Verhalten findet sich in unserem mentalen Betriebssystem: Das menschliche Gehirn besitzt die Eigenschaft, einerseits recht träge, aber andererseits auch neugierig zu sein. Bildlich gesprochen sitzt es in einem Überwachungsraum und passt auf, dass nichts Gefährliches passiert. Wie die meisten Individuen, die in solchen Überwachungsräumen arbeiten, fühlt sich auch das Gehirn ganz zufrieden mit seiner Tätigkeit, solange es keine besonderen Vorkommnisse gibt. Passiert aber etwas Außergewöhnliches, ist es sofort hellwach. Alle Warnsignale leuchten auf und das Gehirn überlegt sich, was es damit auf sich hat und wie es darauf reagieren soll. Wenn sich die Situation am nächsten Tag wieder-

holen würde, würde es Ihr Gehirn zwar noch interessieren, aber viel Aufmerksamkeit würde es der Angelegenheit nicht mehr schenken. Und auch wenn die nächsten 14 Tage immer wieder dasselbe Problem gelöst werden müsste, wird Ihr Gehirn dies gar nicht mehr bewusst registrieren. Erst wenn sich am 15. Tag die Situation plötzlich wieder normalisiert hätte, würde sich Ihr Gehirn fragen, warum das so ist.

Fazit: Unser Gehirn und damit auch der Mensch gewöhnt sich sehr schnell an Situationen. Wie wir wissen, kann das positive, aber auch negative Auswirkungen auf unsere Lebensplanung haben. Jetzt gilt es zu entscheiden, wie wir auf der einen Seite das Positive der Macht der Gewohnheit nutzen und gleichzeitig das Negative vermeiden. Denken Sie darüber nach.

AUFGABE:

Bitte überlegen Sie für sich, wo Sie die Macht der Gewohnheit davon abhält, etwas Neues in Angriff zu nehmen. Wie wollen Sie künftig diese Gewohnheit durchbrechen?

Tun Sie, als ersten Schritt, einfach bestimmte Dinge in Ihrem Leben einmal anders, um gewohnte Denkmuster zu verlassen oder sogar Neues auszuprobieren. Ändern Sie zum Beispiel Ihren Tagesablauf, indem Sie eine Woche lang eine halbe Stunde früher aufstehen und die gewonnene Zeit für sich selbst nutzen.

Schauen Sie sich im Fernsehen bewusst Sendungen an, die Sie sonst nicht sonderlich interessieren. Gehen Sie einmal in andere Lokale als üblich. Fahren Sie einmal ganz woanders in den Urlaub. Reden Sie mit Menschen, mit denen Sie sonst keinen Kontakt hätten. Achten Sie einmal eine Woche bewusst auf gesunde Ernährung. Dadurch kommen Sie nicht nur so manchen einengenden Denkmustern auf die Schliche, sondern haben gleichzeitig auch Gelegenheit, Ihren »Horizont« zu erweitern.

Selbsttest zum Kapitel »Denken verändern«

Bitte kreisen Sie die jeweilige Zahl ein, zu der Sie sagen:

0 = Stimmt nicht   1 = Stimmt selten   2 = Stimmt manchmal   3 = Stimmt immer

Es fällt mir leicht, mich auf neue Situationen einzustellen.	0	1	2	3
Technologische Innovationen interessieren mich.	0	1	2	3
Ich fahre nie zweimal an denselben Ort in den Urlaub.	0	1	2	3
Ich habe Spaß daran, Neues zu lernen.	0	1	2	3
Mein Leben ist ein ständiger Lernprozess.	0	1	2	3
Ich stehe beruflichen Veränderungen positiv gegenüber.	0	1	2	3
Mir würde es nichts ausmachen, in einem anderen Land zu leben.	0	1	2	3
Routinearbeiten fallen mir schwer, da ich Dinge ungern wiederhole.	0	1	2	3
Meine Beziehungen zur Familie, zu Freunden und zum Partner haben sich in den letzten Jahren positiv verändert.	0	1	2	3
In einem Streit gewinnt derjenige, der die besseren Argumente hat.	0	1	2	3
Ich habe keine Vorurteile, wenn ich Menschen kennenlerne.	0	1	2	3
Ich bin bereit, gute Ratschläge anzunehmen, wenn sie von Experten kommen.	0	1	2	3

Auswertung:

0–17 Sie stehen Veränderungen skeptisch gegenüber. Bedenken Sie, dass Veränderungen zu jeder Entwicklung gehören. Planen Sie Veränderungen in kleinen Schritten und überfordern Sie sich nicht.

18–24 Sie sind offen für Neues, fühlen sich aber wohler, wenn ein hohes Maß an Kontinuität und Berechenbarkeit vorhanden ist. Machen Sie sich Gewohnheiten oder Rituale zunutze, um Ihre Erfolgsplanung durchzuführen.

25–30 Sie haben gelernt, dass Leben und Lernen kontinuierliche Veränderungen im Denken und Handeln nach sich ziehen. Sie besitzen genügend Veränderungsbereitschaft, um auf neue Situationen flexibel zu reagieren. Optimieren Sie Ihre Planung durch klare Prioritäten.

31–36 Sie reagieren schnell auf Veränderungen und sind selbst in einem permanenten Veränderungsprozess. Gehen Sie plan- und maßvoller mit Ihren Ressourcen um. Flexibilität ist eine wunderbare Gabe. Doch wer sich dauernd bewegt, kommt nirgends an.

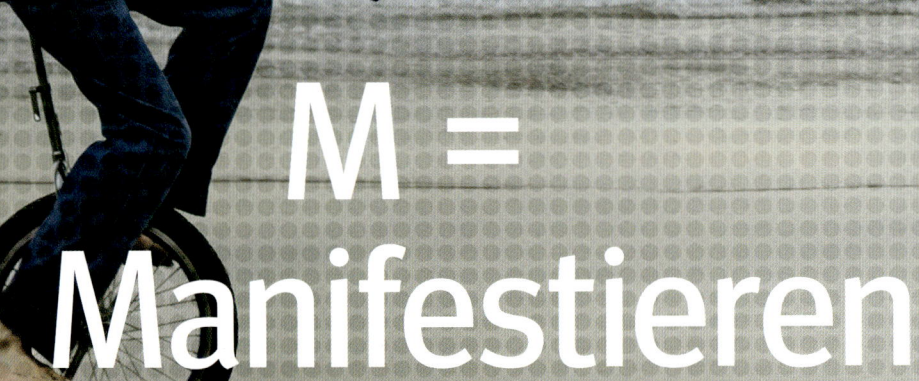

M =
Manifestieren

Sie kennen das: Sie haben wichtige Entscheidungen getroffen, einen Aktionsplan dazu entworfen, das richtige Timing gewählt und doch bleibt ein Rest von Unsicherheit, ob Sie Ihre Pläne in die Tat umsetzen können. Es geht in den folgenden Abschnitten noch ein letztes Mal darum, die Schlüssigkeit Ihrer Entscheidungen zu überprüfen und Ihre Ziele zu manifestieren.

Fünf Schritte zur Veränderung

In diesem Buch haben Sie bereits mehrfach davon gelesen, wie wichtig es ist, sich von Zeit zu Zeit von außen zu betrachten. Dies ist nicht immer ganz einfach. Ich nutze dazu eine Methode in fünf Schritten. Sie wird Ihnen bewusst machen, dass Sie über die freie Entscheidung hinsichtlich Ihrer Reaktionen verfügen. Prägung hin oder her: Sie sind der einzige Mensch, der wirklich Ihre Reaktionen bestimmen kann.

Folgende Übung sollten Sie so oft wiederholen, bis Sie sie unbewusst ausführen können. Sie muss sich zu einem Automatismus entwickeln, den Sie in schwierigen Situationen anwenden, ohne darüber nachzudenken. Außerdem ist sie hervorragend dafür geeignet, Ihre Aufmerksamkeit auf die wirklich wichtigen Dinge zu richten und sich nicht ablenken zu lassen. Sie kennen sicher die Situation, wenn Sie eigentlich noch etwas vorhaben, aber die Motivation nicht so richtig dafür vorhanden ist. In diesen Momenten neigt man dazu, sich

Man kann ein Problem nicht mit den gleichen Denkstrukturen lösen, die zu seiner Entstehung beigetragen haben.
(ALBERT EINSTEIN)

eine Ablenkung zu schaffen, zum Beispiel eine kleine Pause vor dem Fernseher, die eigentlich nur eine Viertelstunde dauern sollte und sich stattdessen zum abendfüllenden Programm auswächst. Wenn Sie sich dann vor der Mattscheibe müde gesehen haben, ärgern Sie sich, dass Sie Ihre Aufgaben nicht erledigt haben. Ich bezeichne solche Ereignisse als Zeiten der Fehlmotivation. Ihre innere Antriebsfeder hat Ihre Konzentration auf das falsche Ziel gelenkt.

Übung:

Schritt 1: Sagen Sie innerlich Stopp

Unabhängig davon, ob Sie sich gerade über jemanden oder etwas ärgern, ob Sie gerade eine Aufgabe erledigen wollen, zu der Sie momentan keine Lust haben – sagen Sie »Stopp!«. Oder, wenn es sein muss, schreien Sie es innerlich oder auch laut heraus.

Schritt 2: Gönnen Sie sich eine Pause

Jetzt haben Sie sich etwas Zeit verdient, um abzukühlen und wieder einen klaren Kopf zu bekommen. Bei einem meiner vielen Hotelaufenthalte wurde ich unfreiwillig Zeuge eines Streits zwischen dem Hoteldirektor und seiner Assistentin. Die Reaktion auf die anklagenden Worte ihres Chefs fand ich erstaunlich. Sie hörte sich alle Argumente ihres Vorgesetzten an und sagte dann, sie bräuchte jetzt eine kurze Pause, um über den Inhalt des Gesagten nachzudenken. Etwas verwundert über die Reaktion seiner Assistentin stimmte der Hoteldirektor zu. Als ich die junge Frau fragte, wo sie diese Souveränität gelernt hätte, antwortete sie mir, dass sie gerade an einem Verhaltenstraining teilgenommen hätte, bei dem es um die Annahme von Kritik ging. Sie sei ein sehr impulsiver Mensch gewesen und früher bei Kritik sofort zum Gegenangriff übergegangen. Im Seminar habe sie gelernt, konstruktiv mit Kritik umzugehen und sich erst einmal eine Pause zu gönnen, um den Inhalt der Kritik mit etwas Abstand zu bewerten. Wie man an diesem Beispiel sieht, reicht oft schon eine kleine Pause aus, um Abstand zur emotionsgeladenen Situation zu gewinnen.

Schritt 3: Schaffen Sie sich Distanz

Distanzieren Sie sich von einem negativen Ereignis, indem Sie zum Beispiel die Umgebung ändern oder etwas Zeit vergehen lassen. Betrachten Sie die Situation dann inhaltlich und rational. Versuchen Sie, alle Gefühle außen vor zu lassen. Am besten stellen Sie sich vor, Sie selbst seien gar nicht betroffen. Schlüpfen Sie in die Rolle eines Beraters, der herausarbeitet, wie eine der Situation angemessene Reaktion aussieht. Einer meiner Klienten, ein sehr erfolgreicher Schauspieler, hat ein großes Foto von sich in seinem Büro hängen. Als ich es zum ersten Mal sah, musste ich innerlich lächeln, denn ich dachte natürlich, dass er ein enorm eitler Mensch sein müsse. Er erkannte meine Gedanken und erklärte mir, dass dieses Bild nicht seinem Ego diene. Er habe es aufgehängt, um in schwierigen Situationen oder bei wichtigen Entscheidungen mit sich selbst zu sprechen. Er war dann sozusagen sein eigener Berater. Ich fand diese Vorgehensweise zuerst einmal sehr befremdlich, dann aber sehr effizient und kreativ.

Schritt 4: Denken Sie in Wahlmöglichkeiten

Sie haben immer die Wahlmöglichkeit, wenn es um eine konfliktreiche Situation oder eine schwierige Entscheidung geht. Arbeiten Sie Wahlmöglichkeiten heraus, bevor Sie eine Entscheidung treffen. Fragen Sie sich, welches die Konsequenzen Ihrer Wahl sind. Aber auch, was passieren wird, wenn Sie keine Wahl treffen, sondern anderen die Wahl über Ihre Entscheidung überlassen. Nicht immer ist die erste Wahl die beste. Deshalb sollten Sie sich bemühen, mindestens drei adäquate Wahlmöglichkeiten zu finden, um eine Entscheidung zu treffen. Suchen Sie sich dann die für Sie beste aus.

Schritt 5: Wählen Sie die beste Reaktion/ Entscheidung

Treffen Sie jetzt Ihre Entscheidung. Wenn Sie keine rationalen Gründe finden, dann hören Sie auf Ihren Bauch oder Ihr Herz.

Erst nach diesen Schritten haben Sie Ihre Entscheidung gründlich überdacht, inhaltlich überprüft und diese Entscheidung passt dann auch zu Ihrer Situation. Je öfter Sie diese Methode anwenden, desto leichter wird sie Ihnen fallen.

Übung macht den Meister

Wie wir wissen, wird eine Fähigkeit umso besser beherrscht, je öfter man sie wiederholt. Das trifft auf alle Lebensbereiche zu. Schon im Kindesalter lernen wir, dass das Laufenlernen eine relativ schwierige Angelegenheit mit einigen schmerzvollen Erfahrungen ist. Aber trotzdem bleiben wir nicht liegen, wenn wir auf die Nase gefallen sind,

Übung:

Wie Sie eine Verhaltensänderung durchsetzen können.

Eine dauerhafte Verhaltensänderung, wie beispielsweise jeden Morgen um 6 Uhr zu joggen, ist nicht ganz einfach zu realisieren. Hierbei kann Ihnen folgende Vorgehensweise behilflich sein, mit der es schon viele Menschen geschafft haben, positive Veränderungen in ihrem Leben zu bewirken. Es handelt sich dabei um die »Benjamin-Franklin-Methode«. Sie funktioniert folgendermaßen:

- Erstellen Sie eine Liste mit sechs bis zwölf Punkten, die Sie an Ihrem Verhalten oder Ihren Gewohnheiten verändern wollen.

- Nehmen Sie sich jede Woche einen Punkt vor (Schwerpunkt der Woche).

- Arbeiten Sie die ganze Woche täglich daran und bewerten Sie Ihre täglichen Fortschritte.

- Am Ende der Woche ziehen Sie dann ein kurzes schriftliches Fazit.

- In den folgenden Wochen nehmen Sie sich den nächsten Punkt/die jeweils nächsten Punkte vor.

Wenn Sie sich beispielsweise für ein Jahr neun Punkte vorgenommen haben, so werden Sie am Jahresende für jeden Punkt etwa sechs Wochen geübt haben. Einige Punkte werden Sie damit schon vollständig in Ihr Leben integriert haben, die anderen übernehmen Sie wieder auf die Punkteliste des nächsten Jahres. Diese neue Liste ergänzen Sie dann um weitere Punkte, um Ihre beständige Weiterentwicklung zu sichern.

sondern stehen wieder auf. Dieses Durchhaltevermögen sollte man auf alle Bereiche des Erwachsenenlebens übertragen. Egal was wir später lernen, es gibt nur einen Weg, seine Leistung zu optimieren: Wir müssen üben. Zwar fällt uns mit jeder Übung das Gelernte leichter, doch leider sind die letzten Meter zum Ziel oft die schwierigsten.

MENTALES TRAINING

Eine sehr gute Möglichkeit, den eigenen Lernerfolg zu steigern, bildet das mentale Training. Darunter fallen viele Techniken vom entspannenden autogenen Training oder der progressiven Relaxation bis hin zu speziellen Techniken, die zum Beispiel auch in der Rehabilitation von Herzinfarktpatienten erfolgreich Anwendung finden. Ein interessantes Experiment wurde mit Sportlern durchgeführt, die sich im Training verletzt hatten und einen Gips tragen mussten. In zwei Versuchsgruppen mit ähnlichen Verletzungen wurde bei der

Wenn die Menschen wüssten, wie sehr die Gedanken beeinflussen, würden sie entweder weniger oder anders denken.
(ANDREAS TENZER)

einen mithilfe eines mentalen Trainings ein Muskeltraining durchgeführt. Das heißt, die Sportler stellten sich das Training sozusagen nur vor und visualisierten es gedanklich. Die zweite Vergleichsgruppe führte dieses imaginäre Training nicht durch. Nach Verletzungen und dadurch bedingten Ruhezeiten verkleinert sich ein Muskel sehr schnell, da er nicht beansprucht wird. Nachdem den Sportlern der Gips abgenommen wurde, stellte man fest, dass die Gruppe, die das mentale Krafttraining durchgeführt hatte, einen deutlich geringeren Muskelschwund aufwies als die Vergleichsgruppe.

Dies beweist, wie effektiv mentales Training wirkt und wie stark unsere Gedanken auf unsere physische Befindlichkeit Einfluss nehmen.

Mentale Stärke

Wie bereits festgestellt, manifestieren sich die Gedanken als innere Stimme in einem fast permanenten inneren Monolog oder Dialog. Ergänzt wird dies durch Bilder und Filme, die vor unserem geistigen Auge ablaufen; sie wirken wie ein inneres Kino. Wer aber ist der Regisseur dieser Filme?

In verschiedenen psychologischen Disziplinen wird der Kraft der Visualisierung viel Aufmerksamkeit geschenkt. Beispielsweise ist diese Technik in der Sportpsychologie schon sehr lange als wirkungsvolles Instrument der positiven Konditionierung etabliert und wird dort im Allgemeinen als Mentaltraining bezeichnet. Früher als Hokuspokus belächelt, haben besonders die Spitzensportler aus der damaligen Sowjetunion diese Form des mentalen Trainings genutzt und bereits in den 1960er-Jahren intensiv mit Trance und Hypnose gearbeitet, um spezielle Bewegungsabläufe nicht nur körperlich, sondern auch geistig zu trainieren. Die Spitzenleistungen, die diese Sportler dabei erbracht haben, sind in die Sportgeschichte eingegangen.

Erst in den 1970er-Jahren sind auch hierzulande die Möglichkeiten sowie die Grenzen der Visualisierung erforscht und erstaunliche Erkenntnisse zutage gebracht worden. Sportpsychologen haben beispielsweise herausgefunden, dass Spitzensportler sich nur wenig voneinander unterscheiden. Physisch sind die Top 50 der Tennis-Weltrangliste nahezu alle gleich gut. Sie trainieren nach ähnlichen Methoden, absolvieren ihr Fitnessprogramm und spielen jeden Tag unzählige Bälle über das Netz. Vielleicht ist Ihnen schon einmal aufgefallen, dass in Interviews nach einem Sieg sehr häufig die Aussage kommt: »Ich war mental stärker als mein Gegner.«

Was bedeutet diese mentale Stärke? Sie ist ein Zeichen für Motivation, für das unbedingte Wollen und den unerschütterlichen Glauben an die eigene Leistung. Ich habe selbst einige Spitzensportler durch Wettkämpfe begleitet und mit ihnen an ihrer mentalen Kraft gearbeitet. Eine Spitzenleistung bringen Sportler nur, wenn sie im höchsten Maße konzentriert sind. Wenn

Stärke entspringt nicht aus physischer Kraft, sondern aus einem unbeugsamen Willen.
(MAHATMA GANDHI)

Sie zum Beispiel Skifahrer vor einem Abfahrtslauf beobachten, werden Sie feststellen, dass sie vor einem Rennen im Geist die Strecke abfahren. Sie sitzen in der Hocke in ihrer Kabine, die Augen dabei fest geschlossen. Vor ihrem inneren Auge fahren sie die schwierigen Passagen in optimaler Abfahrtshaltung ab. Diese mentale Vorbereitung ist wichtig, um dem Gehirn eine mentale Routine zu vermitteln.

Das wirkt sich vorteilhaft aus, da das menschliche Gehirn zwischen Realität und Fantasie nur insofern unterscheiden kann, als es die Realität mit allen Sinnen wahrnehmen kann. Fallen die Erinnerungen an konkrete Sinneswahrnehmungen weg, kann das Gehirn nicht mehr entscheiden, ob es sich um Wahrheit oder Fantasie handelt. Sicher kennen Sie auch die Situation, wenn Sie aus dem Schlaf aufschrecken und für einige Sekunden nicht wissen, ob Sie geträumt oder das Geträumte tatsächlich erlebt haben. In genau diesen Zustand versetzen sich Spitzensportler, um sich auf den Wettkampf vorzubereiten. Skirennläufer lernen, sich so stark in die zukünftige Situation des Rennens hineinzufühlen, dass das Gehirn diese Trockenübung als nahezu real auffasst. Wenn sie dann auf der Piste sind, arbeiten sie eine Routine ab, die ihr Gehirn schon einige Male gelernt hat. Sie konzentrieren sich nur noch darauf, diese positive Erfahrung optimal zu wiederholen. Dieses mentale Training von Bewegungsabläufen ist eine spezifische Trainingsmethode, die gezielt erlernt werden muss. Jeder Mensch hat die Fähigkeit, dies zu lernen, aber auch hier kommt die alte Weisheit »Vor den Erfolg hat der Herr den Schweiß gestellt« zum Tragen. Weit verbreitet ist die Ansicht, dass die wiederholte Vorstellung der Bewegungsabläufe ausreicht, um diese Routinen im Gehirn zu

---

Übung:

Machen Sie jetzt bitte folgendes Experiment:

Schließen Sie die Augen und stellen Sie sich eine unangenehme Situation vor, zum Beispiel ein peinliches Ereignis oder eine Auseinandersetzung, in der Sie aus der Fassung geraten sind. Versuchen Sie, vor Ihrem inneren Auge das Erlebte möglichst exakt ablaufen zu lassen. Nehmen Sie sich dabei assoziiert wahr, das bedeutet, sehen Sie die Situation durch Ihre eigenen Augen. Das Gegenteil hiervon wäre dissoziiert, also wenn Sie sich selbst in dieser Situation beobachten würden. Nehmen Sie auch die Worte, die Gesichtsausdrücke, die Umgebung und die Gefühle so intensiv wahr wie nur möglich. Wenn Sie Ihre Augen wieder geöffnet haben, achten Sie auf Ihr Gefühl. Wie geht es Ihnen jetzt? Wahrscheinlich werden Sie ähnliche Gefühle haben wie zu dem Zeitpunkt, an dem Sie sich tatsächlich in dieser Situation befanden.

Nun kommen wir zum zweiten Teil unseres Experiments: Schließen Sie wieder die Augen und spulen Sie den Film noch einmal ab, diesmal aber unter anderen Voraussetzungen: Sie sind nun in der Rolle eines Coach, sollen die Situation bewerten und sich selbst Ratschläge geben. Sie sehen die Situation diesmal aus einer dissoziierten, einer Metaperspektive. Das bedeutet, Sie sehen die Situation von außen. Versuchen Sie, in Ihrer Visualisierung diesmal keine Gefühle als Betroffener zu erzeugen, sondern stehen Sie jetzt außerhalb des Geschehens. Betrachten Sie die Situation und überlegen Sie, wie sich die handelnde Person (Sie selbst) das nächste Mal besser verhalten kann. Sie können Ihren Film auch zurückspulen, auf Zeitlupe stellen oder ihn anhalten. Mit ein wenig Übung wird Ihnen das bald leichtfallen.

etablieren. Aus der Verhaltenstherapie weiß man jedoch, dass das Visualisieren zwar hilfreich ist, jedoch alle Sinne in das mentale Training einfließen müssen, um ein optimales Ergebnis zu erzielen. Um sich also bestmöglich vorzubereiten, müssen alle Sinnesreize, das heißt visuelle, auditive, olfaktorische (Wahrnehmung von Gerüchen), emotionale und haptische (Tastsinn betreffend) Vorstellungen, eingebunden werden. Die Qualität des Ergebnisses hängt davon ab, wie gut es gelingt, diese inneren Prozesse zu empfinden. In der Sportpraxis wird regelmäßig zwischen mentalem und realem Training gewechselt, um die mentale Handlung und die tatsächliche Auswirkung miteinander zu vergleichen. Auch für die Rehabilitation wird diese Form des Trainings angewendet.

Diese Erkenntnisse gelten aber nicht nur für Spitzensportler; auch Sie können davon profitieren, wenn Sie dazu die notwendige Motivation mitbringen.

Mit der eben durchgeführten Übung haben Sie den Unterschied zwischen einer assoziierten und einer dissoziierten Visualisierung gelernt. Sobald man sich selbst aus einer dissoziierten Perspektive betrachtet, werden die emotionalen Eindrücke geringer und man bekommt eine objektivere Einstellung zu den Ereignissen. Speziell in schwierigen Situationen, wie zum Beispiel bei wichtigen Entscheidungen, kann man sich selbst in eine Beraterfunktion »denken« und dadurch ein höheres Maß an Objektivität gewinnen. Diese Übung wird in Entscheidungsprozessen oder zwischenmenschlichen Konflikten genutzt, um sich selbst zu beraten. Ähnlich wie es der Schauspieler in unserem vorherigen Beispiel getan hat.

Dieses Vorgehen ist nicht neu, selbst Walt Disney nutzte eine ähnliche Strategie, um sich selbst zu beraten. Die »Disney-Strategie« wird häufig in Kreativitätsseminaren eingesetzt. Sie beruht darauf, dass Walt Disney drei Stühle in seinem Büro hatte, auf denen er unterschiedliche Rollen einnahm. Ein Stuhl war für den Träumer, also den Kreativen, reserviert. Wenn er auf diesem Stuhl saß, entwickelte er neue Ideen und Konzepte für seine Filme. Hierbei kannte er keine Beschränkungen und erlaubte sich die grenzenlose Freiheit seiner Kreativität. Auf dem zweiten Stuhl nahm er die Rolle des Realisten ein. In dieser Position dachte er über die technische Umsetzbarkeit, über Kosten und mögliche Probleme nach, die im kaufmännischen und technischen Bereich lagen. Der letzte Stuhl gehörte dem Kritiker, der alle Einwände aufzeigte und Fragen nach den Risiken stellte. Erst wenn alle drei unterschiedlichen Charaktere, die Walt Disney in einer Person darstellte, eine gemeinsame und für alle Parteien zufriedenstellende Lösung erarbeitet hatten, wurde ein neues Projekt in die Tat umgesetzt. In Managementtrainings wird diese Vorgehensweise unterrichtet, um in einen Entscheidungsprozess alle Aspekte einzubeziehen.

Tipp: Probieren Sie die Disney-Strategie selbst aus. Stellen Sie sich zum Beispiel Ihren nächsten Urlaub vor und planen Sie ihn mit der Methode der drei Stühle.

Sinne und Submodalitäten

Innerhalb der verschiedenen wissenschaftlichen Schulen gibt es weder eine klare Definition, was genau ein Sinnessystem ist, noch sind sie sich darüber einig, wie viele Sinne wir Menschen tatsächlich besitzen. Die einzige gemeinsame Definition besteht darin, dass Sinne die Fähigkeit und Aufgabe haben, Reize wahrzunehmen.

Wissenschaftler an der Washington University in St. Louis haben in unserem Gehirn einen neuen Sinn entdeckt: Anterior Cingulate Cortex, kurz ACC. Dieser neu entdeckte Sinn hat die Aufgabe eines Frühwarnsystems, welches Risiken und Gefahren abschätzt. Dazu vergleicht er gespeicherte Erfahrungswerte mit aktuellen Umwelteindrücken. Joshua Brown, einer der beteiligten Forscher, erklärte: »Der Hirnbereich ACC warnt uns, wenn unser Verhalten ein negatives Ergebnis zu produzieren droht. Damit gibt es uns die Chance, vorsichtiger zu handeln und Fehler zu vermeiden.«

Für unsere Betrachtung bleiben wir aber bei den schon von Aristoteles beschriebenen fünf Sinnen: Sehen, Hören, Fühlen, Schmecken und Riechen. Der so genannte »vestibuläre Sinn«, auch Gleichgewichtssinn genannt, spielt für unseren Zusammenhang keine Rolle. Alle menschlichen Sinne arbeiten unbewusst, wir spüren sie

> **Manche Menschen sehen die Dinge, wie sie sind, und fragen: »Warum?« Ich wage, von Dingen zu träumen, die es niemals gab, und frage: »Warum nicht?«**
>
> (ROBERT F. KENNEDY, NACH GEORGE BERNARD SHAW)

nur dann, wenn sie aktiviert werden. Um mit ihnen zu arbeiten, müssen wir sie uns ins Bewusstsein rufen. Dann sind wir in der Lage, die unterschiedlichen Intensitäten unserer Sinne und damit unserer Gefühle zu steuern. Wenn wir uns zum Beispiel ein Haus vorstellen, dann haben wir die Möglichkeit, dieses Haus gedanklich in unterschiedlicher Farbe zu gestalten. Unser mentales Bild von dem Haus können wir zudem mit lauter oder leiser Musik unterlegen und uns eine fröhliche Familie im Garten dazu denken. Wenn wir dieses Szenario intensiv genug imaginieren, werden wir dazu auch einen bestimmten, in diesem Falle wahrscheinlich positiven Gefühlszustand entwickeln. Genauso können wir aber auch traurige Musik unter unseren inneren Film legen und das Haus in einer hässlichen Farbe anmalen. Die Familie ist verschwunden, der Garten vernachlässigt und es regnet. Wie ändern sich Ihre Gefühle bei diesem Film? Sie sehen, Sie können nicht nur die unterschiedlichen Wahrnehmungen steuern, sondern Sie steuern damit auch Ihre Gefühlswelt. Dieses Beispiel zeigt anschaulich die Arbeit mit Submodalitäten.

Eine »Submodalität« bedeutet in der Psychologie eine qualitative Untergliederung unserer Sinnessysteme. Damit ist gemeint, dass wir laut und leise, hell und dunkel, heiß und kalt etc. mit unseren Sinnen erfassen und bewerten können. Alle Eindrücke, die wir aufnehmen, werden jeweils in unterschiedlichen Sinnessystemen gespeichert. Menschen beschäftigen einen großen Teil ihres Gehirns mit visuellen Erfahrungen, aber auch Geräusche, Gerüche oder ein bestimmter Geschmack lösen bei uns Erinnerungen aus. Kennen Sie auch den besonderen Geruch, der Sie immer wieder in die Grundschulzeit zurückversetzt? Für mich ist es der Geruch von Linoleum. In meiner Grundschule lag dieser Boden in allen Räumen und jedes Mal, wenn ich diesen Geruch in die Nase bekomme, sehe ich meine alte Schule vor

meinem geistigen Auge. Sicher kennen Sie noch eine Menge an Geräuschen, Gerüchen oder Geschmäcken, die Sie an einen bestimmten Ort und in eine bestimmte Zeit versetzen.

Wie können uns Submodalitäten unterstützen, wenn es darum geht zu imaginieren? Durch die unterschiedlichen Möglichkeiten, die einzelnen Submodalitäten zu verändern, erhalten wir in der Folge davon eine unterschiedliche Intensität im Gefühlsbereich. Ich habe beispielsweise einmal mit einem Mann zusammengearbeitet, der sich nach einem schweren Autounfall nicht mehr in der Lage sah, ein Auto zu steuern. Er hatte schon unzählige Therapien hinter sich, aber sein innerer Widerstand gegen das Autofahren war immer noch zu hoch. Um dies aufzulösen, versetzte ich ihn in einen tranceähnlichen Zustand und durchlief das Erlebte noch einmal mit ihm in dissoziierter Haltung. Das ist keine einfache Angelegenheit und ich warne Sie davor, so etwas ohne Ausbildung im Bekannten- oder Freundeskreis auszuprobieren. Wenn sich der Betroffene zu stark in die Situation hineinversetzt, kann es passieren, dass er danach größere Probleme hat als vorher. Schlimmstenfalls verfällt er in einen Schockzustand.

Zurück zu meinem Klienten. Als er den Unfall sozusagen von außen sah, gab ich ihm die Anweisung, die Farbe aus dem imaginierten Film zu nehmen und ihn noch einmal ablaufen zu lassen. Er erzählte mir während unserer Sitzung bei jeder Veränderung der Submodalitäten, wie sich seine Gefühle veränderten. Das war wichtig, um festzustellen, auf welche Submodalitäten er besonders stark reagierte und in welche Richtung sich seine Gefühle veränderten. Der nächste Schritt war, den Film mit Zirkusmusik zu untermalen. Das klingt jetzt etwas seltsam, aber mein Klient reagierte mit einem Lächeln darauf, während er meiner Anweisung folgte – ein erstes positives Signal. Danach ließen wir den imaginierten Film bis auf Briefmarkengröße schrumpfen, spielten ihn dann von hinten nach vorne durch und ließen ihn und am Ende in einem schwarzen Punkt verschwinden. Während dieser Zeit habe ich ihn auch von der dissoziierten in die assoziierte Perspektive wechseln lassen. Dieser Prozess dauerte vier Stunden und mein Klient war danach so durchgeschwitzt, als hätte er einen Dauerlauf hinter sich gebracht. Am Ende konnte er sich zwar noch an den Unfall erinnern, aber sein gefühlsmäßiger Bezug dazu war bei Weitem nicht mehr so stark. Als er drei Tage später zu einer Nachbesprechung in die Praxis kam, parkte er sein Auto stolz direkt vor der Tür. Diese Methode ist eine von vielen Möglichkeiten, um negativ konditionierte Gefühle umzuwandeln. Es gibt aber auch andere wirksame Alternativen in der psychologischen Arbeit.

An diesem Beispiel können Sie gut erkennen, wie stark die Arbeit mit Submodalitäten auf Ihre Gefühle und damit auch auf Ihre Einstellungen und Ihr Verhalten einwirken kann. Sie brauchen dazu keinen Coach oder Therapeuten, sofern es sich nicht um ernste psychische Probleme handelt.

Zum Abschluss dieses Abschnitts finden Sie nachfolgend noch eine Übung, wie Sie schwierige Situationen im Geiste vorab trainieren können.

....

Übung:

Stellen Sie sich vor, Sie haben ein Bewerbungsgespräch vor sich. Sie haben alle erforderlichen Unterlagen gut vorbereitet. Eine weitere Vorbereitungsmaßnahme besteht nun darin, dass Sie sich Ihr Bewerbungsgespräch in seinem ganzen Ablauf Stufe für Stufe im Geiste vorstellen. Bitte setzen Sie sich dazu in einen bequemen Sessel, entspannen Sie sich, schließen Sie die Augen oder legen Sie die Hände vors Gesicht. Nun beobachten Sie sich selbst – wie in einem Film – beim gesamten Ablauf Ihres Bewerbungsgesprächs. Sehen Sie vor Ihrem geistigen Auge, wie Sie Ihr Auto auf dem Parkplatz abstellen, sich am Empfang melden, zu Ihrem Gesprächspartner geführt werden, sich diesem vorstellen, wie Sie Ihren bisherigen Lebenslauf schildern, Ihre besondere Eignung für diesen Job erläutern, wie Sie auf die Fragen Ihres Gesprächspartners eingehen etc.

....

Selbsttest zum Kapitel »Manifestieren«

Bitte kreisen Sie die jeweilige Zahl ein, zu der Sie sagen:

0 = Stimmt nicht   1 = Stimmt selten   2 = Stimmt manchmal   3 = Stimmt immer

Ich kann in Stress-Situationen innerlich »Stopp« sagen, um die Situation mit etwas Abstand neu zu bewerten.	0	1	2	3
Wenn etwas nicht funktioniert, dann gebe ich nicht auf, sondern suche nach Alternativen, um mein Ziel zu erreichen.	0	1	2	3
Ich kann sehr viel Geduld aufbringen, wenn ich etwas unbedingt erreichen will.	0	1	2	3
Wenn ich etwas von ganzem Herzen will, bin ich auch bereit, dafür überdurchschnittlich viel zu tun.	0	1	2	3
Nur durch permanente Wiederholung erreicht man Perfektion.	0	1	2	3
Zufrieden bin ich erst dann, wenn ich mein Ziel zu 100 Prozent erreicht habe.	0	1	2	3
Wenn ich eine Aufgabe angenommen habe, bringe ich sie auch zu Ende.	0	1	2	3
Übung macht den Meister.	0	1	2	3
Aus Erfahrung weiß ich, dass die letzten Schritte zum Ziel die schwierigsten sind.	0	1	2	3
Ich bewundere Menschen, die Außergewöhnliches leisten können.	0	1	2	3
Ich habe ein hohes Durchhaltevermögen.	0	1	2	3
Ich kann sehr klare Bilder von meinem Ziel imaginieren.	0	1	2	3

Auswertung:

0–17 Der Weg des geringsten Widerstandes bringt nicht immer den gewünschten Erfolg. Der Weg aus Ihrer Komfortzone ist unbequem, aber notwendig, wenn Sie etwas in Ihrem Leben positiv verändern wollen.

18–24 Sie neigen dazu, sich viel vorzunehmen, manchmal zu viel. Konzentrieren Sie sich auf die wirklich wichtigen Dinge im Leben. Das bedeutet, Prioritäten zu setzen.

25–30 Aufgeben kommt für Sie nicht infrage und Sie haben einen hohen Anspruch an sich. Gönnen Sie sich Pausen und belohnen Sie sich für den Erfolg Ihrer Anstrengung.

31–36 Manchmal beißen Sie sich in eine Aufgabe fest und verlieren den Überblick. Wenn Sie Ihre Ziele überprüfen, werden Sie feststellen, dass es nicht immer notwendig ist, absolute Perfektion zu erreichen.

A =
Auswirkungen
abwägen

Nachdem Sie sich entschieden haben, systematisch an Ihrem Erfolg zu arbeiten, wird sich einiges in Ihrem Leben verändern. Welche Auswirkungen wird die Arbeit an Ihrem Erfolgsziel auf Ihr soziales und berufliches Leben haben? Es ist wichtig, die Folgen genau abzuwägen.

Entscheidungen haben Konsequenzen

Vielleicht wird Ihr soziales Umfeld mit Unverständnis auf Ihre Veränderung reagieren, die sich durch Ihre Neuorientierung ergibt. Vielleicht werden Ihnen auch einige Menschen Ratschläge mit auf den Weg geben. Sie kennen das Phänomen, dass es sehr einfach ist, gute Ratschläge zu erteilen, selbst danach zu leben ist aber ungleich schwieriger. Unter Umständen werden auch einige Menschen in Ihrem Umfeld versuchen, Sie von Ihrem Ziel abzubringen, weil sie es für überzogen oder zu risikoreich halten. Berücksichtigen Sie aber, dass diese Bedenkenträger letztlich eine gute Absicht verfolgen, denn sie wollen Sie vor einer Enttäuschung bewahren. Wahrscheinlich haben diese Menschen selbst schon aufgegeben, an ihrem Erfolgsziel zu arbeiten. Bedanken Sie sich darum für die Fürsorge und anerkennen Sie die positive Absicht, aber lassen Sie sich dadurch nicht von Ihrem Weg abbringen.

Sie haben Ihr bisheriges Leben durch Ihre bewussten oder unbewussten Entscheidungen bestimmt und nun das bekommen, wofür Sie sich entschieden haben. Manche Ihrer Entscheidungen waren falsch, manche haben Sie zu spät oder nie getroffen, die meisten davon waren aber sicher richtig. Sind Sie mit einer Entscheidung nicht zufrieden, können Sie diese zwar nicht zurücknehmen, aber Sie können eine neue,

Das ist das Problem mit vielen Leuten: Sie wollen, wie das Sprichwort sagt, in den Himmel, aber sie wollen nicht sterben. Sie wollen den Erfolg, aber den Preis für den Erfolg wollen sie nicht zahlen – harte Arbeit, Ausdauer, Geduld.
(B. H. SCHLAIN)

bessere treffen. An falschen Entscheidungen festzuhalten wäre dagegen, als ob Sie Spaß daran hätten, sich zu enge Schuhe zu kaufen, weil es Ihnen so guttut, wenn der Schmerz beim Ausziehen nachlässt. Weil Sie bestimmte Entscheidungen getroffen haben, stehen Sie heute dort, wo Sie sind. Dessen sollten Sie sich bewusst sein; dabei geht es hier nicht um richtig oder falsch, sondern darum, dass Sie sich über Ihre aktuelle Position bewusst werden.

Das Leben besteht aus permanenten Entscheidungen. Wir treffen Tausende davon an jedem Tag. Dabei ist uns nur selten bewusst, wie wir dies tun, denn die meisten davon sind ja nicht von tragender Bedeutung. Wir können sie treffen, ohne groß darüber nachzudenken. Dabei können wir zwischen rationalen und emotionalen Entscheidungen unterscheiden, wobei wir die meisten jedoch aus dem Bauch treffen. Rationale Entscheidungen sind in der Regel messbar, wobei die Grenzen jedoch fließend sind. Wenn Sie beispielsweise einkaufen gehen und die gleiche Ware in einem anderen Geschäft für einen geringeren Preis sehen, werden Sie wahrscheinlich dort einkaufen. Diese Entscheidung ist rational. Ist die Ware jedoch nur ähnlich, vielleicht von einer anderen Marke, dann verläuft die Entscheidung emotional. Unsere Aufmerksamkeit ist darauf ausgerichtet, die beste Alternative zu wählen oder von einem unerwünschten in einen erwünschten Zustand zu gelangen. Wie diese Auswahl stattfindet, liegt an unserer Denkweise und am Gegenstand der Entscheidung. Wenn Sie beispielsweise auf Wohnungssuche sind, werden Sie im Geiste die Wohnungen, die Sie zur Auswahl haben, einrichten. Aus den Bildern in Ihrem Kopf entsteht wiederum ein Gefühl, welches Ihnen signalisiert, ob Sie sich in dieser Wohnung wohlfühlen werden oder nicht. Wenn unser inneres Glaubenssystem das Für und Wider abgleichen muss oder wir die Konsequenzen scheuen, fallen uns Entscheidungen ungleich schwerer.

Jede Entscheidung, die unsere Lebensplanung betrifft, hat weitreichende Konsequenzen. Wenn wir einmal eine Entscheidung getroffen haben, dann soll das Ergebnis auch sofort eintreten. Wir haben es alle ziemlich eilig und wollen möglichst schnell Ergebnisse. In dieser Ungeduld lauert eine Gefahr, die viele unterschätzen: Ergebnisse brauchen Zeit sowie die richtigen Rahmenbedingungen, um wie geplant ein-

zutreten. Manche kommen von alleine, beinahe automatisch. Wirft man beispielsweise einen Speer in die Luft, sorgt die Schwerkraft dafür, dass er seinen natürlichen Lauf nimmt und in einiger Entfernung landet. Wenn Sie allerdings beschließen, den Speer 20 Meter weit zu werfen, dann wird sich zwar der Speer immer noch der Schwerkraft beugen, aber das gewünschte Ergebnis wird auf sich warten lassen. Sie brauchen die richtige Technik, einen Trainer oder Coach, der Ihnen beibringt, wie Sie Ihre Kondition und Wurfkraft erhöhen können, und Sie benötigen Zeit, um die entsprechende Technik zu perfektionieren. Je komplexer und größer also das Ziel ist, desto höher ist Ihr Aufwand, dieses zu erreichen. Um sich in Entscheidungen zu üben, empfehle ich Ihnen, mit kleinen Entscheidungen anzufangen, sozusagen zuerst einmal Ihren »Entscheidungsmuskel« zu trainieren, ihn aufzubauen und mit genügend Kondition auszustatten. Mit Kondition ist dabei auch Geduld gemeint.

Wenn Sie Entscheidungen treffen, dann spielen zwei Parameter eine Rolle, die Sie zur Erreichung Ihrer Ziele berücksichtigen müssen: Ihre Aktionen und die Zeit, die Sie dafür benötigen. Unterschiedliche Aktivitäten rufen unterschiedliche Ergebnisse hervor. Entscheidungen, die Sie früher getroffen haben, sind für die Lebensumstände, die Sie jetzt in Ihrem Leben vorfinden, verantwortlich. Mit jeder Entscheidung, die

Sie treffen, gestalten Sie Ihre Zukunft neu – und zwar in dem Moment, in dem Sie die Entscheidung treffen. Ich höre immer wieder den Satz: »Lieber nichts entscheiden, dann kann man auch nichts falsch machen.« Mit dieser Einstellung zu leben kann bequem sein, aber ich bin überzeugt, wer nichts entscheidet, macht alles falsch. Der erste Schritt ist, sich dazu durchzuringen, überhaupt eine Entscheidung zu treffen.

Angst ist eine häufige Ursache, Entscheidungen zu vermeiden und sich der vorgegebenen Situation anzupassen. Wir alle haben sehr gute Vermeidungsstrategien entwickelt, wenn es darum geht, unsere Situation nicht zu verändern, selbst wenn sie für uns unangenehm ist oder wir dabei unglücklich sind. Diese Vermeidungsstrategien stehlen uns Zeit und nach und nach stellt sich das Gefühl der Ohnmacht ein. Dann reden wir uns ein, es sei zu spät für eine Veränderung. Doch wovor haben Menschen Angst, die sich durch solche Vermeidungsstrategien selbst sabotieren? Sie haben Angst vor den Konsequenzen, die ihre Entscheidung hat, denn sie setzen sich mehr mit den negativen Folgen einer Entscheidung auseinander als mit den positiven. »Was soll ich bloß tun, wenn es nicht so funktioniert, wie ich es mir vorgestellt habe?« Sicher schadet es nie, einen Notfallplan zu haben, andererseits gibt es Entscheidungen, die sind so klar, dass gar kein Notfallplan erforderlich ist. Ob Sie abnehmen wollen, mehr Sport treiben, das Rauchen oder Trinken aufgeben wollen, für all diese Entscheidungen brauchen Sie keinen Notfallplan. Sie müssen es nur tun.

Ein herausragendes Beispiel für Entscheidungskraft ist für mich der polnische Friedensnobelpreisträger Lech Walesa: Er hat eine folgenschwere Entscheidung getroffen, welche die Welt veränderte. Als Sohn eines Tischlers wuchs er in ärmlichen Verhältnissen auf, bekam als Schüler durchschnittliche Noten und auch seine Karriere als Automechaniker war nicht von besonderem Erfolg gekrönt. 1967 begann er, als Elektriker bei der Lenin-Werft in Danzig zu arbeiten. Nach dem blutigen Ende des Streiks in der Danziger Werft, bei dem über 80 Arbeiter getötet wurden, sperrte man Lech Walesa für ein Jahr ins Gefängnis. Und auch in der Folgezeit von 1970 bis 1980 wurde er immer wieder verhaftet, durfte seinem Beruf nicht nachgehen und verlor viele Freunde. Als er am 14. August 1980 auf die Werftmauer in Danzig stieg und zum Streikführer wurde, setzte er sein Leben aufs Spiel. Damit löste er eine politische Revolution aus, die den gesamten Ostblock erschütterte. In ganz Polen folgten ihm Arbeiter in einen Arbeitskampf, der die kommunistische Partei in die Knie zwang. Am 9. Dezember 1990 gewann er die Präsidentschaftswahlen und bekleidete dieses Amt fünf Jahre lang. In dieser Zeit führte er das einst kommunistische Polen in eine demokratische Republik.

Wie hat es dieser durchschnittlich begabte Mann, der weder eine Universität besucht hat noch über eine besondere politische Qualifikation verfügte, geschafft, Polen vom Kommunismus zu befreien und in die Demokratie zu führen? Wie konnte er als Präsident ein ehemals kommunistisches Land zur freien Marktwirtschaft umwandeln? Walesa hatte eine Entscheidung getroffen und er war von dieser so überzeugt, dass er bereit war, einen hohen Preis zu bezahlen und sogar sein Leben dafür aufs Spiel zu setzen. Über 20 Jahre hielt er an seiner Entscheidung fest, ließ sich weder

---

AUFGABE:

Bitte beantworten Sie folgende Fragen schriftlich:

- Welche Entscheidungen muss ich treffen, um meine Erfolgsziele zu erreichen?

- Welche Auswirkungen werden diese Entscheidungen auf mein Umfeld haben?

- Welche Prioritäten haben meine Entscheidungen? Welche ist die wichtigste, die zweitwichtigste etc.?

- Bis wann werde ich die ersten Entscheidungen getroffen haben und wie viele?

- Welche Aktivitäten hängen mit diesen Entscheidungen zusammen?

- Wird mich jemand unterstützen? Wenn ja, wer?

- Wird mich jemand davon abhalten können?

- Wenn ja, wie gehe ich damit um?

- Wie sieht mein konkreter Zeitplan, bezogen auf jede einzelne Entscheidung, in der Umsetzung aus?

- Zu welchen Kompromissen bin ich, bezogen auf jede einzelne Entscheidung, bereit?

- Woran werde ich erkennen, dass ich die richtigen Entscheidungen getroffen habe?

- Wie wird sich jede einzelne dieser Entscheidungen auf mein Leben auswirken?

- Wie wird sich jede einzelne Entscheidung auf das Leben der Menschen, die mit mir zusammenleben, auswirken?

- Welche Folgen wird jede einzelne dieser Entscheidungen für mein soziales Umfeld haben?

- Welche Rückzugspunkte habe ich, wenn ich merke, dass eine der Entscheidungen falsch war?

- Welche Auswirkung hat dies auf die anderen Entscheidungen?

- Wie werde ich mich für eine umgesetzte Entscheidung belohnen?

durch Gefängnis noch durch Repressalien von seinem Ziel abbringen. Und schließlich schaffte er es als Einzelner, einen politischen Traum real werden zu lassen. Hatte er bessere Vorbedingungen als Sie?

Eine Entscheidung ist nur dann sinnvoll, wenn sie auf ein klares Ziel ausgerichtet ist. »Ich müsste mich gesünder ernähren«, ist keine sinnvolle Entscheidung, sondern sie klingt wie einer der Wünsche, die man dem Weihnachtsmann auf den Wunschzettel schreibt.

Entscheidungen sind dagegen aktionsorientiert. Das bedeutet, Sie gehen eine Selbstverpflichtung zur Tat ein. Um bei dem Beispiel zu bleiben: »Ich werde ab morgen jeden Tag Obst und Gemüse essen, verzichte auf Fast Food und Fleisch aus Massentierhaltung«, so klingt eine Entscheidung, die aktionsgetrieben ist.

Schaffen Sie eine zwingende Logik

In meinen Seminaren und Vorträgen habe ich mir das Prinzip der zwingenden Logik angewöhnt. Dadurch lassen sich die einzelnen Schritte der Inhalte so aufeinander abstimmen, dass sie für jeden logisch und nachvollziehbar sind. Hier geht es nicht darum, Recht zu behalten, sondern vielmehr darum, einzelne Aktivitäten so miteinander zu verbinden, dass die Teilnehmer ein erwünschtes Ergebnis erzielen. Eine Kette, die dem Prinzip der zwingenden Logik folgt, kann folgendermaßen aussehen:

Schritt 1: Ich habe mich für ein klares Ziel entschieden.
Schritt 2: Ich weiß, welche Aktivitäten zu diesem Ziel führen – ich habe diese Aktivitäten genau geplant.

Schritt 3: Ich kenne meine Fähigkeiten und meine Schwächen.

> **Wer kämpft, kann verlieren. Wer nicht kämpft, hat schon verloren.**
> (ROSA LUXEMBURG)

Schritt 4: Ich habe die Unterstützung von wichtigen Menschen, sofern ich mein Ziel nicht allein erreichen kann.
Schritt 5: Ich kenne die Auswirkungen auf mein Umfeld.
Schritt 6: Ich habe alle wichtigen Regeln zur Zielerreichung beachtet.

Wie funktioniert das Prinzip der zwingenden Logik nun in der Praxis? Nehmen wir ein Beispiel: Sie haben sich zu einigen Veränderungen in Ihrem Leben entschlossen, eine entsprechende Entscheidung getroffen und diese wohl überdacht. Daraus ist ein Ziel oder sind mehrere Ziele entstanden. Wenn Sie die Entscheidung rückgängig machen, dann löst sich auch das Ziel auf. Sie haben außerdem mit Menschen, die Ihnen wichtig sind, über Ihre Pläne gesprochen und wissen, wer Sie dabei unterstützen wird. Das alles haben Sie in Ihr Erfolgsbuch geschrieben, Ihre Zwischenziele mit Terminen versehen und sind sich sicher, dass Sie Ihr Vorhaben auch in der entsprechenden Zeit umsetzen können. Ihre Aktivitäten sind genau geplant, nichts werden Sie dem Zufall überlassen. Auch Ihrer Stärken sind Sie sich bewusst und Sie kennen ebenso gut Ihre Schwächen. Sie haben die Auswirkungen auf Ihr Umfeld bedacht und dieses ist damit einverstanden. Wenn Ihnen etwas nicht sofort gelingt, verändern Sie nicht gleich Ihr Ziel, sondern suchen nach einem anderen Weg dorthin. Bevor Sie Ihr Ziel aufgeben, machen Sie sich das ganze Ausmaß Ihrer Entscheidung bewusst. Es wird sich nichts verändern, lediglich Ihre gesamte Vorarbeit war umsonst und somit alles reine Zeitverschwendung. Wollen Sie sich damit zufriedengeben?

Umweltfragen

Ihre Entscheidungen, Ihre neuen Ziele und Ihr zukünftiges erfolgreiches Leben haben auch Auswirkungen auf Menschen, die mit Ihnen in Kontakt stehen. Daher ist es wichtig, dass Sie sich über die Auswirkungen Ihrer Handlungen bewusst sind. Vielleicht stellen Sie fest, dass Sie in einigen Punkten Kompromisse machen müssen, weil Ihre Familie das Tempo Ihrer Veränderung nicht mithalten kann. Oder Sie sind beruflich so stark eingebunden, dass Sie Ihre Zwischenziele mit einem anderen Timing ausstatten müssen.

Dr. Nossrat Peseschkian, ein iranischer Arzt, der sich mit der Frage beschäftigt hat, welche Bereiche im Leben wichtig sind, um Glück und Zufriedenheit zu finden und ein erfülltes Leben zu führen, hat vier Säulen ermittelt, die für den persönlichen Lebenserfolg bedeutend sind:

1. Gesundheit/Hobbys/Ernährung/Sport
2. Beruf/Leistung
3. Lebenssinn/Selbstverwirklichung
4. Soziale Kontakte/Familie/Freunde

Ziel muss es langfristig sein, ein ausgewogenes Verhältnis innerhalb dieser Pole zu finden. Kurzfristig werden immer Verlagerungen eines oder mehrerer Schwerpunkte möglich oder auch nötig sein, aber auf lange Sicht führt die zu starke Konzentration auf einen Bereich zur Störung der Harmonie des gesamten Lebens, also zur Störung des Lebensglücks beziehungsweise Lebenserfolges.

Es ist sehr wichtig, sich selbst bewusst zu machen, wie groß die Abhängigkeit innerhalb der vier Bereiche ist, um ein harmonisches und erfolgreiches Leben zu führen.

Wenn Sie sich bewusst für eine stärkere Hinwendung zu einem Bereich entscheiden, werden Sie auch Einschränkungen in den anderen Bereichen akzeptieren und nicht ständig Unzufriedenheit empfinden. Jeder Mensch muss für sich die Bedeutung und die Inhalte der vier Bereiche erkennen, festlegen und danach bewusst seine Ziele definieren.

AUFGABE:

Nachfolgend ist das Peseschkian-Modell in einer Übersicht dargestellt. Bitte nutzen Sie es in der Form, dass Sie die Ebene, auf der Sie Ihr Gleichgewicht, Ihre Harmonie finden, bewusst bestimmen und daraus Ihre Visionen und Ziele ableiten. Wichtig ist, dass Sie sich anschließend alle Konsequenzen bewusst machen, welche die Erreichung eines Zieles haben wird. Wenn Sie zum Beispiel nach Amerika auswandern, wird das Ihrer Mutter vielleicht nicht passen, weil sich dann niemand um sie kümmern kann. Die Frage, die Sie sich stellen müssen, lautet: »Kann ich damit leben?« Wenn ja, kann die Zielformulierung so bleiben, wie sie ist. Trifft es nicht zu, gilt es, das Ziel anders zu formulieren.

Beruf/Leistung

Attraktiver Job
Geld und Erfolg
Karriere
Wohlstand
Vermögen
Entwicklung

Soziale Kontakte/Familie/Freunde

Partner
Kinder
Freunde
Anerkennung
Politik
Engagement für andere

Gesundheit/Hobbys/Ernährung/Sport

Körperliche Gesundheit
Ernährung
Sport
Bewegung
Erholung
Hobbys

Lebenssinn/Selbstverwirklichung

Selbstbestimmung
Liebe
Philosophie
Religion
Erfüllung
Geistiges Wachstum

Selbsttest zum Kapitel »Auswirkungen abwägen«

Bitte kreisen Sie die jeweilige Zahl ein, zu der Sie sagen:

0 = Stimmt nicht   1 = Stimmt selten   2 = Stimmt manchmal   3 = Stimmt immer

Ich habe eine klare Karriereplanung.	0	1	2	3
Ich habe eine klare Vorstellung von meiner Familienplanung.	0	1	2	3
Kollegen und Freunde empfinden mich als besonnenen Menschen.	0	1	2	3
Ich überlege mir sehr genau, welcher Urlaubsort mir die beste Erholung und meiste Freude bereiten würde.	0	1	2	3
Ich bin eher überlegt als spontan.	0	1	2	3
Ich achte auf meine Gesundheit und gehe regelmäßig zu Vorsorge-untersuchungen.	0	1	2	3
Ich bin nur dann bereit, Risiken einzugehen, wenn ich die Konse-quenzen abschätzen kann.	0	1	2	3
Ich werde von meinen Freunden und Kollegen häufiger um Rat gefragt.	0	1	2	3
Ich habe einen klaren Lebensplan und weiß sehr genau, was ich vom Leben erwarte.	0	1	2	3
Ich versuche, beruflich möglichst viele Optionen zu haben, um nicht zu sehr von meinem Arbeitgeber abhängig zu sein.	0	1	2	3
Bevor ich eine wichtige Entscheidung für mein Leben treffe, analy-siere ich sehr genau die Vor- und Nachteile.	0	1	2	3
Ich versuche, möglichst präzise und verbindlich zu kommunizieren, weil ich weiß, dass der Teufel im Detail steckt.	0	1	2	3

Auswertung:

0–17 Versuchen Sie nicht, es allen recht zu machen. Wer im Leben nur auf Harmonie bedacht ist, der wird leicht ausnutzbar. Sagen Sie nicht Ja, wenn Sie Nein meinen. Man wird Sie respektvoller behandeln, wenn Sie Ihren Standpunkt klarmachen. Für die Erreichung Ihrer Lebensziele ist es wichtig, dass Sie lernen, Ihre eigenen Interessen klar zu artikulieren und durchzusetzen. Machen Sie sich bewusst, was es bedeutet, wenn Sie Ihre neuen Lebensziele umsetzen, aber lassen Sie sich nicht davon abbringen, wenn Sie eine Entscheidung getroffen haben.

18–24 Sie haben viele Ideen, wie Ihr Leben aussehen könnte. Entscheidungen treffen sie gerne spontan, ohne dabei allerdings detailliert über die Konsequenzen nachzudenken. Wenn Sie dann mit den Konsequenzen nicht zurechtkommen, treffen Sie eine neue Entscheidung. Lassen Sie sich mehr Zeit bei der Wahl der richtigen Entscheidung und schreiben Sie die möglichen Folgen und Konsequenzen auf. Überprüfen Sie Ihre Ziele und Pläne erneut, bevor Sie an die Umsetzung gehen.

25–30 Sie planen mit Bedacht und denken dabei auch an die Konsequenzen Ihres Handelns. Manchmal grübeln Sie zu lange über die Auswirkungen nach und schieben notwendige Entscheidungen auf. Schreiben Sie eine Pro-und- Kontra-Liste, um die Auswirkungen Ihrer Pläne besser beurteilen zu können. Stellen Sie Entscheidungen nicht immer wieder infrage.

31–36 Sie sind sehr gut strukturiert und haben Ihr Leben weitestgehend geplant. Was Ihnen fehlt, ist die Spontaneität und Flexibilität, um sich auf neue Situationen einzustellen. Die Gefahr ist, dass Sie durch ein starres Lebenskonzept Ihren sich verändernden Bedürfnissen nicht genügend Aufmerksamkeit schenken. Überprüfen Sie regelmäßig, ob Ihr Lebensentwurf tatsächlich noch Ihren Wünschen und Bedürfnissen entspricht. Haben Sie den Mut zur Veränderung. Menschen sind nicht konsistent in ihren Bedürfnissen, sie ändern sich im Laufe des Lebens.

P = Perfektionieren

Ziele verändern sich und es ist daher kein Drama, sich von einem Ziel zu lösen, wenn es nicht mehr wichtig genug ist. Sie können in Ihrer persönlichen Landkarte immer wieder neue Wege einzeichnen und neue Gebiete entdecken.

Aus Niederlagen lernen

Menschen, so viel ist sicher, handeln nicht zufällig. Jeder Handlung geht ein Motiv voraus, welches uns in einen gewissen Zustand versetzen will. Nicht nur die pure Verbesserung der Fähigkeiten erzeugt Perfektion, sondern auch die kontinuierliche Anpassung unserer Fähigkeiten an die neuen Herausforderungen, die durch das Üben erst entstehen. Leben bedeutet lernen und sich in den Dingen, die uns wichtig sind, ständig zu verbessern.

Auch der Umgang mit Niederlagen gehört zum Lernen. Fakt ist: Ohne Niederlagen gibt es keine Perfektion. Hinfallen ist nur für den ein Problem, der liegen bleibt. Für den, der wieder aufsteht, war es eine Lernerfahrung, denn er weiß, worauf er beim nächsten Mal achten muss. In einem Vortrag über Kybernetik habe ich gelernt, dass das flexibelste Teil eines Systems das System beherrscht. Diese Aussage beschreibt im Kern, wie Menschen, die mit klaren Zielen unterwegs sind, reagieren, wenn sie auf Widerstände stoßen oder einen Umweg in Kauf nehmen müssen. Sie wissen, dass das Leben so manchen ungeplanten Umweg für sie bereithält. Dadurch bleiben sie flexibel und können sich auf unerwartete Vorkommnisse einstellen, ohne dabei ihr Ziel aus den Augen zu verlieren. Erfolgreiche Menschen akzeptieren, dass das Leben ihnen manchmal einen Strich durch die Rechnung macht. Wenn Sie jeden kleinen oder auch großen Umweg als Niederlage sehen und sich demotivieren lassen,

Erfolg ist ein Gesetz der Serie und Misserfolge sind Zwischenergebnisse. Wer weitermacht, kann gar nicht verhindern, dass er irgendwann Erfolg hat.
(THOMAS ALVA EDISON)

dann wird es sehr schwierig, dauerhaft Ihren eigenen Weg zu gehen.

Da Sie sich entschlossen haben, Ihren Erfolg dauerhaft zu etablieren, dürfen Sie sich nicht von Rückschlägen entmutigen lassen. Fehler sind unsere größten Lehrmeister. Jeder von uns hat schon einmal eine im ersten Moment geniale Idee gehabt, die sich bei genauer Analyse als undurchführbar erwiesen hat. Diese ernüchternde Feststellung entmutigt erfolgreiche Menschen nicht, sondern spornt sie vielmehr an, weiter an ihrem Ziel zu arbeiten und begangene Fehler nicht zu wiederholen. Das beste Beispiel sind Menschen, die sich durch nichts von ihrem Ziel abbringen lassen und kontinuierlich daran weiterarbeiten. Wer hätte schon gedacht, dass ein Bodybuilder aus Österreich zu einem der bestbezahlten Schauspieler in Hollywood wird? Und ebenso hätte kaum jemand dem

Action-Helden Arnold Schwarzenegger damals zugetraut, zum Gouverneur von Kalifornien gewählt zu werden. Oder wer hätte Boris Becker zugetraut, Wimbledon zu gewinnen, nachdem er mit einer Wild Card überhaupt erst zu diesem legendären Turnier zugelassen wurde? Glauben Sie, dass die an Kinderlähmung erkrankte Margarete Steiff, drittes von vier Kindern und streng vom Vater geführt, gedacht hätte, dass sie einmal die Gründerin der weltweit bekannten Spielwarenfabrik Steiff werden würde? Der unerschütterliche Glaube an sich selbst und harte, systematische Arbeit, die immer auch Verzicht beinhaltet, waren die Erfolgsfaktoren.

Keine der genannten Personen hat sich ablenken lassen, sie waren immer auf das Wesentliche konzentriert. Jeder von ihnen hat Niederlagen genutzt, um die eigene Erfolgsstrategie zu perfektionieren. Keiner von ihnen hat sich auf die Launen des Schicksals oder des Glücks verlassen. Sie haben nicht auf ihre Chance gewartet, sondern sie haben sie herausgefordert. Insofern sollte uns auch jeder Fehler willkommen sein, denn er zeigt uns, wie wir ihn in Zukunft vermeiden können.

Die meisten Menschen beklagen sich über die Ungerechtigkeit dieser Welt, anstatt die Erfahrung einer Niederlage als Schlüssel zum Erfolg zu nutzen. Wie bekommt man jedoch möglichst viel Erfahrung? Indem man viele Entscheidungen trifft und aus seinen Fehlern lernt. Es ist wie beim Fitnesstraining: Sie werden Ihre Kondition nicht verbessern, indem Sie zu Hause auf dem Sofa liegen und sich einen Marathon ansehen. Wenn Sie fit werden wollen, müssen Sie Ihre Kondition und Ihre Muskeln trainieren. Genauso verhält es sich auch mit Ihrem Erfolg. Je mehr Sie üben, je mehr Entscheidungen Sie treffen, desto größer wird zwar die Fehlerquote, aber desto mehr lernen Sie daraus und desto fitter werden Sie.

In der Geschichte gibt es unzählige Beispiele von Menschen, die erst durch Niederlagen zu ihrer wahren schöpferischen Kraft gelangten. Hier einige bekannte Beispiele: Im Jahre 1907 wurde die Habilitationsschrift eines jungen Physikers als »unverständliches Zeug« zurückgewiesen. Der junge Mann war Albert Einstein, der Inhalt seiner Habilitationsschrift war die Relativitätstheorie. Thomas Alva Edison wurde als geistig zurückgeblieben eingestuft und von der Schule gewiesen und auch Winston Churchill wurde von seinen Lehrern als Dummkopf bezeichnet. Soichiro Honda wurde mit seinem Wankelmotorkonzept von Toyota abgelehnt; daraufhin verkaufte er alle seine Habseligkeiten, auch den Schmuck seiner Frau, und gründete seine eigene Firma, die heute über 100 000 Menschen beschäftigt. Auch Marie Curie soll hier nicht unerwähnt bleiben. Die zweifache Nobelpreisträgerin hat die Geschichte der Physik und Chemie, aber auch der angewandten Naturwissenschaften und der

Medizin beeinflusst wie wohl kaum eine andere Frau vor ihr. Nach mühevollen Versuchen und Misserfolgen hat sie u. a. das Polonium und 1898 das radioaktive Element Radium entdeckt und auch der Begriff Radioaktivität stammt von ihr.

Gebrauchen Sie also keine Ausreden. Gehen Sie den ersten Schritt in die richtige Richtung und machen Sie nicht andere Menschen oder Umstände für Fehler, die passieren, verantwortlich.

AUFGABE:

Schreiben Sie Ihre bisherigen Niederlagen auf und denken Sie über folgende Punkte nach:

- Welchen Fehler habe ich damals begangen?
- Was habe ich daraus gelernt?
- Was muss ich verändern, um diesen Fehler nicht zu wiederholen?
- Welche Fehler habe ich wiederholt?
- Wie kann ich sicherstellen, dass mir diese Fehler nicht wieder passieren?

Konzentration der Kräfte

Um erfolgreich zu sein, benötigen wir realistische Ziele. Alles andere ist dann abhängig von der Konzentration unserer Kräfte. Erfolgreiche Menschen verhalten sich extrem fokussiert. Sie arbeiten jeden Tag unermüdlich daran, ihre Ziele zu erreichen. Um ihre Ideen in die Realität umzusetzen, setzen sie große Mengen an Energie frei und auch die Ziele selbst dienen als Treibstoff im Motor der Motivation.

Aus der Betriebswirtschaft ist die so genannte 80/20-Regel, auch Pareto-Prinzip, bekannt. Danach bringen zum Beispiel 80 Prozent der Kunden nur 20 Prozent des Umsatzes, während umgekehrt 20 Prozent der Kunden für 80 Prozent des Umsatzes verantwortlich sind. Auch in vielen anderen Bereichen, sei es im beruflichen oder im privaten Bereich, ist diese Regel immer wieder bestätigt worden. Zum Beispiel tragen wir meistens nur 20 Prozent der Kleidung, die wir im Kleiderschrank haben. Oder am Schreibtisch lassen sich mit 20 Prozent der Zeit ungefähr 80 Prozent der Aufgaben bewältigen. Konzentrieren Sie also Ihre Energie auf diejenigen Ziele beziehungsweise Aktionen, die Sie am schnellsten und wirkungsvoll Ihrem Hauptziel näher bringen, und verzetteln Sie sich nicht mit allen möglichen Kleinigkeiten.

AUFGABE:

Finden Sie heraus, wie die 80/20-Regel auf Ihre Zielplanung anzuwenden ist. Dazu überlegen Sie bitte, welche Aktivitäten mit einem geringen Aufwand den größtmöglichen Effekt ergeben. Die Kernfrage lautet: Welche Aktivitäten können Sie sofort starten und welche davon bringen Sie am schnellsten ans Ziel? Konzentrieren Sie sich auf diese Aktivitäten und bündeln Sie dort Ihre Energien.

Zurück auf Start!

Der entscheidende Unterschied zwischen einem erfolgreichen und einem erfolglosen Menschen ist, dass der erfolgreiche eine hohe so genannte Handlungsorientierung und eine positive so genannte Selbstwirksamkeitserwartung besitzt. Mit Handlungsorientierung ist hier gemeint, dass man getroffene Entscheidungen so schnell wie nur möglich umsetzt, um deren Wirksamkeit zu überprüfen. Wenn etwas nicht funktioniert, dann beginnt man wieder von vorn. Denken und Planen ist wichtig, aber beides ist sinnlos, wenn darauf keine Taten folgen. Die besten Vorsätze verkommen zu leerem Geschwätz, wenn sie nicht umgesetzt werden.

Das Konzept der Selbstwirksamkeitserwartung wurde in den 1980er-Jahren von dem kanadischen Psychologen Albert Bandura entwickelt. Er beschreibt vier unterschiedliche Erfahrungen, welche die Selbstwirksamkeitserwartung einer Person beeinflussen:

1. Meistern von schwierigen Situationen
Wenn man eine schwierige Situation bewältigt, stärkt man damit den Glauben an die eigenen Fähigkeiten. Für zukünftige Aufgaben bedeutet dies, dass man sich auch weiterhin kniffligen Herausforderungen mit Selbstsicherheit stellen wird. Menschen, die eine hohe Selbstwirksamkeitserwartung haben, werden auch bei Misserfolgen nicht

aufgeben, sondern nach einer Lösung suchen. Menschen, deren Selbstwirksamkeitserwartung zu niedrig ist, zweifeln bei Misserfolgen an der eigenen Kompetenz und versuchen daher, zukünftige Misserfolge zu meiden. Im schlimmsten Fall gehen sie überhaupt keine Risiken mehr ein und treffen keine Entscheidungen mehr. Damit es zu einer positiven Selbstwirksamkeitserwartung kommt, muss jedoch der Erfolg den eigenen Fähigkeiten und nicht den externen Umständen zugerechnet werden. Genauso verhält es sich mit Misserfolgen.

2. Beobachtungen und Lernen von Modellen

Durch die Beobachtung von Menschen, deren Fähigkeiten den eigenen ähneln, lässt es sich leichter lernen. Das Vertrauen in die eigenen Fähigkeiten steigt automatisch, wenn entsprechende Vorbilder vorhanden sind. Je ähnlicher das Vorbild (Modell), desto größer wird das Selbstvertrauen, diese Fähigkeiten auch zu besitzen.

3. Soziale Unterstützung

Wenn Menschen Unterstützung und Vertrauen bei der Lösung einer bestimmten Aufgabe erfahren, steigt der Motivationsgrad. Sie gewinnen ein größeres Selbstvertrauen und sind mit mehr Engagement bei der Sache. Wenn Sie zum Beispiel Ihren Kindern so oft wie möglich positives Feedback geben und sie motivieren, Neues zu versuchen, werden sie diese Aufgaben schneller und besser erledigen als die, die von ängstlichen Eltern erzogen werden, die ihren Kindern nichts zutrauen.

4. Physiologische Reaktionen

Angst und Nervosität, einhergehend mit Schweißausbrüchen oder Händezittern, sind eine eindeutige physiologische Reaktion auf Stress durch Überforderung. Wenn diese Anzeichen auftreten, haben wir das Gefühl, einer Aufgabe nicht gewachsen zu sein. Häufig verunsichert uns dabei nicht die Aufgabe selbst, sondern das Umfeld, innerhalb dessen diese Aufgabe stattfindet. Wenn jemand Angst davor hat, vor einer Gruppe zu sprechen, dann liegt es meist nicht an seinen Fähigkeiten, sondern an der Situation oder Umgebung. Versagensängste führen dann zu einer Blockade, die das entspannte Sprechen unmöglich macht. In diesem Moment wird auch das Selbstwertgefühl sinken, da man sich als Versager fühlt. Jetzt ist es am sinnvollsten, die Stressreaktionen durch Entspannungsübungen oder autogenes Training zu verringern.

Damit Menschen eine positive Selbstwirksamkeit erlangen, ist es von Kindesbeinen an wichtig, positive Erfahrungen bei der Lösung von Aufgaben zu erwerben. Aus diesem Grund ist es erforderlich, Kindern sehr frühzeitig zu vermitteln, dass man ihnen etwas zutraut.

Ebenso sind Lernmaterialien und spezielle

Aufgaben, die dem Kind Erfolgserlebnisse vermitteln, notwendig für eine positive Selbstwirksamkeit. Kinder vergleichen sich in ihren ersten Jahren mit den Familienmitgliedern. Später stellen sie sich dem Vergleich mit gleichaltrigen Kindern im Kindergarten oder in der Schule, wodurch sie auch ihre Problemlösungskompetenzen erweitern. Der Grundstein für eine positive Selbstwirksamkeit wird also schon in der Kindheit gelegt.

Menschen, deren Selbstwirksamkeit nicht oder negativ ausgeprägt ist, neigen zu Selbstzweifeln. Die Folge davon können Depressionen sowie fehlende Motivation aufgrund eines negativen Selbstbildes sein.

AUFGABE:

Nun kennen Sie den theoretischen Hintergrund und stellen sich unter Umständen die Frage, was das jetzt mit Ihrem Lebenserfolg zu tun hat. In der folgenden Aufgabe können Sie Ihre Handlungsorientierung wie auch Ihre Selbstwirksamkeitserwartung überdenken.

Mit meinen Klienten habe ich ein Spiel entwickelt, dessen Namen lautet: »Gehen Sie zurück auf Start!« Es beruht auf der Grundlage des deutschen Philosophen Hans Vaihinger und seiner Philosophie des »Als ob«. In diesem Spiel stellen wir sozusagen die Uhr zurück auf die Stunde null und tun so, »als ob« der Teilnehmer sich selbst noch einmal neu erfinden könnte. Wir gehen von der Annahme aus, dass er über ein unbegrenztes Potenzial an Fähigkeiten verfügt und er dieses voll und ganz für die Erreichung seiner zukünftigen Ziele nutzen kann. Damit drücken wir sozusagen den Reset-Knopf und haben alle Möglichkeiten zur Verfügung, die er sich wünscht. Dieses Spiel ist insofern interessant, weil es ein Denken ohne Begrenzungen fördert.

Meine Erfahrung mit diesem Spiel ist, dass die meisten Menschen ihr Potenzial aufgrund von negativer Selbstwirksamkeit und daraus resultierender Handlungsorientierung deutlich unterschätzen. Ich möchte Sie anregen, dieses Spiel zu spielen. Tun Sie so, »als ob« in diesem Moment die Stunde null in Ihrem Leben geschlagen hat. Von jetzt an können Sie allen Wünschen, Träumen und Visionen freien Lauf lassen. Schreiben Sie die Ergebnisse dieses Spiels auf und staunen Sie, was dabei herauskommt. Überlegen Sie dann, welche dieser Ideen, Ziele, Wünsche sich verwirklichen lassen würden, wenn Sie ein anderer Mensch wären. Stellen Sie sich diesen anderen Menschen mit all seinen Eigenschaften, Stärken und Fähigkeiten vor. Gibt es wirklich nachvollziehbare, logische und rationale Gründe, warum Sie dieser Mensch nicht einfach sein können?

Verkürzen Sie Ihre Zeit

Sie können tatsächlich Ihre Zeit verkürzen und schneller zum Erfolg kommen. Das ist sogar viel einfacher, als Sie denken. Wann immer ich erfolgreiche Menschen beobachtet habe, ist mir aufgefallen, dass sie vorhandene Defizite in einer unglaublichen Geschwindigkeit eliminieren. Ich kann mich noch gut an einen jungen Mann erinnern, der ein sehr erfolgreiches Unternehmen in der Internet-Branche gegründet hat. Sein einziges Manko waren seine Schwierigkeiten in der Kommunikation. Zwar konnte er im Vier-Augen-Gespräch überzeugen und selbstsicher kommunizieren, aber sobald er vor einer Gruppe sprechen musste, war es vorbei mit seiner Selbstsicherheit. In dieser Situation kam er zu mir. Er wollte, dass ich ihn bis zu seiner ersten Bilanzpressekonferenz, die in drei Wochen stattfinden sollte, so fit machte, dass er seine Aktionäre von einer Kapitalerhöhung überzeugen konnte. Bei unserem ersten gemeinsamen Tag zeigte ich ihm den richtigen Umgang mit seiner Atmung, ich stellte ihm verschiedene Möglichkeiten vor, seinem Stress entgegenzuwirken, und ließ ihn einige Übungen sprechen. Am zweiten Tag gab es Lektionen in Phonetik und Argumentation. Am dritten Tag brachte er mir seine Rede mit und wir kamen zu dem Ergebnis, dass sie untauglich war. Ich empfahl ihm, sehr viel frei zu sprechen, auch wenn das Risiko groß war. Am Ende unserer letzten Sitzung gab ich ihm den Rat, so oft wie möglich vor Menschen zu sprechen – egal wo, egal über welches Thema. Auf seinen Wunsch hin besuchte ich die

> **Es ist nicht wenig Zeit, die wir zur Verfügung haben, sondern es ist viel Zeit, die wir nicht nutzen.**
>
> (SENECA)

Bilanzpressekonferenz und stand als »Notfall-Coach« hinter der Bühne. Als ich seine Rede hörte, war ich mehr als überrascht: Souverän, deutlich, eindringlich, überzeugend stellte er seinen Plan für die Kapitalerhöhung vor und sein Plan wurde unter Applaus von den Aktionären angenommen.

Wie hatte er es geschafft, in so kurzer Zeit diese enorme Verbesserung zu erreichen? Ich fragte ihn danach und er sagte mir, er hätte sich vor allem meine letzte Empfehlung, so viel wie nur möglich zu üben, zu Herzen genommen. In drei Wochen hatte er über 40 Mal vor Publikum gesprochen. Auch wenn es keiner hatte hören wollen, hatte er trotzdem eine kleine Rede gehalten, zum Beispiel in jeder Mittagspause in seiner Kantine. Während seine Mitarbeiter aßen, hatte er jeden Tag eine halbe Stunde lang an einem Pult gestanden und zu ihnen gesprochen. Jeden Tag zu einem anderen Thema. Dabei hatte er sich selbst mit einer Videokamera aufgenommen, um sich seine Rede anzusehen und sich seine Fehler zu notieren. Ebenso hatte er jedes Abendessen mit Geschäftspartnern dazu genutzt und er war sogar auf eine Hochzeit gegangen, nur um auch dort eine Rede zu halten. Dazu kamen eine Grabrede, eine Rede im Marketing Club und eine vor Studenten, die ihn eigentlich nur zu einer Diskussionsrunde eingeladen hatten.

Der Mann hat auf eindrucksvolle Weise bewiesen, wie schnell man aus einem persönlichen Defizit eine Stärke schaffen kann. Er hat seine Lernzeit enorm verkürzt, indem er die Frequenz seiner Wiederholungen erhöhte. Zusätzlich hat er Schritt für Schritt seine individuellen Fehlerquellen ausgemerzt und wurde so immer besser.

Was hat dieses Beispiel mit unserer Überschrift zu tun? Mein Klient hatte früher im Jahr durchschnittlich zwei Reden gehalten.

Hätte er diese Frequenz nicht erhöht, würde er 20 Jahre benötigen, um die Erfahrung zu sammeln, die er durch seine ungewöhnliche Vorgehensweise in nur drei Wochen gewonnen hat. Ist das nicht eine unglaubliche Zeitverkürzung? Zudem hat er sich selbst permanent verbessert, indem er seine Fehler analysierte und seine nächste Rede damit optimieren konnte. Somit wurden seine Reden von Tag zu Tag besser.

AUFGABE:

Bitte überlegen Sie:

- Welche Eigenschaften, welches Verhalten benötigen Sie noch, um an Ihr Ziel zu gelangen?

- Wie können Sie diese Eigenschaft oder das Verhalten lernen?

- Wer kann Sie wie oft dabei unterstützen?

- Wie und wo finden Sie die Möglichkeit, die Dinge zu üben?

Selbsttest zum Kapitel »Perfektionieren«

Bitte kreisen Sie die jeweilige Zahl ein, zu der Sie sagen:

0 = Stimmt nicht   1 = Stimmt selten   2 = Stimmt manchmal   3 = Stimmt immer

	0	1	2	3
Ich fühle mich am besten, wenn ich perfekt vorbereitet in ein Meeting gehe, damit ich keine Überraschungen erlebe.	0	1	2	3
Ich bin ein besonders guter Gastgeber – es ist mir sehr wichtig, dass alle Gäste am Ende des Abends begeistert sind.	0	1	2	3
Manchmal ziehe ich mich dreimal um, bevor ich das Haus verlasse, denn in der falschen Kleidung würde ich mich den ganzen Tag unwohl fühlen.	0	1	2	3
Ich bin sehr detailverliebt.	0	1	2	3
In meiner Wohnung herrscht immer Ordnung – Unordnung macht mich nervös.	0	1	2	3
Man sagt von mir, ich sei perfektionistisch.	0	1	2	3
Ich halte immer mein Wort.	0	1	2	3
Selbst wenn ich etwas schon sehr gut kann, versuche ich, es kontinuierlich zu verbessern.	0	1	2	3
Ich habe ein schlechtes Gewissen, wenn ich krank zu Hause liege und im Büro viel zu tun ist.	0	1	2	3
Ich kann mich gut disziplinieren und höre erst dann auf, wenn ich mein persönliches Arbeitsziel für den Tag erreicht habe.	0	1	2	3
Ich erwarte von meinen Kollegen den gleichen Einsatz, den ich selbst bringe.	0	1	2	3
Mir ist es wichtig, wie ich auf andere wirke – aus der Rolle zu fallen wäre mir unangenehm.	0	1	2	3

Auswertung:

0–17 Perfektionismus ist nicht Ihre Stärke. Sie initiieren neue Pläne, setzen sie aber nicht konsequent um. Sie haben es sich sehr bequem in Ihrer Komfortzone eingerichtet und verlassen diese nur ungern. Leider brechen Sie viele Ihrer Reisen auf halbem Weg ab und fangen stattdessen wieder etwas Neues an. Sie benötigen Geduld und Durchhaltevermögen, um Ihre Ziele zu erreichen. Setzen Sie klare Prioritäten und denken Sie daran, dass es besser ist, ein Ziel zu verwirklichen, als zehn Ziele auf halbem Weg aufzugeben.

18–24 Nur wenn Sie ein Ziel wirklich begeistert, sind Sie in der Lage, dies auch bis zur letzten Konsequenz zu verfolgen. Sie arbeiten eher nach dem Lustprinzip, das bedeutet, Sie gehen Widerständen aus dem Weg, anstatt sie aus dem Weg zu räumen. Wenn Sie Ihre großen Ziele erreichen wollen, werden Sie nicht umhinkommen, auch unangenehme Aufgaben zu erledigen. Disziplin ist dabei der Schlüssel zum Erfolg.

25–30 Sie haben einen gesunden Perfektionismus, der Ihnen auch ausreichend Freiräume lässt. Sie wissen, dass übertriebener Perfektionismus zur Unflexibilität führen kann. Bei der Arbeit an Ihren Lebenszielen sollten Sie darauf achten, im Flow zu sein, das heißt, sich nicht zu über- oder unterfordern. Überprüfen Sie trotzdem gelegentlich Ihre Ziele, damit der Perfektionismus nicht zur Komfortzone wird.

31–36 Ihr Wunsch nach Perfektion kann dazu führen, dass Sie Wichtiges nicht mehr von Unwichtigem trennen können. Lernen Sie, mit dem »Mut zur Lücke« zu leben, und denken Sie an die 80/20-Regel. Lebensziele sind immer ein vernetztes System von unterschiedlichen Themen, die zusammenpassen müssen. Konzentrieren Sie sich auf Ihre großen Ziele und lernen Sie, mit etwas mehr Gelassenheit zu reagieren, wenn Sie etwas nicht zu 100 Prozent erreichen.

Die Landkarte

Im letzten Abschnitt meines Buches möchte ich Ihnen ein Beispiel vorstellen, wie Sie mit den gewonnenen Erkenntnissen Ihre persönliche Lebenslandkarte, Ihre ROADMAP, zusammenstellen.

Es geht um Ihre Lebensqualität. Diese setzt sich aus vielen Parametern zusammen, an denen sie sich messen lassen muss. Beziehungen, Karriere, Geld und Anerkennung sind nur einige davon. Seinen wahren Bedürfnissen zu folgen ist nicht leicht. Zu viele selbst auferlegte Zwänge und vermeidbare Hinderungsgründe warten an jeder Ecke. Für andere Menschen da zu sein ist selbstverständlich und zeichnet uns als soziale Wesen aus. Stellen Sie sich in den Mittelpunkt Ihres Lebens und helfen Sie aus dieser Position heraus auch anderen Menschen.

AUFGABE:

Stellen Sie sich vor, diese Linie ist Ihr Leben:

A_____M_____E

»A« steht für Anfang, »M« für die Mitte des Lebens und »E« für das Ende. Zeichnen Sie ein, wo Sie sich heute in Ihrem Leben befinden.

Zeichnen Sie nun ein Haus, es stellt Ihre Gegenwart dar. Ausgehend von diesem Haus zeichnen Sie unterschiedliche Wege, die zu Ihren Zielen führen. Dieses Bild ist sozusagen der Rohentwurf für Ihre Landkarte und sollte in Ihrem Buch auf den vordersten Seiten stehen. In meinen Seminaren verwenden die Teilnehmer ein Flipchart, da es genügend Fläche bietet, alle Details einzuzeichnen. Viele der Teilnehmer hängen dieses Bild dann an einem Platz auf, an dem sie sich oft aufhalten, zum Beispiel in ihrer Wohnung. So sind sie immer mit ihrer Landkarte in Verbindung. Unterteilen Sie Ihre Ziele zum Beispiel in:

■ emotionale Ziele

■ berufliche Ziele

■ finanzielle Ziele

■ Lernziele

■ familiäre Ziele

■ weitere Ziele

Der nächste Schritt ist, dass Sie konkreter werden. Anhand des folgenden Fragenkataloges können Sie Ihre Ziele überprüfen:

Grundsätzliche Fragen:

■ In welchen Bereichen muss ich mich verbessern, um meine Ziele zu erreichen?

■ In welchen Lebensbereichen muss ich mir herausforderndere Ziele setzen?

■ Wie sieht mein größtes Hauptziel, meine Vision, aus?

■ Wie sehen meine drei Hauptziele aus?

■ Bis wann will ich diese erreichen?

■ Welchen Zweck verfolgen sie?

■ Welche Ziele geben meinem Leben besondere Bedeutung?

■ Welchen Preis muss ich dafür zahlen, meine Ziele zu erreichen?

- Wie sieht mein Leben in fünf Jahren aus?
- Welchen Lebensstil habe ich dann?

Gesundheit:

- Was tue ich heute, um auch im hohen Alter noch in Bestform zu sein?
- Wie viel Sport in der Woche treibe ich, um dieses Ziel zu erreichen?
- Was muss ich an meiner Ernährung optimieren, um gesund und fit alt zu werden?
- Welches ist mein Idealgewicht und wie halte bzw. erreiche ich es?
- Welche Gewohnheiten stehen mir heute im Weg, um meine Gesundheitsziele zu erreichen?
- Wie werde ich diese negativen Gewohnheiten in positive ändern?

Familie:

- Wie sieht meine Familienkonstellation aus?
- Welche Werte vertrete ich in meiner Familie?
- Möchte ich eine Partnerschaft? Und wenn ja, wie soll mein Verhältnis zu meinem Partner sein?

- Will ich Kinder? Wenn ja, wie viele und wann?
- Wie stelle ich mir die Beziehung zu meinen Kindern vor?

Soziales:

- Für welche Themen werde ich mich engagieren?
- Wem will ich helfen?
- Was erwarte ich mir davon?
- Wann werde ich damit beginnen?

Beruf und Karriere:

- Welchen Job habe ich in fünf Jahren?
- Was genau werde ich tun und für wen werde ich arbeiten?
- Mit wem arbeite ich zusammen?
- Welche Qualifikationen und Kompetenzen brauche ich, um dieses Ziel zu erreichen?
- Wie viel verdiene ich in fünf Jahren?
- Welchen materiellen Luxus gönne ich mir?
- Wie hoch soll mein Vermögen sein, wenn ich mich zur Ruhe setze?

Tragen Sie dann das Datum ein, bis zu dem Sie das jeweilige Ziel erreicht haben wollen. Ihr Erfolgsbuch wird Ihnen helfen, den Weg zu Ihren Zielen zu beschreiten, und Sie Schritt für Schritt begleiten. Es wird Ihr persönlicher Ratgeber, Ihre Landkarte und Ihr Wegweiser. Selbstverständlich habe ich nicht alle Bereiche Ihres Lebens hier aufgezählt.

Wenn Sie weitere Fragen für Ihr Leben entwerfen wollen, nur zu. Fragen sind der Schlüssel zur Erkenntnis.

Übersicht über die Schritte
der ROADMAP

Nachfolgend finden Sie die einzelnen Schritte der ROADMAP mit den entsprechenden Handlungen zur Umsetzung in tabellarischer Form zusammengestellt.

Durchzuführende Schritte	Aktionen	Eigene Angaben
R = Realismus bei der Zielfindung	■ Ziel(e) genau überlegen ■ Ausgangspunkt bestimmen ■ Eigene Fähigkeiten und Begrenzungen definieren ■ Parameter zur Zielerreichung festlegen (Messbarkeit der Zielerreichung festlegen) ■ Realitäts-Check durchführen	
O = Organisation	■ Hauptziel definieren ■ Konkrete Etappenziele festlegen ■ Geeignetes Planungssystem finden ■ Terminplan erstellen ■ Aktivitätenliste erstellen ■ Vier-Schritte-Strategie beachten ■ Disziplin üben	
A = Autonomie	■ Verantwortung für Zielerreichung übernehmen ■ Größtmögliche Unabhängigkeit bei der Vorgehensweise erzielen ■ Eigene Kompetenzen bestimmen und Personen definieren, die bei der Zielerreichung hilfreich sein können ■ Eigene Verantwortlichkeiten klären (Entantworten)	

Durchzuführende Schritte	Aktionen	Eigene Angaben
D = Denken verändern	■ Limitierende Glaubenssätze durch unterstützende Glaubenssätze ersetzen ■ Gewohnheiten und Verhaltensmuster durchbrechen	
M = Manifestieren	■ Üben durch Wiederholung ■ Mental trainieren und innere Dialoge steuern ■ Visualisierung üben ■ Submodalitäten trainieren	
A = Auswirkungen abwägen	■ Auswirkungen auf das soziale und berufliche Umfeld überlegen ■ Wichtige Personen in die Überlegungen mit einbeziehen und rechtzeitig informieren	
P = Perfektionieren	■ Verhaltensstrategien bei Niederlagen überlegen ■ Lernen aus Fehlern ■ Kontinuierlich an der Verbesserung der Vorgehensweise arbeiten	

Epilog

Wenn wir eine Situation nicht ändern können, müssen wir uns selbst ändern.
(VIKTOR FRANKL)

Sie haben in sehr komprimierter Form meine Erkenntnisse zum Thema Lebenserfolg gelesen. Erinnern Sie sich noch an die Geschichte des kleinen Mädchens, das die Märchen langweilig fand? Ich schlug dem Vater damals vor, er sollte seine Tochter jeden Abend fragen, was sie heute gelernt hatte. Dies möchte ich auch Ihnen mit auf den Weg geben. Stellen Sie sich jeden Abend diese Frage. Sie werden feststellen, dass Sie viele positive Erlebnisse tagtäglich auf dem Weg zu Ihrem Lebenserfolg bestärken werden. Jetzt ist es an Ihnen, sich zu motivieren und den ersten Schritt auf Ihrem eigenen Weg zu gehen. Ich möchte Sie dazu ermutigen!

In diesem Sinne wünsche ich Ihnen viel Erfolg und eine spannende Reise!

Impressum

Bildnachweise:
Titelbild/Autorenfoto: Kay Blaschke, München

Alle weiteren Bilder von:
Cobis: 6/7, 30, 38, 53, 185
Getty: 8, 18, 90/91, 95, 105, 152, 164, 174
Jupiter: 92
Mauritius: 122, 130

Redaktion: Renate vom Hofe, München
Lektorat: boos for books, Evelyn Boos, Schondorf am Ammersee
Umschlaggestaltung und Layout: independent Medien-Design
Coverfoto: Kay Blaschke
Herstellung: Renate Hutt
Satz: Filmsatz Schröter, München
Repro: Longo AG, Bozen
Druck und Bindung: Printer, Trento

ISBN 978-3-8338-1134-0

1. Auflage 2008

Ein Unternehmen der
GANSKE VERLAGSGRUPPE